출생 외상

THE TRAUMA OF BIRTH
by Otto Rank

출생 외상

발행일 2026년 1월 15일
지은이 오토 랑크
옮긴이 김옥주 · 김혜연
펴낸이 이준호
펴낸곳 현대정신분석연구소 (구 한국심리치료연구소)
주소 서울시 종로구 새문안로5가길 28, (적선동, 광화문플래티넘) 918호
전화 02) 730-2537~8
팩스 02) 730-2539
홈페이지 www.kicp.co.kr
E-mail kicp21@naver.com
등록 제22-1005호(1996년 5월 13일)
정가 25,000원
ISBN 978-89-97465-68-2(93180)

출생 외상

THE TRAUMA OF BIRTH

오토 랑크

김옥주 · 김혜연 옮김

현대정신분석연구소
Korean Institute for Contemporary Psychoanalysis

옛날에 미다스 왕이 오랜 시간 동안 숲속에서 디오니소스의 동반자인 현명한 실레노스Silenus를 사냥했으나, 좀처럼 그를 잡지 못했다는 이야기가 있다. 그러나 마침내 실레노스가 그의 손에 들어오자, 왕이 물었다. "인간에게 가장 좋은 것, 가장 바람직한 것은 무엇인가?" 그 악마는 묵묵히 침묵을 지켰고, 고집스럽게 움직이지 않았다. 그러나 왕의 강요에 마침내 말문을 열더니 날카로운 웃음소리와 함께 이렇게 말했다: "비참하고 덧없는 종적들이여, 우연과 고통의 자식들이여, 너희에게 가장 이롭지 않은 진실을 왜 굳이 말하게 하느냐? 인간에게 가장 좋은 것은 너희가 결코 가질 수 없는 것이다. 그것은 태어나지 않는 것, 존재하지 않는 것, 무(無)인 것이다. 그러나 그 다음으로 좋은 것은 — 곧 죽는 것이다."

니체: 『비극의 탄생』

목차

도판 목록

서문

앞으로 전개될 논의들은, 정신분석학적 사고방식을 인류 전체의 발전, 나아가 인간이 된다는 실제적 사실 자체를 이해하는 데 적용하고자 하는 최초의 시도라 할 수 있다. 그러나 여기서 "적용"이라는 단어를 사용하는 것은 오히려 부정확할 것이다. 왜냐하면, 이것은 흔히 말하는 "정신분석학을 정신과학에 적용"하는 통상적인 저작 중의 중의 하나가 아니라, 오히려 정신분석적 사유를 생산적인 동력으로 삼아 인류와 역사에 관한 우리의 총체적 구상conception을 형성하는 일이기 때문이다. 그것은 결국 마음의 역사, 즉 인간 마음의 발달과 그것으로부터 창조된 것들의 역사를 대변한다.

이 특정한 관점은 아직 너무도 새롭기에 완전히 명확하게 파악되기는 어렵지만, 정신분석학이 제공하는 의식의 비약적 확장 덕분에 우리에게 접근 가능해졌다. 바로 이 의식의 확장은, 현재 우리가 인간 무의식의 가장 심층부의 일부를 그 자체로 인식하고, 그 작동 방식을 이해할 수 있게 해준다. 과학적 지식이란 본래 이전에 잠재되어 있던 사실을 의식적으로 파악하는 것에 지나지 않으므로, 분석을 통해 획득된 의식 확장의 모든 단편이 이해의 차원으로 전환되어야 함은 지극히 논리적인 귀결이다. 현재 우리는 정신분석적 지식의 어느 한 분명한 지점에 도달해 있으며, 곧 그것을 더욱 구체적으로 규명할 것이다. 그 지점에서 우리는 유기체적이거나 또는 생물학적 발달의 상당 부분 역시 정신적인 측면에서만 비로소 이해될 수 있다는 사실을 확인하게 된다. 다시 말해,

그것은 발달 과정의 모든 잔여물과 더불어 우리의 인식 도구 자체를 포함하고 있으며, 이 인식 도구는 무의식에 관한 우리의 이해가 진전됨에 따라 이전보다 훨씬 더 효과적으로 작동하게 된 것이다.

우리는 몇몇 새로운 개별적 정신분석 경험을, 보다 포괄적인 시각과 일반적 지식을 향한 오직 하나의 출발점으로 삼았다. 그러나 우리는 이를 통해, 지금까지 지배적이었던 정신분석학의 "적용" 방식과는 본질적으로 구별되는 새로운 길을 열었다고 믿는다. 따라서 우리는 무의식에 관한 정신분석 이론을 치료에 적용하는 것에 대해 과도하게 평가하지 않으려 한다는 점을 강조하고자 한다. 그렇다고 해서 정신분석적 사고방식 자체에서 벗어나는 것은 아니다. 오히려 우리는 이 사고의 노선을 양방향으로 확장하고자 한다. 정신분석이 치료 절차에서 무의식에 관한 이론으로 발전하기 시작하자마자, 거의 동시에 본래의 의학적 영역에서 벗어나 사실상 모든 정신과학 분야로 침투하여 그것을 풍요롭게 만들었으며, 마침내 오늘날 가장 중요한 정신적 사조 중 하나가 되었다는 사실은 결코 우연이 아니다. 정신분석이 탄생하고 발전하는 과정에서 출발점이자 중요한 자료를 제공했던 정신질환자들은, 앞으로도 이 학설을 확장하고 심화하는 데 있어 고유한 원천으로 남을 것이다. 그러나 오늘날 이러한 기원은 더 이상 결정적 의미를 갖지 않는다. 그것은 콜럼버스Columbus가 출항했던 나라가 그에게 항해에 필요한 실질적 수단을 제공했다 하더라도, 그 사실 자체가 오늘날 특별한 중요성을 갖지 않는 것과 다르지 않다.

우리는 먼저 프로이트가 창안한 방법의 일관된 적용과 그에 기반한 학설로부터 출발하여 정신분석학 자체가 어떻게 더욱 발전해 왔는지를 다음 장에서 부분적으로나마 제시하고자 한다. 이어서, 이러한 토대를 바탕으로, 우리는 무의식을 직접 이해함으로써 일반적이고 보다 포괄적인 지식을 얻고자 하였다. 정신분석적 탐구의 특수한 진행 방식에 익숙한 사람이라면, 이 방법이 의식의 상층에서 출발하여 점차 그 은밀한 심층으로 파고들면서, 결국 자연스러운 한계점이자 동시에 그 근간에 이르게 된다는 사실에 놀라지 않을 것이다. 정상인과 비정상인 모두에 대한 분석을 통해 무의식, 그 정신적 내용 그리고 그것이 의식으로 전환되는 복잡한 메커니즘을 철저히 조사한 끝에, 우리는 무의식의 궁극적 기원이 정신-신체적psycho-physical 영역에 있으며, 이제 이것을 생물학적으로도 이해할 수 있게 되었음을 확인하게 되었다. 분석적 경험으로부터, 외견상으로는 순전히 신체적인 현상으로만 보이지만 인류 전체의 발달에 지대한 정신적 결과를 초래하는 출생 외상birth trauma을 최초로 재구성하려는 시도에서, 우리는 이 출생 외상이야말로 정신적 현상의 궁극적인 생물학적 기초임을 인식하게 되었다. 이러한 방식으로 우리는 프로이트가 구축한 무의식의 핵심에 대해 근본적인 통찰을 얻게 되며, 이 통찰은 포괄적이고 과학적이라고 주장될 수 있는 정신분석학적 체계 위에 구축된 것이다. 이러한 의미에서, 뒤따르는 논의들은 오직, 정신분석을 통해 획득한 우리 자신의 심리적 장치의 구조와 기능에 관한 전체 시식 제계를 전제로 할 때만 가능하며 또한 이해될 수 있는 것이다.

이처럼, 프로이트가 발견하고 탐구한 진정한 정신적 영역으로서의 무의식에 생물학적 기초를 부여하는 것이 가능하게 되었다면, 본 저술의 두 번째 목적은 다음과 같다. 곧 이러한 토대 위에 성립된 무의식의 기제들과의 광범위한 연관 속에서, 분석적으로 인식된 출생 외상의 중요성과 그것을 극복하려는 반복적인 시도들에서 드러나는 인간의 정신 발달 전체를 종합적으로 구성하는 것이다. 게다가 우리는 놀랍게도, 어떠한 강제 없이도 무의식의 가장 깊은 생물학적 층위를 인류 정신의 가장 고상한 산물들의 외현적 내용과 연결하는 데 성공하고 있음을 발견한다. 이처럼 토대와 원리는 서로 일치하며, 조화롭게 서로를 보완한다. 이 점에서 프로이트 자신도 그의 가장 최근 저작에서 이렇게 표현하고 있다. "개인의 정신적 삶의 심층에 속했던 것이, 이상의 형성을 통해 우리의 가치 평가 기준에서 인간 정신의 최고가 된다."[1]

이어지는 지면에서 우리는 인류 발전 속에서 이러한 "이상-형성"ideal-formation의 메커니즘을 그 생물학적 토대에 이르기까지 추적하고자 시도한다. 이 과정을 통해, 정신분석학이 처음으로 우리에게 이해하도록 가르쳐 준 무의식의 복잡한 변형들 속에서도, 가장 심층적인 생물학적 내용이 결국 거의 변하지 않은 채 —단지 우리 자신의 내적 억압으로 인해 식별되지 않을 뿐— 최상의 지적 성취 속에서도 여전히 외현적 형태로 파악될 수 있다는 사실을 인식하게 된다. 여기에는 정상적이고 보편적으로 타당한 정신-생물학적 법칙psycho-biological law이 나타나는데, 그 전체적 의미는 우리가 여기서 개괄한 논의의 범위 내에서는 결코 온전히 평가되거나 탐구될 수 있는 것이 아니다. 그러나 본 저술의 주된 목적은, 이러한 내용을 결정하는 형태에 관한 이 생물학적 법칙에 주의를 환기시키는 데 있으며, 그 배후에 점차 모습을 드러내는 보다 광범위한 문제들을 해결하기보다는, 오히려 독자의 상상력을 자극하는 데 있다. 다만 이러한 문제를 제기할 수 있었고, 또 그 해결을 향해 첫걸음을 내디딜 수 있었던 것은 전적으로 프로이트가 정신분석학을 통해 제공해 준 탐구의 도구와 새로운 사고방식 덕분이다.

---

1 *The Ego and the Id*, 1923.

분석적 상황 1

THE ANALYTIC SITUATION

정신분석학적 경험과 관찰을 바탕으로 무의식에 대한 탐구를 한층 더 진전시키려는 나의 과제에 앞서, 지금까지 정신분석적 연구를 이끌어 온 하나의 근본 원칙을 언급하고자 한다. 프로이트는 정신분석학이 실제로는 브로이어Breuer가 1881년에 치료했던 첫 환자이자, 수년 후인 1895년 『히스테리 연구』Studien über Hysteria에서 그 사례가 발표된 안나 오Anna O에 의해 발명되었다고 종종 언급한 바 있다. 신경질적인 상태에서 영어만 이해할 수 있었던 그 젊은 여성은, 진정시켜주는 최면적 대화를 말하기 치료talking cure라고 부르거나, 농담 삼아 그것을 *굴뚝 청소*chimney sweeping라고 표현하기도 하였다. 그리고 훗날, 정신분석적 경험과 그 결과들이 지나치게 새롭다는 이유로 인해 적대적으로 받아들여지고, 저자의 왜곡된 상상력의 산물로 비난받았을 때, 프로이트는 이러한 터무니없는 반론들에 맞서 다음과 같이 주장하였다: 만약 일련의 유사한 관찰들이 지속적으로 주어지지 않았다면, 그 어떤 인간의 머리도 그러한 사실과 연관성을 창안해 낼 수 없었을 것이다. 따라서 이러한 의미에서, 정신분석학의 기본 개념뿐만 아니라 그 이후의 발전 역시, 귀중한 노력을 통해 방대한 자료를 제공한 환자들 덕분이라고 말할 수 있다. 비록 그 자료가 성격상 단편적이고 가치가 균등하지는 않지만, 결국 프로이트의 관찰력을 통해 일반적인 개념, 원리, 그리고 법칙으로 응축되었다.

정신분석이 모든 종류의 저항에 맞서 한 걸음씩 전진해 온 이 탐구의 길에서만, 비로소 "환자는 어떤 방식으로든 항상 옳다. 비록 그 자신이 어떻게 그리고 왜 그런지를 알지 못하더라도 말이다"라는 프로이트의 진술이 온전히 평가될 수 있다. 그러나 분석가는 환자에게 억압된 연결을 드러내고, 이전에 잊혀진 기억을 채워 넣으며, 질환과 증상의 "의미"를 밝힘으로써 이것을 환자에게 보여주어야 한다. 심리학적으로도 환자는 옳다고 할 수 있는데, 왜냐하면 무의식이 —비록 병리적 왜곡을 통해서라도— 그를 통해 말하기 때문이다. 그것은 마치 무의식이 과거에는 천재들, 예언자들, 종교의 창시자들, 예술가들, 철학자들, 그리고 발견자들의 입을 통해 말했던 것과 같다. 직관institution에 근거한 심리학적 지식은 무의식을 이해하는 데 있어 하나의 단계일 뿐만 아니라, 인식 능력 자체가 어느 정도 억압의 제거와 극복을 전제한다. 그 억압이 걷힌 뒤에서야 비로써 우리는 추구하는 바를 "드러낼" 수 있다. 타인에게 적용된 정신분석의 과학적 가치는, 우리가 우리 자신에게서는 알아낼 수 없는 억압을 타인에게서는 때로는 큰 노력을 들여 제거할 수 있게 해준다는 점에 있다; 따라서 우리는 무의식의 새로운 영역에 대한 통찰을 얻게 된다. 내가 지금 정신분석의 객관적 연구 방법을 언급하는 이유는, 동일한 종류의 놀라운 인상들이 풍부하게 축적됨에 따라, 우리가 지금까지 망설이고 거의 믿지 못했던 바로 그 지점에서 무의식이 다시 한번 옳다는 결론에 도달할 수밖에 없었기 때문이다.

성공적으로 완결된 다수의 분석 사례들을 통해, 나는 분석의 종결 단계에서 *치유 과정*이 무의식에 의해 전형적인 *출생 상징주의*로 *상당히 규칙적으로* 표상된다는 점을 발견했다. 이러한 상징의 상당 부분은 이미 우리에게 잘 알려져 있다. 나는 또한 지금까지 미발표된 논문(1921-22년 겨울에 집필) *Zum Verständnis der Libidoentwicklung im Heilungsvorgang*("치유 과정에서의 리비도 발달의 이해에 대하여")[1]에서 이러한 놀라운 사실들이 치유 과정의 다른 특징들(예를 들어, 분석가와의 동일시

1 *Internat. Zschur. für Psychoanalyse*, ix., 4, 1923을 보라.

등)과 연관되어 갖는 이론적 중요성을 보여주려 시도하였다. 논문에서 나는 이것이 명백히 잘 알려진 "재탄생 환상"의 문제라고 언급하였다. 말하자면, 환자가 회복에 대한 자신의 욕망을 그 성취로 표현하는 방식이다. 마찬가지로 환자들은 회복기에 종종 "새롭게 태어난" 느낌이 든다고 말한다. 나는 또한 환자가 이제 오이디푸스 콤플렉스로 표현되는 유아적 리비도 고착을 분석을 위해 포기할 수 있게 된다는 사실에서, 승화 작용의 명백한 역할을 강조한다. 그는 궁극적으로, 자신이 —어머니로서— 아버지에게 바치려 했던 유아에 관한 환상을 포기하고, 자신을 (분석가의) 새로 태어난 영적인 아이로 간주함으로써 이를 수행한다.

이러한 개념은 내가 앞서 간략히 언급한 분석 자료에서 정기적으로 나타났으며, 치유 과정의 한계 내에서는 의심할 여지 없이 정당해 보인다. 그러나 나는 한편으로는 "재탄생 환생"의 유아적인 성격과 다른 한편으로는 "상향적"anagogic 성격에 주목하게 되었다. 특히 이 상향적 성격은 융Jung에 의해 과도하게 평가되었는데, 그는 그 안에 내재된 리비도적 경향을 간과하였으며, 그로 인해 이론적으로 오도하는 결과를 낳았다. 이러한 사상의 존재 자체가 부정된 적은 결코 없으나,[2] 나를 당혹스럽게 만든 것은 이와 같은 사고를 뒷받침하는 실제적 근거가 결여되어 있다는 점이었다.

그래서 나는 이 문제를 그대로 두었는데, 어느 날 특히 명백한 한 사례에서, 분석의 종결 시점에서 리비도 전이를 단절하는 데 대한 가장 강력한 저항이 가장 초기의 어머니에 대한 유아기적 고착의 형태로 표현된다는 것이 분명해졌다. 이 종결 단계에서 나타나는 수많은 꿈들 속에서, 분석적 고착의 기저에 있는 것으로 보이는(전이) 어머니에 대한 고착

---

2 Cf. Freud, "History of an Infantile Neurosis," *Collected Papers*, vol. iii, p.583 ff., 그리고 그곳에서 제기된 논의를 이어받아, 본서의 "정신분석적 지식" 부분에서 해결을 시도할 것이다.

이, 어머니의 자궁과의 가장 초기의 생리적 관계를 포함하고 있다는 부인할 수 없는 사실이 거듭 확인되었다. 이것은 재탄생 환생의 규칙성을 이해 가능하게 만들었고, 그 기저에 있는 현실을 분석적으로 파악할 수 있게 했다. 환자의 "재탄생 환상"은 다름 아닌 분석 속에서 자기 자신의 탄생을 반복하는 것이다. 분석가라는 대상에서 리비도를 해방하는 것은 최초의 리비도 대상, 말하자면 신생아가 어머니로부터 처음 분리되는 경험을 *정확히 재현*하는 것에 상응하는 것으로 보인다.

환자들은 성별에 상관없이, 그리고 분석가의 영향 없이(분석가 자신도 이 사실을 알지 못했음에도 불구하고) 이러한 종결 상황을 상당히 규칙적으로 만들어내는 것으로 보였기에, 이것이 근본적으로 매우 중요한 문제임이 분명해졌다. 그리고 여기서 우리는 다시 한번 무의식의 흔적을 따라가고, 그것을 진지하게 받아들일 용기를 가져야 한다는 사실이 드러났다. 따라서 의심할 여지 없이 입증된 것은, 분석 작업의 본질적 부분, 이를테면 분석가에게 "신경증적으로" 고착된 리비도를 해소하고 해방하는 과정이란 사실상 분석 속에서 환자가 어머니로부터의 분리를 보다 성공적으로 반복하도록 허용하는 것에 지나지 않는다는 점이다. 그러나 이것은 어떤 식으로든 은유적으로 —심리학적인 의미에서도— 받아들여져서는 안 된다. 왜냐하면, 분석 상황에서 환자는 일종의 생물학적 반복을 살아내기 때문이다. 그는 마치 임신 기간을 다시 거치는 듯한 경험을 하며, 분석의 종결(대체된 대상과의 재분리)에서 자기 자신의 출생을 대부분 모든 세부에 이르기까지 놀랄 만큼 충실하게 되풀이한다. *분석은 결국 미완성된 출생 외상의 숙달mastery을 뒤늦게 성취하는 것으로 판명된다.*

이 결론은 서로 다른 성질의 자료, 특히 더 넓은 맥락에서 발표될 꿈들에 의해 내가 불가피하게 이끌려 도달한 것이었다. 그러나 그것은 곧

바로 내 안에서 몇 가지 의문을 불러일으켰고, 나는 여기서 그것들을 간단히만 언급하고자 한다. 왜냐하면, 그 의문들은 곧이어 주어진 추가적인 경험들에 의해 빠르게 해소되었기 때문이다. 나는 이렇게 반추했다. 어쩌면 그것은 나의 개별성 때문이거나, 혹은 고전적 프로이트적 방법에 따른 기법의 특별한 적용 때문일 수 있다. 이 기법은 확실히 "콤플렉스"의 해체에서 시작하나, 거기서 끝나지는 않는다—그렇다면 나는 환자의 자아ego를 점점 더 이른, 그리고 더욱 초기의 리비도 위치로 몰아넣고 있는 것인지도 모른다.[3] 결국, 분석의 종결 단계에서 리비도의 최후의 도피가 자궁 내 단계로 향한다고 해도 놀라운 일은 아닐 것이다. 심지어 어떤 사람은 이것이 매우 장기적인 분석의 사례에 나타나는 최종 결과일 것이라고 주장할 수도 있다. 반면에 나는 무엇보다 먼저 이것이 우리 모두에게 익숙한 "자궁 환상"womb-phantasy이라는 의미에서 단순한 퇴행 현상의 문제가 아니라는 점을 강조하고 싶다. 자궁 환상은 오랫동안 정신분석학에서 전형적인 원초적 환상으로 여겨져 왔다. 내가 문제 삼는 것은, 훨씬 더 본질적인 재현들이며, 그것은 실제적인 반복 강박의 영향 아래에서 일어나는 것이다. 더 나아가, 내가 아는 한 나의 분석들은 지속 기간에 있어 가장 짧은 기간에 속하며, 가장 길어도 4개월에서 8개월을 넘지 않는다.

그러나 이러한 생각과 유사한 다른 생각들은 곧 이어진 압도적인 인상 앞에서 빠르게 사라졌다. 분석적으로 이 사실들에 주의를 집중해 보면, 어떤 관찰이 가능해진다. 말하자면, 이론적으로나 치료적으로 전혀 영향을 받지 않은 사람들이 치료의 시점에서부터 이미 분석 상황을 자궁 내 상태와 동일시하려는 경향을 드러낸다는 것이다. 일부 사례에서

3 페렌치(Ferenczi)는 진행성 마비에서 나타나는 해체의 과정에 대해서도 유사한 가정을 받아들였다. Hollos-Ferenczi, *Psychoanalysis and the Psychic Disorders of General Paresis.*

는, 비슷한 시기에 분석을 시작했지만 신경증의 유형과 성격은 전혀 달랐음에도 불구하고, 남녀를 막론한 환자들이 처음부터 분석가를 어머니와 강하게 동일시했고, 그들의 꿈과 반응에서 그들 자신을 다시 태아 unborn의 위치로[4] 되돌려놓았다. 따라서 우리가 양성 모두에서 분석적으로 해결해야 할 실제 전이-리비도는 어머니-리비도이며, 그것은 어머니와 아이 사이의 출생 이전 생리적 관계 속에 존재하던 그 리비도에 다름 아니다.

이 개념에 점점 익숙해지게 되면, 마치 우리가 언제나 그것을 암묵적으로 혹은 더 정확히 말해 무의식적으로 전제한 채 작업을 해왔던 것처럼 느껴진다. 동시에 놀라운 것은, 이 관점에 얼마나 많은 자료가 근거를 제공하는가 하는 점이며, 또한 분석 속에서, 특히 치유 과정에서 그토록 어둡고 난해했던 문제들의 상당수가, 이 사실의 전적인 의미와 근본적 중요성을 붙잡을 수 있기만 하면 단번에 사라진다는 것이다.

무엇보다도, 역사적으로 최면 상태[5]에서 발전해 온 분석 상황은 무의식과 원초적 상태를 직접적으로 비교하도록 이끈다. 반쯤 어둡게 한 방 안의 안락한 자세, 현실의 요구로부터 거의 벗어나 있는 몽환적 공상(환각)의 상태, 그곳에 있으면서도 동시에 불확실하게만 주어지는 리비도 대상의 존재 등을 생각해보라. 분석 상황에 대한 이러한 무의식적인 개념은, 왜 환자가 자신의 연상을 통해서, 자발적으로 아동기로 거슬러 올라갈 수 있는 이유를 설명해준다. 그 연상들은 무의식적으로 원초적 모성 상황을 궁극적으로 지향한다. 그렇게 함으로써 그는 분석가로 하여금

4 나는 이에 대한 증명을 관찰한 대로, *On the Technique of Dream Interpretation in Psychoanalysis*에서 발표할 것이다(*The Technique of Psychoanalysis* 1권에 이미 부분적으로 출판되었다).

5 최면 수면은 재탄생의 꿈들에서와 같이, 모든 유사한 조건으로 자궁 내 상태의 전형적인 요소로 나타난다; 최면술 자체의 본질, 최면에 걸릴 수 있는 능력은 아이가 어머니와 맺는 원초적인 관계로 거슬러 올라간다고 가정할 수 있다. 또한, 파울 비에레(Paul Bjerre)는 수년 전에 유사한 생각을 표현했다(*Das Wesen der Hypnose*).

유아기의 자료와 인상들이 가지는 중요성을 깨닫게 한다. 또한 분석가가 의식적으로 환자를 안내해 떠올리게 된 연상은, 환자가 처음부터 무의식 속에서 가지고 있는 전이의 태도와 점점 맞춰지도록 작용한다.

분석에서 나타나는 기억력의 증대, 특히 망각된(억압된) 아동기의 인상들이 되살아나는 현상은, 최면에서의 유사한 현상과 마찬가지로, 무의식이 의사의 암시(전이)에 의해 고무되어 실제 곧 원초적 상황을 재현하려는 경향으로 설명될 수 있다. 이것은 마치 꿈속에서, 특정 신경증적 상태(*이중 의식*) 또는 정신병적 퇴행 형성들(소위 "원시적 사고")에서 자동적으로 일어나는 기억 과잉hypermnesia 상태와도 비슷하다. 이러한 의미에서 유아기의 모든 기억은 어느 정도까지는 "덮개 기억"cover-memories으로 간주되어야 한다. 그리고 일반적으로 재현 능력 전체는 "원초 장면"이 결코 직접적으로는 기억될 수 없다는 사실에 기인한다. 왜냐하면, 모든 "기억들" 중에서 가장 고통스러운 출생 외상은 "연상"에 의해 그것과 연결되어 있기 때문이다. 이와 같은 맥락에서 놀라운 발견들을 보여주었던 "자유연상" 기법은 이렇듯 생물학적 토대를 얻게 된다. 그러나 우리는 여기서, 억압의 전whole 과정이 출발하는 이 아르키메데스의 점 Archimedean point,[6] 그리고 분석적으로는 쉽게 풀어낼 수 있는 바로 그 지점에서, 기억의 정신-신체적 문제 전체를 다루려는 유혹에 굴복하지 않을 것이다.[7] 우리는 단지 출생 외상에 대한 원초적 억압이 기억 일반, 말하자면 부분적 기억능력의 원인으로 간주될 수 있다는 가설만 제시할 수 있을 뿐이다. 따라서 따로 떼어져 남아 있는 기억들이 마치 특별히 선택된 것처럼 보이는 사실은 한편으로 그것들이 이미 원초적 억압

---

6 아르키메데스의 점은 원래 철학적, 수학적 비유에서 나온 표현으로 다른 모든 것을 움직이거나 설명할 수 있는 흔들리지 않는 출발점이나 기준점을 의미한다. 여기서는 정신 과정 전체를 설명하거나 풀어낼 수 있는 '출발점'이 되는 심리적 지점을 뜻한다—역자주.

7 마지막 장을 보라.

속으로 흡수되었음을 나타내며, 다른 한편으로는 나중에 실제로 억압된 것, 말하자면 원초적 외상의 대체물로 작용해 재현되기[8] 위함임을 보여준다.

따라서 분석에서 나타나는 저항, 말하자면 실제로 경험된 어머니-결합의 단계에서 벗어나는 일에 맞서 일어나는 저항이 결국 아버지(대체물)로 향하는 것은 매우 자연스러운 일이다. 왜냐하면, 실제로 최초의 어머니와의 단절을 개시한 이가 아버지였고, 그로 인해 그는 최초의, 그리고 지속적인 대적자가 되었기 때문이다. 치료 과정에서 유아기 리비도의 두 대상을 동시에 대표하는 분석가의 과제는, 환자가 혼자 힘으로는 달성할 수 없었던 원초적 어머니-고착을 끊어내는 일이다. 또한 분석가는 그렇게 해방된 리비도를 다루어, 그것이 환자의 성별에 따라 아버지 형상 혹은 어머니 형상으로 더욱 전이될 수 있도록 해야 한다. 분석가가 자기 자신과의 전이 관계 속에서 바로 이 원초적 저항, 곧 어머니-고착을 극복하는 데 성공한다면, 분석에 대한 명확한 기한이 정해지게 된다. 그 기간에서 환자는 어머니 인물(대체물)로부터의 새로운 단절을 자동적으로 반복하는데, 이것은 곧 자기 자신의 출생을 재현하는 형태로 나타난다. 따라서 분석은 언제 종료되는가에 대한 빈번한 질문도 이러한 의미에서 답을 얻게 된다. 이 과정(예를 들어 출생)이 종료되기 위해서는 일정한 시간이 본질적으로 필요하며, 이는 다음과 같은 관점에서 그 생물학적 설명과 정당성을 유지한다. 분석이란 환자가 이후에 출생 외상을 극복할 수 있도록, 이에 상응하는 시간-제한을 고정해 주는 것이어

8 이 중요한 주제를 세부적으로 추적하는 것은 여기서 너무 멀리 나가는 일이 될 것이다. 그러나 뛰어난 기억력을 가진 한 환자의 경우에서는 분석적으로 명확히 밝힐 수 있었는데, 그녀의 전체 기억력이 심각한 출생 외상의 강력한 억압 위에 근거하고 있었다. 그녀의 전체적인 연상 메커니즘은 친척, 지인, 역사적인 인물들로부터 얻은 수많은 생년월일을 기반으로 구축되었다. 이로부터 우리는 숫자의 발생에 관한 난해한 분석 문제 위에 새로운 빛을 비출 수 있었다. 그 경우들에서 거의 언제나 생일이 연상의 중심으로 나타났다. 시간에 대한 자세한 내용은 아래의 추가적인 설명을 참조하라.

야 하며, 그리고 이 시간은 치료적 관점에서 상당 부분 조절될 수 있다.[9] 물론 환자는 그에게 상당한 만족을 가져다주는 분석 상황을 무한정 연장하려는[10] 경향을 모든 저항 뒤에서 끊임없이 드러낸다. 그리고 이 경향은 애초부터 분석의 대상이 되어야만 한다.

이것은 또한 프로이트적 규칙Freudian rule을 엄격히 준수함으로써 거의 자동적으로도 따라오게 된다. 그 규칙은 환자를 매일 동일한 시간에, 그리고 정확히 한 시간 동안 마주한다는 것을 요구한다. 이때 각 시간은 환자의 무의식에 있어서 하나의 "축소판 분석"을 구성하며, 그 안에서 새로운 고착과 점진적인 해소가 반복된다. 잘 알려져 있듯이[11] 환자들은 종종 이러한 과정을 초기에 매우 싫어한다. 왜냐하면 그들은 매일의 종료를 이미 어머니로부터의 해방의 의미로 받아들이며, 그것을 지나치게 능동적인 치료 행위로 경험하기 때문이다. 반대로, 환자가 분석가로부터 도망치려는 일반적인 경향은, 출생 외상의 반복으로 곧장 향하려는 경향으로 설명될 수 있다. 그러나 바로 그것이야말로 분석이 점진적 분리를 통해 대체해 주어야 하는 것이다.

---

9 페렌치와의 공동 저작 *Development of Psychoanalysis*에서 나의 설명을 참조하라.

10 임신 기간(7~10개월)이 얼마나 자주 선호되는지 잘 알려졌지만, 이것은 단순히 임신에 대한 친숙한 환상(아버지에 의한 자녀)만이 아니라, 가장 깊은 층에서 자기 자신의 출생을 나타낸다.
또한 데제린(Déjèrine)의 잘 알려진 치료법을 참조하라. 그는 환자들을 죄수처럼 취급한다; 그들은 환자들을 다른 모든 사람으로부터 분리해 어두운 방에 가두고, 입구를 통해 음식을 가져다준다; 일정 시간이 지나면 그들은 이 지하실에서 풀려나는 것을 기뻐한다.

11 많은 환자는 분석가가 자신을 내보내기를 기다리지 못하고, 그 결정을 스스로 내리고 싶어 하며, 그래서 자주 시간을 확인한다. 또 어떤 이들은 —혹은 같은 환자가— 회기를 마칠 때 악수하기를 원한다. 이와 관련하여 페렌치가 묘사한 일과성 증상(passing symptom)을 참조할 수 있다: "Schwindelempfindung am Schluss der Analysenstunde"(*Zschr.*, 1914). 그는 논문에서 일과성 증상을 다루었는데, 그것은 환자가 갑작스러운 분리라는 심리적 외상에 대해 균형 장애라는 유사한 형태로 반응하는, 히스테리적 증상이다.

유아기적 불안

INFANTILE ANXIETY

2

이러한 분석적 경험들과 그것들이 갖는 의미로부터 도출될 수 있는 직접적인 결론은 환자의 무의식은 분석적 치유 과정을 활용하여 출생 외상을 반복하고, 그에 따라 이를 부분적으로 해제(abreact: 억압된 감정이나 기억을 언어적, 행동적 표현을 통해 해소하는 과정—역자주)하려 한다는 점이다. 그러나 출생 외상이 어떻게 그렇게 다양한 신경증적 증상들로 표현될 수 있는지를 이해하기에 앞서, 특별히 아동기childhood 발달에서 그것이 미치는 보편적인 영향을 추적해야 한다. 우리는 모든 불안이 근원적으로 출생 시의 불안(호흡곤란)으로 소급된다는 프로이트의 명제를 우리의 지침 원리로 삼을 것이다.

이러한 관점에서 아동의 정신 발달을 조망할 때, 인간은 이 최초의 강렬한 외상을 정상적인 방식으로 극복하기 위해 대체로 수년에 걸친 시간, 아동기 전체에 해당하는 긴 시간이 필요하다고 말할 수 있다. 모든 아이는 불안을 경험하며, 평균적으로 건강한 성인의 입장에서 볼 때, 개인들의 아동기는 정상적인 신경증이라고 정의할 수 있다. 다만 이러한 상태가 특정한 개인들, 말하자면 신경증자들에게는 성인기까지 지속되며, 이로 인해 그들은 유아기 상태에 머물거나 유아적이라고 불린다.

동일한 단순 메커니즘을 가진 수많은 사례 대신, 아이가 *어두운 방*(보통 취침 시간의 침실)에 혼자 남겨질 때 발생하는 전형적인 유아기 불안 사례를 분석해 보자. 이 상황은 아이에게 원초적 외상의 경험에 여전히 가까운 자궁 상황을 상기시킨다. 중요한 차이는 아이가 이제 의식적으로 어머니와 분리되어 있으며, 그 자궁이 어둡고 따뜻한 침대에 "상징적으로" 대체된다는 점이다. 프로이트의 탁월한 관찰에 따르면, 이 불안은 아이가 사랑하는 이의 존재(가까이 있음)를 다시 인지하자마자 사라진다(접촉, 목소리 등).[1]

이 사례를 통해 우리는 불안 메커니즘을 이해할 수 있다. 그것은 공포증(밀실공포증, 철도, 터널, 여행에 대한 공포 등)의 사례들에서 거의 변형 없이 반복되며, 출생 시 경험한 불안의 무의식적 재현이다. 동시에 우리는 상징 형성의 요소들, 무엇보다도 어머니로부터 분리된다는 사실의 중요성, 그리고 비록 부분적이거나 "상징적"일지라도 어머니와의 결합이 지니는 진정시키는 "치료적" 효과를 고찰할 수 있다.

이처럼 많은 가능성을 시사하는 전망에 대한 보다 상세한 논의는 이후의 장에서 다루기로 하고, 이제 우리는 실제로 깊이 억압된 사실에 더 가까이 있는, 또 하나의 전형적인 유아기 불안 상황을 살펴보자. 우리가 말하고자 하는 것은 바로 보편적으로 아이들에게 나타나는 동물에 대한 두려움이다. 이 두려움의 설명을, 비록 자주 포식동물(늑대 같은 육식동물)과의 연관이 있긴 해도, 인간에게 유전된 본능적 두려움에서 찾으려 해서는 안 된다. 왜냐하면, 수많은 세대의 성인들이 포식동물로부터의 위험을 경험했던 것과 똑같은 방식으로 그 무해함을 경험하고 마주해 온, 수천 년 전부터 길들여진 가축들에게는 그러한 공포가 해당될 수 없음이 자명하기 때문이다. 만약 그 두려움을 설명하고자 한다면, 인류의 원시 시대로 —혹은 스탠리 홀Stanley Hall과 다른 이들의 주장처럼 인간의 첫 생물학적 단계까지— 그리고 거기서 오늘날 가축들의 야생 조상들에게까지 거슬러 올라가야만 할 것이다. 하지만 사실상 이러한 전형적

1 *Three Contributions to the Theory of Sex, 1918*, p.84, 각주를 보라.

인 불안 반응은, 우리의 개인적 발달 과정에서 기원하는 것이다. 두려움의 대상 선택에 결정적인 것은 다른 요소, 말하자면 심리학적(상징적) 요인들이다. 이 요인들은 원래 아동에게 인상적으로 다가오는 동물의 크기(말, 소 등)에 따라 발생한다. 아동 공포증phobias에 관한 분석이 명확히 보여주듯, 공포를 유발하는 동물의 크기 혹은 비대함(신체 둘레)은 임신 상태를 지시한다. 그리고 우리가 증명할 수 있듯이, 아동은 이 상태에 대해 막연한 기억 이상의 것을 가지고 있다. 따라서 포식동물은, 먹히고 싶은 욕망을 통해 어머니의 동물 자궁animal womb으로 다시 들어가고자 하는 소망을 나타내는 합리성을 제공하며, 이것은 숙련된 심리학자들에게조차 충분한 것으로 보인다. 프로이트가 신경증 심리학에서 토테미즘Totemism을 이해하는 데 있어 강조한 바 있는 아버지 대체물로서 동물이 갖는 의미는, 이러한 관점에 의해 전혀 훼손되지 않는다. 오히려 이는 한층 심화된 생물학적 의미를 획득하게 된다. 이를테면, 불안이 아버지에게로 전치됨으로써, 삶을 위해 필연적인 어머니에 대한 포기가 어떻게 확보되는지 보여준다. 왜냐하면, 이 두려운 아버지는 어머니에게로의 회귀를 차단함으로써, 훨씬 더 고통스러운 원초적 불안의 생성을 막아주기 때문이다. 이 원초적 불안은 출생의 장소로서의 어머니의 성기와 관련되어 있으며, 이후에는 성기를 대신하는 대상들로 전이된다.

동일하게 자주 나타나는 작은 동물에 대한 불안은, 보통 섬뜩함dread을 동반하는데, 이 역시 동일한 기반을 갖는다. 그리고 이 대상들이 자아내는 "기괴함"uncanniness은 그 기원을 명확히 드러낸다. 여성보다 덜 빈번하지만, 남성에게서도 발견되는 그러한 공포증이나 불안꿈의 분석을 통해 명백히 입증되듯, 쥐, 뱀, 개구리, 딱정벌레 등과 같이 기어다니는 작은 생물들 앞에서 느끼는 기묘함weirdness이나 기괴함의 감정은, 이들이 땅속 작은 구멍으로 완전히 사라질 수 있는 독특한 능력에서 기인한다. 따라서 그 작은 동물들은 모성적 은신처로 회귀하려는 소망이 완벽하게 성취된 상태를 보여준다. 그리고 그것들에 달라붙어 있는 섬뜩한 감정은, 그 작은 동물이 어머니에게로 돌아가고자 하는 자기 자신의 경향성을 구체화하기 때문에 발생하며, 사람은 그것들이 자신의 몸 안으로 기어들어 올지도 모른다는 사실 때문에 두려워한다. 비록 억압되어 있긴 하지만(불안), 사람은 여전히 원초적 의미에서 큰 동물들 안으로 들어가는 것이 가능하다. 반면에 작은 동물들에 대한 섬뜩함은 그것들이 자신의 신체에 침입할 수 있는 위험에 기인한다.[2] 더욱이 정신분석학은 곤충 등과 같은 모든 작은 동물을, 단지 그 작은 크기 때문만이 아니라 더 커질 수 있다는 가능성(생식의 상징) 때문에, 오래전부터 아이들이나 태아의 상징적 표상으로 인식해 왔다.[3] 그러나 이 작은 동물들은

---

2 세 살짜리 한 여자아이는 대형 개 못지않게, 그 이상으로 작은 개를 두려워했고, 곤충(파리, 벌 등) 또한 무서워했다. 어머니가 그녀를 해칠 수도 없는 이 작은 동물들을 왜 무서워하는지 묻자, 그 아이는 조금의 망설임도 없이 "그래도 그것들이 나를 삼킬 수 있어요!"라고 대답했다. 작은 개가 다가올 때면, 그녀는 어른이 쥐를 보고 보이는 것과 똑같은 특징적인 방어 동작을 취한다. 그녀는 무릎을 매우 낮게 구부리는 동시에 다리를 단단히 오므려서, 그녀의 작은 드레스가 땅에 닿게 하여 마치 그것들이 "기어들어 오는 것"을 막으려는 듯 자신을 가린다. 또 다른 경우에, 벌에 대한 공포의 원인을 어머니가 직접 묻자, 그녀는 벌의 몸속으로 들어가고 싶으면서도 동시에 들어가고 싶지 않다는, 모순으로 가득 찬 설명을 했다.

3 최근 프로이트는 *History of an Infantile Neurosis*, p.569, *Collected Papers*, vol. iii에서 나비에 대한 공포의 경우 날개의 열고 닫는 움직임이 교란 요인임을 보여준다. 이는 다시금 신체에 있는 개구부를 명백히 상기시킨다(cf. 널리 퍼져있는 심플레가데스[symplegades] 또는 닫히는 바위라는 신화적 모티프).

거미 공포는 대상인 어머니를 상징하는 명료한 상징물이다. 그녀의 그물 속에 갇히는 것과 같다. 이와 관련하여 페렌치는 한 환자의 불안 발작을 묘사한 일기에서 "무의식적 출생 환상"의 예를 인용한다("Introjection and Transference," *Contributions to Psychoanalysis*, p.70): "건강염려증(hypochondria)은 내 영혼을 미세한 안개처럼, 아니 그것보다는 거미줄처럼 감싼다. 마치 균류(fungus)가 늪지대를 뒤덮듯이 말이다. 나는 늪 속에 빠져 있는 듯한 느낌이 들고, 숨을 쉬기 위해 머리를 억지로 뻗어야만 하는 것 같다. 나는 그 거미줄을 찢고 싶다, 찢어버리고 싶다. 하지만 안 된다! 찢을 수 없다! 그 그물은 어딘가에 고정되어 있고, 그것이 걸린 지지대들을 제거해야만 한다. 만약 그게 불가능하다면, 숨을 쉴 수 있기 위해서는 그물을 천천히 뚫고 나아가야 한다. 인간은 분명히 이런 거미줄 속에 가려져 질식하고, 태양의 빛을 빼앗기기 위해 존재하는 것이 아니다."

구멍 같은 곳으로 완전히 들어가 사라질 수 있다는 바로 그 능력 때문에 페니스 상징 혹은 더 나아가 페니스 이상이 된다. 이때 그들의 본질적 특성인 그 특유의 작음은, 심지어 정자spermatozoa나 난자ova로 해석되게끔 만드는데, 이는 그들의 거처가 바로 자궁임을 직접적으로 가리킨다. 이처럼 (큰) 동물은 처음에는 쾌락을 수반한 어머니 상징을, 그리고 이후에는 불안을 수반한 어머니 상징을 나타낸다. 나중에는 불안이 공포증으로 전치되면서, 동물은 억제하는 아버지 대체물이 된다. 마지막으로, 태아이자 페니스를 상징하는 동물들과 작은 동물들의 성에 관한 관찰 수단을 통해서, 그것은 다시금 모성적 리비도를 부착하게 된다.

이는 왜 수많은 작은 동물들이 민간 신앙에서 *영혼-동물soul-animals*이 되었는지를 설명한다. 가장 잘 알려진 예는 뱀으로, 그것의 남근적 의미는 뱀이 구멍(땅속)으로 완전히 들어가 사라질 수 있다는 용이함에서 명백히 기인한다.[4]

이는 호주 원주민과 중앙아시아의 특정 부족들의 잘 알려진 동물-영animal-spirits 신앙에서 나타난다. 이 신앙에 따르면, 아이들은 작은 동물의 형태로, 대개 배꼽을 통해 어머니에게로 들어간다. 가령 케이프 베드포드Cape Bedford 원주민들은 "소년은 뱀의 형태로, 소녀는 도요새의 형태로 어머니의 자궁으로 들어간다"고 믿는다.[5] 아이와 남근의 지극히 원시적 동일성은 —남근이 여성에게로 완전히 들어가 그 안에서 아이로 자라난다— 훗날 민속 신앙과 동화 속에 등장하게 되며, 이때 그것은 육체를 부여받은 영혼으로 나타난다. 여기서 수면 중이거나 죽은 사람의 영혼은 쥐, 뱀 등과 같은 동물의 형태로 입에서 기어 나온다. 그러

4 특히 큰 뱀[들]이 지닌 고유한 특성, 즉 먹이를 산 채로 통째로 삼켜 자신의 신체를 팽창시키는 행위가, 허물벗기(재탄생)라는 또 다른 주목할 만한 사실만큼이나, 이러한 관념 체계에 속한다는 점은 나에게 자명해 보인다.

5 F. Reitzenstein's "Aberglaube" in *Handworterbuch der Sexualwissenschaft,* edited by Max Marcuse, 1923, p.5를 보라.

다 잠시 후 그것은 다시 입을 통해 동일한 인간(꿈)이나 다른 인간(수정, 새로운 탄생) 안으로 들어가는 모습으로 묘사된다.[6] 여기에 자궁을 동물로 묘사하는 고대의 민간 풍습을 덧붙일 수 있다. 지금까지 설명되지 않았던 이 신앙은,[7] 아마도 자궁으로 기어 들어갔다가 다시 나오지 않은 동물이라는 관념과 연결되며, 따라서 궁극적으로 임신한 자궁의 *내용물*을 가리킨다. 브라운슈바이크Braunschweig 지방에서는 출생 후 첫 24시간 동안 아이를 산모 곁에 눕히지 않는 관습이 있는데, "그렇지 않으면 자궁uterus은 안정을 찾지 못하고, 큰 쥐처럼, 여성의 몸 안을 긁고 돌아다니기" 때문이다.[8] "그것[자궁]은 또한 잠자는 동안 입을 통해 기어 나와, 목욕을 하고, 같은 방식으로 돌아올 수도 있다." 이는 판처Panzer가 기록한, 풀밭에 누워 쉬던 어느 여성 순례자에 대한 전설에도 등장한다 (*Beitr. z. d. Mythologie*, ii., 195). 만약 그것(자궁)이 돌아오지 않으면 그 여성은 불임이 된다.

이와 같은 전형적인 유아기 불안 상황들과 민담에 나타나는 그 유사 사례들을 참조하는 것만으로도 우리의 논지를 설명하기에 충분할 것이다. 아동의 불안이 발생하는 조건들을 철저히 조사해 보면, 우리는 분만

---

6 말레이의 파나니(Malay Fanany) 동화에 따르면, 동아프리카의 '죽음의 뱀'은 '영혼-벌레'(soul-worm)로 나타나는데, 이 벌레는 약 6-8개월이 지난 후에 땅에 꽂아둔 대나무 통을 매개로 하여 무덤에서 모습을 드러낸다(H. L. Held, *Schlangenkultus Atlas Africanus*, vol. iii. München, 1922 참조).

7 이 동물이 주로 두꺼비라는 사실, 그리고 두꺼비가 어둡고 접근하기 어려운 구멍으로 기어 들어가는(verkriechen, 숨어들다) 속성을 지녔다는 점은 이러한 관념과 부합하는 것으로 보인다. Karl Spiess, "Die kröte, ein Bild der Gebärmutter," *Mitra*, i., column 209 ff, 1914, No. 8를 보라. 고대 이집트에서조차 출산의 여신은 개구리 머리를 한 것으로 여겨졌다(Jacoby and Spiegelberg, "Der Frosch als Symbol der Auferstehung bei den Ägyptern," *Sphinx*, vii를 보라). 반면, "자궁-두꺼비"의 머리는 때때로 인간의 특징을 띠는 것으로 나타나기도 한다(이에 대한 도상은 Spiess, l.c. column 217 참조). 고대 멕시코에서 두꺼비가 지녔던 동일한 상징성에 관해서는, Ernest Fuhrmann, *Mexiko*, iii., p.20 ff.(Kulturen der Erde, vol. xiii. Darmstadt, 1922)을 참조하라.

8 논문 "Aberglaube," *l.c.*를 보라.

시에 경험했던 불안이 실로 처리되지 않은 채 "남아서" 아동에게 지속적으로 영향을 미친다는 사실을 발견한다. 그리고 아동에게 출생 외상을 어떤 식으로든 —대개 "상징적" 방식으로— 상기시키는 모든 기회는, 아직 처리되지 않은 정서적 영향을 해제하기 위해 반복적으로 활용된다(예를 들어 아이들에게서 나타나는 *야경증*의 빈도). 만약 프로이트가 출생 과정에서 발생한다고 인정한 불안-정동의 기원을 문자 그대로 그리고 진지하게 받아들이고자 한다면, 그리고 수많은 경험으로 인해 이를 받아들여야 한다면, *불안 혹은 공포의 모든 유아기적 표현이 사실은 출생 불안의 부분적 해소*라는 점을 쉽게 이해할 수 있다.

우리는 쾌락-고통 메커니즘에 관한 논의에서, 그토록 강렬한 고통의 정동을 반복하려는 경향성이 어떻게 발생하는가라는 시급한 질문에 대해 추후에 다룰 것이다. 그러나 지금은 분석적으로도 명백한 사실, 즉 출생 시의 불안이 모든 불안과 공포의 기저를 형성하듯, *모든 쾌락은 자궁 내의 원초적 쾌락을 재현하는 것을 궁극적 목표로 삼는다*는 사실에 주목하고자 한다. 아동의 정상 기능인 영양의 흡수(빨기)와 흡수된 산물의 배설은 정신분석에서 리비도적 기능으로 간주하며, 이 둘 모두는 태내기 상태의 무제한 자유를 가능한 한 오래 지속하려는 경향성을 드러낸다. 신경증 환자들의 분석을 통해 알 수 있듯, 무의식은 이러한 요구를 결코 포기하지 않는다. 자아ego는 사회적 적응을 위해 이를 억제해야 하지만, 무의식은 원초적 조건(꿈, 신경증, 혼수상태)에 가까운 지배적인 상태에서 이 퇴행적 경향성을 반복적으로 드러낼 준비가 되어 있다.

이러한 쾌락의 원천에 지나치게 그리고 집요하게 집착함으로써 발생하는 이른바 "아동기 결함들"은, 리비도-만족의 기원과 경향성을 한층 더 명확하게 드러낸다. 내가 의미하는 "결함들"faults이란 한편으로는 손가락 빨기이며 다른 한편으로는 젖게 하고 더럽히는 행위인데, 이것들이 특정 시기나 강도의 정도를 넘어설 때(예를 들어, 전형적인 "신경증적" 증상인 야뇨증에서처럼) 문제가 된다. 의식적으로 통제 불가능하며 외견상 자동적인 것처럼 보이는 배뇨와 배변 행위(어머니에 대한 "사랑의 증표"로서)에서, 아동은 마치 자신이 여전히 자궁 안에 있는 것처럼 행동한다: *inter fœces et urinas*(대변과 소변 사이에서 우리는 태어난다).[9] 즉, 두려움과 배변 사이의 저 유명한 속담적 연관은 이와 유사한 메커니즘에 근거한다. 반면에, 어머니의 젖가슴을 손가락으로 잠시 (수유 이후에 혹은 젖을 완전히 뗀 후) 대체하는 행위는, 어머니의 신체를 자신의 신체 혹은 자신의 신체 일부로 대체하려는 아동의 첫 번째 시도("동일시")를 보여준다. 그리고 발가락에 대한 저 수수께끼 같은 선호는 자궁 내 신체 자세를 재현하려는 경향성을 명백히 드러낸다.[10] 정신분석학이 발견한 과정은, 손가락 빨기뿐만 아니라 쾌락적인 배뇨(야뇨증)로부터 출발하여 "아동기 결함"의 정점이라 할 수 있는 성기 자위로 이어진다(후에 야뇨증이 몽정으로 대체되는 현상 참조). 이것은 어머니와의 재결합을 향한 최종적이고 가장 고양된 대체물, 말하자면 성행위를 향한 준비와 이행을 돕는다. 본래 불안이 투여된 어머니의 성기에 성sexuality을 부여하려는 시도는 죄책감을 유발하는데, 이는 어머니 불안이 공포증 메커니즘에 따라 아버지에게 부착되기 때문이다. 이렇게 하여 원초적 불안의 일부가 (성적인) 죄책감으로 변한다. 이 과정에서 우리는 동물 공포가 본래는 어머니를 대상으로 한 것이었다가, 점차 성적 억압에 기초한 아버지에 대한 공포로 변화되는 과정을 분명히 관찰할 수 있다. 그리고 나면 이 두려움은 공포증

9 화장실은 꿈속에서 자궁의 전형적인 상징으로 나타난다(Steckel, *Die Sprache des Traumes*, 1911).

10 비엔나 소아과 전문의 J. K. 프리드융(J. K. Friedjung)의 구두 보고에 따르면, 많은 경우 손가락을 입에 댄 채로 태어나는 아이들을 관찰할 수 있었다. 이는 분만 과정 중 즉각적으로 어머니를 대체하는 경향성을 보여준다. 최근 태아의 반사적 흥분성(reflex excitability) 실험을 통해, 이미 생후 6~7개월 지점부터 빨기 반사(sucking reflexes)가 유발될 수 있음이 입증되었다.

메커니즘에 의해 강도, 범죄자, 흑인 등에게로 전치됨으로써 완벽하게 합리화될 수 있다. 여기서 위험으로부터 발생하는 소위 현실 공포는 전치된 원초적 불안을 위한 연결고리이자 배출구로서 존재하게 된다. 따라서 어머니와 연관된 폐소공포증claustrophobia이 아버지와 연관된, 무언가가 자신 안으로 침입하는 것에 대한 불안으로 변하는 것은, (아이가) 큰(어머니 같은) 동물과 작은 (남근적) 동물 각각에 대해 취하는 태도와 완벽하게 일치한다.

이 지점에서 우리는 정신분석적 관점으로부터 예상되는 한 가지 반론을 미리 언급하고자 하며, 이는 어렵지 않게 해소될 수 있으리라 본다. 아동의 모든 불안이 출생 시의 불안으로 구성되어 있고 (또한 아동의 모든 쾌락이 자궁 내의 원초적 쾌락을 회복하려는 목표를 갖는다는) 이 경험의 보편 타당성은 최근에 매우 강조되고 있는 이른바 *거세 불안*의 관점에서 의문이 제기될 수 있다. 그러나 나에게는 유아기의 원초적 불안이 그 발달 과정에서 성기에 특히 밀접하게 결합하게 된다는 사실이 지극히 타당하게 보인다. 비록 아동에 의해 단지 막연하게 상상되었다 할지라도 (혹은 기억되었거나), 그 부위가 실제 출생(그리고 생식)과 생물학적으로 실제 연결되어 있기 때문일 수 있다. 실제로 여성의 성기가 출생 외상의 장소이기 때문에, 본래 그곳에서 발생했던 불안-정동의 주된 대상으로 다시 자리매김하는 것은 지극히 당연하고도 명백하다. 따라서 거세 공포의 중요성은, 스테르케Stärcke가 주장하듯,[11] 출생 시의 원초적 거세, 다시 말해, 아이가 어머니로부터 분리되는 것에 그 기반을 두고 있는 것이다.[12]

---

11 A. Stärcke, "Psychoanalysis and Psychiatry" (*The Internat. Journal of Ps. A.*, vol. ii., 1921.

12 분석 치료가 종결되는 시점의 꿈 속에서, 나는 남근이 자주 탯줄의 "상징"으로 사용되는 경우를 발견하였다.

그러나 불안과 성기의 관계가 여성 성기로부터의 출생이라는 사실 이상으로 명확히 규정되지 않은 시점에서 "거세"를 언급하는 것은 상당히 부적절해 보인다.[13] 이 개념은 "거세 콤플렉스"가 인류 전체에 나타나는 편재성ubiquity의 수수께끼를 출생 행위의 보편성이라는 부인할 수 없는 사실로부터 자연스럽게 해결한다는 점에서 강력한 발견적 지지를 얻는다. 이는 다른 원초적 환상들에 대한 완전한 이해와 그 실제적 근거를 확보하는 데 있어 매우 중요한 의미를 지닌다. 이제 우리는 왜 거세의 위협이 아동에게 그토록 엄청나고 지속적인 영향을 미치는지, 더 나아가 출생으로 인해 발생하고 그로부터 기원한 아동의 불안과 죄책감이 어떠한 교육적 조치로도 피할 수 없으며 통상적인 분석적 설명으로 제거될 수 없는 이유를 더 잘 이해할 수 있다고 믿는다.[14] 거세 위협은 단지 막연히 기억되는 원초적 외상과 그것을 표상하는 해소되지 않은 불안만을 자극하는 것이 아니다. 그것은 또한 두 번째 외상인 젖 떼기weaning를 자극하는데, 이 외상은 의식적으로 경험되고 고통스럽긴 하나 이후 억압에 의해 지워진다. 비록 이 두 번째 외상이 첫 번째의 것보다는 그 강도나 지속성 면에서 훨씬 덜하지만, 그 "외상적" 효과의 상당 부분을 첫 번째 외상으로부터 물려받는다. 그리하여 세 번째 단계에서 비로소, 성기적 외상genital trauma인 거세가 개인의 역사 속에서 *규칙적으로 환상되며*, 기껏해야 위협으로 경험되는 형태로 등장한다.[15] 그러나 바로 그

13 Freud, "The Infantile Genital Organization of the Libido," *Collected Papers*, vol. ii(이 작업의 결론 이후에 인용됨)을 보라.

14 이어서 Melanie Klein, "The Development of a Child," *Internat. Journal of Ps. A.*, vol. iv., 1923을 보라.

15 거세에 대한 방어와 위안의 상징으로서, (종종 다수성을 통해) 대체 불가능한 단일 기관의 상실을 보상하는 역할을 하는 전형적인 이원성(duality)은, 사실 그 기원이 젖떼기 외상에 있는 것으로 보인다. 이는 [유아가] 양쪽 젖가슴 모두에서 영양분을 얻을 수 있는 가능성으로 거슬러 올라가며, 바로 이 경험을 통해 한쪽 젖가슴은 다른 쪽의 "상실"을 실제로 대체한다. 또한 고환(testicles)의 "상징적" 사용은 암소의 젖처럼, 유방과 페니스 사이의 과도기 지점 역할을 하는 것으로 종종 증명된다(슈테켈

비현실성 때문에, 이 세 번째 환상은 출생 시 불안 정동의 대부분을 죄책감으로써 떠맡게 되는 듯하다. 이 죄책감은 성경에서의 인간 타락이 의미하는 것처럼, 성별의 구별, 성 기관의 차이, 그리고 성적 기능과 실질적으로 연결되어 있음을 드러낸다. 가장 깊은 무의식은 항상 성적으로 미분화된(양성적) 상태로 남아있으며, 이러한 성차에 대해서는 아무것도 알지 못한다. 그것이 아는 유일한 것은 인류 보편의 출생 행위에서 비롯되는 최초의 원초적 불안뿐이다.

출생과 젖떼기라는 고통스럽게 경험된 실제 외상들에 비해, 거세의 실제적 위협은 오히려 원초적 불안을 성기적 죄책감으로서 정상적으로 배출되는 것을 더 쉽게 만드는 것처럼 보인다. 다만 이것은 아동이 어른들의 다른 모든 거짓말처럼 거세 위협 또한 진실이 아님을 간파하는 바로 그 순간부터 가능해진다. 그렇다면 원초적 외상과는 대조적으로, 공허한 위협임이 곧이어 폭로되는 거세 환상은, 단절이 실제로 일어날 수 없다는 사실 때문에 오히려 하나의 위안으로 작용할 수 있다.[16] 이 지점에서 우리는 유아기 성 이론(p.45을 보라)으로 연결되는데, 이 이론들은 "거세"(여성의 성기)를 인정하지 않음으로써, 그것과 함께 출생 외상(근원적-분리)도 부정할 수 있게 된다.

또한 주목해야 할 점은, 비극적인 원초적 동기가 비현실성unreality에 대한 의식과 함께 유희적으로 사용될 때마다, 그것이 쾌락적인 방식으로 작용하며, 모든 외상의 현실성을 유리하게 부정한다는 사실이다.

[Stekel]의 "쌍으로 된 기관들"(pairs of organs)에 대한 상징적 등치 개념 참조). 다른 차원에서 보면, 거세 방어의 이원성은 어른들의 거짓말에 직면한 유아기적 아이러니에 기여하는 것으로 보인다(*infra*, pp.21-2 참조).

16 위안 또는 위로의 동일한 메커니즘이 다시 한번 희생 행위(actions of sacrifice)로 인식되는, 말하자면, 물건 잃어버리는 과실 행위에서 발견된다. 이것은 온전히 "절단당하는"(cut off) 대신 자아의 가치 있는 부분을 스스로 잘라내는 행위이다(바다에 던져졌으나 물고기 배 속에서 재발견되는 "폴리크라테스의 반지"[the ring of Polycrates]와 유사하다).

그 대표적인 예시들은, 초기 "숨기"(숨바꼭질)에서부터 그네 타기, 기차놀이, 인형 놀이, 의사 놀이에[17] 이르기까지 전형적인 아동기 놀이에서 찾아볼 수 있다. 더욱이, 프로이트가 일찍이 간파했듯이, 이러한 놀이는 그에 상응하는 신경증적 증상들과 동일한 요소를 포함하지만, 다만 긍정적이고 쾌락적인 표지signs를 지닌다는 점에서 차이가 있다. 아이들이 지칠 줄 모르고 반복하는 숨기 놀이(마술을 포함해서)는 분리(와 되찾음)의 상황을 심각하지 않은 종류의 것으로 재현한다. 리듬 있는 운동 놀이(그네 타기, 깡충깡충 뛰기 등)는, 태아 상태에서 느꼈던 리듬을 단순히 반복하는 것이다. 이 리듬은 신경증적 증상인 현기증에서 양면성을 지닌 야누스Janus의 다른 얼굴을 드러낸다. 곧 아이의 모든 놀이는 어떤 방식으로든 그것의 비현실성의 관점에 종속된다. 그리고 정신분석학은 아이의 놀이로부터 어떻게 더 고차원적이고 지고한 쾌락을 주는 비현실성, 말하자면 환상과 예술이 출현하는지를 제시할 수 있었다.[18] 그리스 비극과 같은 가장 수준 높은 형태의 가상적 현실에서조차, 우리는 *불안과 공포*를 향유할 수 있다. 이는 아리스토텔레스Aristotle가 말한 정화catharsis의 의미에서, 이러한 원초적 정동을 해소하기 때문이다. 그것은 마치 아이가 처음에는 공포로 가득했던 어머니와의 분리를, 자신의 의지로 숨었다가 드러나는 놀이를 통해 처리하고,[19] 이 놀이를 원하는 대로 쉽게 그리고 자주 중단하고 반복할 수 있는 것과 같다.

아동이 지속적으로 보이는 불안 성향은 출생 외상에서 기원하며, 거의 모든 대상으로 전이될 수 있다. 이러한 불안 성향은 특히 죽음에 대

---

17 마지막 두 놀이는 직접적으로 출산을 지시하고 있으며, 여기서 인형은 꿈에서 태아를 상징한다.

18 Freud, *Der Dichter und das Phantasieren*, 1908.

19 동화(fairy tales)에서도 마찬가지로, 예를 들어 일곱 마리 아기 염소(The Seven Kids) 이야기에서 숨기는 출생과 구출을 의미하며, 이는 외부의 위험에 직면했을 때 어머니의 자궁으로의 귀환을 상징한다.

한 아동의 특유한 태도에서 보다 직접적이고, 말하자면 더 생물학적인 방식으로 표현된다. 이 태도는 일반적 관점에서도 중요한 의미를 가진다. 처음에 우리를 놀라게 했던 것은 아동이 죽음 관념을 전혀 모른다는 사실 자체가 아니라, 성적인 영역에서와 마찬가지로, 아동이 오랫동안 죽음의 실제적 의미에 대한 사실과 설명을 받아들일 수 없다는 점이었다. 아동이 지닌 이 죽음에 대한 부정적 관념을 주목하도록 한 것은 프로이트의 가장 큰 공로 중 하나이다. 예를 들어, 아이는 죽은 사람을 단지 일시적으로 부재한 사람으로 취급하는 사실에서 이를 볼 수 있다. 또한 무의식은 결코 이 관념을 포기하지 않는다는 사실은 잘 알려져 있는데, 이는 끊임없이 부활하는 불멸에 대한 믿음뿐만 아니라 우리가 죽은 사람을 살아있는 것처럼 꿈꾼다는 사실에서도 증명된다.

우리의 지성주의적intellectualist 태도에 따라, 아이가 죽음 관념을 받아들이지 못하는 이유를 단순히 그것의 고통스러움이나 불쾌한 성격 때문이라고 생각하는 것은 완전히 잘못된 일이다. 사실 아이는 죽음의 내용을 이해하기도 전에 *선험적으로a priori* 그 관념을 외면하기 때문이다. 일반적으로 아이는 죽음에 대한 어떤 추상적 관념도 가지고 있지 않으며, 오직 실제로 경험한 경우나 자신과 밀접하게 관련된 인물과 연결해 묘사된(설명된) 사례에만 반응한다. 아동에게 '죽었다'는 것은 '멀리 떠났다'는 것과 동일한 의미를 갖는다(프로이트). 즉 분리됨을 의미하며, 이는 곧 원초적 외상에 직접 연결된다. 따라서 아이는 죽음에 대한 의식적인 관념을 원초적 외상과 무의식적으로 동일시함으로써 수용하게 된다. 그러므로 아동이 원치 않는 경쟁자, 즉 자신이 달가워하지 않는 새로 태어난 동생의 죽음을 바라게 되는 것은, 어른들이 보기에 잔인해 보일 수 있으나, 이는 우리가 누군가에게 "지옥에나 가버려" —말하자면, "우리를 내버려 둬"— 라고 말하는 것과 본질적으로 같다. 다만 아동은,

예컨대 침입자 같은 동생에게 "네가 온 곳으로 돌아가라"고 충고할 때, 이러한 "말투"manner of speech의 원래 의미에 대해 어른들보다 훨씬 더 잘 알고 있음을 드러낸다. 예를 들어 아이는 이를 매우 진지하게 의미하며, 아이들이 태어난 장소에 대한 희미한 기억에 기반한다. 이러한 점에서, 죽음에 대한 사유는 처음부터 어머니의 자궁으로의 회귀와 결부된 강력한 무의식적 쾌락 정동을 내포한다. 이 쾌락 정동은 인류 역사 전반에 걸쳐 조금도 줄어들지 않고 유지되어 왔으며, 이는 원시 사회의 화장cremation 관습에서부터, 영체astral body 형태로의 영적인 회귀에 이르기까지 이어지고 있다.

그러나 죽음에 관한 인간의 *관념*만이 이러한 리비도적 배경을 지니는 것은 아니다. 인간은 또한 죽음을 파괴로서 현실적으로 인식하면서도, 무의식적으로 이에 맞서 태아기 실존(의식적인 삶 외에 우리가 유일하게 경험한 상태)이라는 비장의 카드를 동원하기 때문이다. 아동이 자신의 평화를 교란하는 경쟁자를 제거하고자 하며, 그가 죽기를 바란다고 할 때, 그는 오직 자신이 나왔던 곳, 그리고 그 동생 또한 나왔던 곳에 — 어머니의 몸— 대한 쾌락적인 기억에 근거해서만 그렇게 할 수 있다. 다시 말해, 아이는 어떠한 외부의 방해도 받지 않는 그곳으로 자신이 다시 돌아가기를 바라는 것이다. 타자의 죽음을 바라는 유아적 소망에 내재된 자기 자신의 무의식적 소망 요소를 강조하는 것의 정당성은, 그러한 소망이 우연히 실현되었을 때 신경증자들이 보이는 규칙적인 자기-비난 반응을 통해 명확히 드러난다. 자신과 밀접한 관계를 맺은 사람(남녀 불문)을 잃게 될 때, 이 상실은 다시금 어머니로부터의 원초적 분리를 상기시킨다. 그리고 이 사람으로부터 리비도를 철회하는 고통스러운 과업(프로이트가 애도 과정에서 규명한)은, 원초적 외상의 정신적 반복에 해당한다. 애도에 관한 다양한 관습에는, 최근 라이크Reik가 한 강연에서 언급하였듯이,[20] 애도자는 자신을 죽은 자와 동일시하려고 시도하며, 이를 통해 어머니에게로 회귀한 그를 선망envy하고 있음을 보여준다. 형제나 자매가 이른 시기에 죽었을 때, 생존자의 무의식에 남기는 뚜렷한 각인은 —이러한 것들은 훗날 신경증으로 발현되는 경우가 많다— 죽은 자와의 동일시가 야기하는 기묘한 정신적 후유증을 명시적으로 드러낸다. 이것은 종종 해당 인물이 평생을 일종의 지속적인 애도 상태 속에서 삶을 보낸다는 사실에서 나타난다. 말하자면, 그는 죽은 이가 머물 것으로 추정된 거주지에 당혹스러울 정도로 적응된 상태에서 말이다. 전체적으로 볼 때, 많은 신경증은 요절한 형제자매의 단절된 실존을 마치 태아 상태로 계속 이어가는 것으로 이해될 수 있다. 그리고 우울증 역시 실제 죽음에 대한 반응으로서 동일한 메커니즘을 자주 보여준다.[21]

분석에서 명확히 관찰되듯이, 아동은 죽은 이가 어머니에게로 회귀하는 행복을 선망하며, 그 결과 자신의 실제 질투를 새로운 형제자매에게로 연결시킨다. 이는 일반적으로 임신 기간, 즉 어머니 안에 거주하는 시기에 발생한다. 반면, 새로운 경쟁자라는 사실에 대한 잘 알려진 적응 과정은 그 아기의 출생 직후(살아 있는 인형으로서의 아이)에 시작되는데, 이것은 어머니와의 동일시(아버지로부터 온 아이)를 통해 이루어진다. 아이가 무의식적으로 어머니의 자궁 속에서 곧 태어날 아기와 자신을 동일시하려는 경향 속에는 결정적인 요인이 내재하며, 이는 정신분석학적 연구의 맥락에서 *둘째 아이의 외상*(혹은 형제자매 외상)으로 설명될 수 있다. 그 본질적 요인은, 나중에 태어난 아이가 이미 존재하던 아이의 가장 깊은 소망 경향(다시 어머니 안에 있으려는)을 구체적으로 구현함과 동시에, 그곳으로 돌아갈 수 있는 모든 가능성을 영원히 좌절시킨다는 사

20 "Tabnit, König von Sidon" (Wiener Psychoanalytic Association, March, 1923).

21 우울증자들의 병력조사를 통해, 그들이 어린 시절에 가족 내에서 죽음을 경험한 적이 있는지를 밝혀내는 것은 충분히 가치 있는 일이다.

실에 있다. 이는 맏아이 혹은 먼저 태어난 아이의 향후 전반적인 태도와 발달에 결정적 영향을 미칠 수 있다(막내의 심리학, p.114, "영웅적 보상" 참조). 이로부터 성인기의 애정 생활에서 나타나는 이해하기 어려운 특성들(자녀 수를 제한하려는 신경증적 경향 등)과 여성들에게 나타나는 특정 신경증적 질환(가짜 불임 등)이 분석적으로 접근 가능해진다.

죽음과 어머니에게로의 회귀를 동일시하는 것은, 왜 죽은 자의 안식이 방해받아서는 안 되며 왜 그러한 방해가 가장 큰 형벌로 간주되는지를 설명해 준다. 이는 재탄생 환상 전체의 이차적 성격을 증명하는데, 이 환상은 본래적 상태를 재-확립하고 그곳에 머무르려는 것 외에 다른 의미가 없다. 이러한 점은 재탄생 관념의 윤리적-상향적ethical-anagogic[22] 요소를 본질적인 것으로 잘못 간주한 융Jung의 입장과 달리, 다양한 생물학적 사실들에 의해서도 뒷받침된다.[23] 특정 종species의 *시클리드Cichlides* 물고기는 특히 교훈적인 사례를 형성한다. 암컷은 수정된 알이 성숙할 때까지 자신의 목구멍에 있는 주머니에 알을 품는다.[24] 북아프리카 서식 종인 *하플로크로미스 스트리기게나Haplochromis strigigena*의 경우, 이들은 알을 식물이나 돌에 부착하기 때문에, 어미의

---

22 "상향적"(anagogic)은 중세 신학 용어에서 유래했으며, 정신분석학에서는 문자적 의미를 넘어 더 높은 영적, 도덕적, 혹은 발달적 의미로 해석하는 경향을 지칭한다. 융에게 재탄생은 더 높은 단계의 자기(self), 말하자면, 개성화로 나아가는 진보적 과정이지만, 랑크는 이를 비판한다—역자주.

23 융은 여기서 생물학적 사실들을 일방적으로 간과했는데, 그 이유는 그가 "분석적" 퇴행 경향성으로부터 스스로를 방어하고자 하기 때문이며, 그럼으로써 생물학적 측면을 간과하게 된 것이다. 그리하여 그는 정반대의 윤리적-상향적 방향으로 빠져들었으며, 이는 단지 지성화된 파생물에 불과한 재탄생 관념을 중심에 놓는다. *Psychology of the Unconscious*, p.251.

24 입안에서 부화하는 양상은 수많은 경골어류(bony fishes)에서 발견되며, 드물게는 고등 척추동물 사이에서도 발견된다. S. Meisenheimer, *Geschlecht und Geschlechter im Tierreich*, Jena, 1921, vol. i, chap. 20; "Die Verwendung des elterlichen Körpers im Dienst der Brutnege," viii., Stufe, p.566 f. 이 범주에는 또한 철새와 회귀 어류의 놀라운 귀소 본능도 포함된다. 이들은 *강제로 옮겨진 낯선 장소든, 스스로 이주해 간 먼 곳이든* 상관없이, 반드시 *그들의 출생지*로 되돌아간다.

목구멍 주머니는 *오직 부화한 새끼들을 위한* 피난처이자 보호처로만 기능한다. 만약 위험이 닥치거나 밤이 되면, 어미는 입을 벌리고 새끼 하플로크로미스 무리가 그 안으로 기어들어가 아침이 오거나 위험이 지나갈 때까지 그곳에 머문다. 이러한 행동은 특히 흥미로운데, 왜냐하면 전체 동물계 전반에 걸쳐 생리적 수면이 어머니의 자궁으로의 일시적 회귀라는 것을 증명할 뿐만 아니라, 이 종에서는 실제 부화가 어미의 몸 밖인 돌이나 식물 위에서 이루어지기 때문이다. 이것은 후에 이 동물들에 의해 보상되는데, 그 이유는 그들이 이러한 회귀 경험 없이는 살아갈 수 없기 때문이다.

유대류(캥거루)와는 달리, 다른 동물들은 보호를 위해 어미의 신체로 부분적으로 회귀하는 것이 불가능하다. 이들은 오직 “상징적”이라 할 수 있는 방식으로 이것을 대체하는데, 예를 들어 새들이 둥지를 짓는 행동이 그러하다(이는 융이 이미 언급한 바 있다).[25] 우리는 여기서 동물 본능이라 부르는 것이 본질상, 태아기 리비도를 외부 세계에 적응시키는 동시에, 이 외부 세계를 이전에 경험한 원초적 상태와 최대한 유사하게 재확립하려는 경향을 포함한다는 사실에 주목하고자 한다. 반면 인간은 오랜 임신 기간과 이후 발달한 고차원적인 사고 능력을 통해, 상상할 수 있는 모든 방식을 동원하여, 말하자면 창조적으로 그 원초적 상태를 재확립하고자 한다. 인간은 사회적으로 승인된 환상 산물인 예술, 종교, 신화에서 상당한 쾌감과 함께 이를 성공시키지만, 신경증에서는 비참하게 실패한다.

이에 대한 근거는 정신분석학이 입증했듯, 정신-생물학적 발달에서의 정지arrest에 놓여 있다. 이 점은 다음 장에서 *성적 외상*의 관점에서 논의할 것이다. 신경증 발달의 필연적 요인은 인간이 생물학적 차원에

25 미국의 한 유치원 교사가 내게 말한 적이 있는데, 어린이들은 찰흙을 가지고 놀 때, 대부분 자발적으로 새의 둥지를 만든다고 한다.

서든 문화적 차원에서든, 우리가 적응이라고 부르는, 출생 외상을 극복하려는 과정에서 결국 실패하게 된다는 데 있다. 특히 성적 만족의 지점에서 이러한 실패는 가장 뚜렷이 나타난다. 왜냐하면, 성적 만족은 원초적 상황에 가장 근접하지만, 유아적 의미에서의 완전한 재확립은 이룰 수 없기 때문이다.

성적 만족

SEXUAL GRATIFICATION

3

유아기 성infantile sex의 전체 문제는 사실상 아이들의 기원에 관한 유명한 질문 속에 담겨 있다. 이 질문은 아이가 일찍이든 늦게든, 매우 자발적으로 던지게 되는데, 우리가 경험했듯이, 이는 사고 과정의 불만족스러운 최종 결과로 발생한다. 이러한 질문은 아이의 다양한 방식과 특이성(항상 질문하기) 속에서 표현될 수 있으며, 이는 아이가 자기 안에서 잃어버린 기억, 다시 말해 예전 거처의 기억을 찾으려 하지만, 극도로 강렬한 억압 때문에 결코 그것을 발견할 수 없음을 보여준다. 따라서 일반적으로 아이는 어떤 외부 자극이 필요하며, 가장 흔히는 형제 혹은 자매의[1] 출생을 통한 경험의 반복이 이러한 자극이 된다. 이를 통해 비로소 그 질문을 공개적으로 표현하게 된다. 이렇게 해서 아이는 어떤 식으로든 잃어버린 지식을 회복한 것처럼 보이는 어른들에게 도움을 구하게 된다. 그러나 잘 알려져 있듯이, 단순히 아이의 질문에 대답해주는 것은, 설사 분석적으로 계몽된 교육자들이 대답한다 해도, 아이에게 아무런 해결을 주지 못한다. 이것은 성인 신경증자에게 그의 증상에 대한 무의식적 원인을 알려준다고 해서 곧바로 그것을 수용하지 못하는 것과 같은 맥락이다. 왜냐하면 동일하게 무의식적인 내적 저항과 억압이 작용하기 때문이다. 진실한 대답(식물이 땅에서 자라듯이 아이는 어머니의 몸에서 자라난다)에 대한 아이의 전형적인 반응은 또한 아이의 실제 관심이 어디

1 다양한 분석 경험에 따르면, 외동이나 막내(혹은 심각한 출생 외상을 억압해야 했던 아이)는 그 질문을 그렇게 직접적으로 하지 않는다.

에 있는지를 잘 보여준다. 그것은 바로 어떻게 안으로 들어가는가의 문제다. 그러나 이는 성인들이 스스로 결론짓는 것처럼 출산의 문제를 언급하는 것이 아니라, 오히려 원래 머물던 장소로 돌아가려는 경향을 가리킨다.[2] 출생 외상이 가장 강렬한 억압을 겪었기 때문에, 아이는 설명을 듣는다 하더라도 그것의 기억을 재확립할 수 없다. 그래서 여전히 아이들은 기원에 대한 자신만의 이론을 고수한다. 이러한 이론들은 분명히 태아기 상태의 무의식적 재현에 해당하며, 동시에 아이로 하여금 회귀 가능성에 대한 환상illusion을 열어둔다. 만약 아이가 성인의 설명을 받아들일 경우, 그 환상은 사라질 것이기 때문이다.

가장 먼저 언급해야 할 것은 유명한 황새의 우화인데, 이 이야기는 다음과 같은 이유에서 비롯된 듯하다: 철새인 황새는 주기적으로 같은 장소로 돌아와 아기를 데려오는 것과 마찬가지로 아기를 다시 데려갈 수도 있다.[3] 이때 깊은 곳으로의 추락에 따른 외상적 효과는, 강인한 비행자의 부드럽고 고른 비행으로 대체된다. 또 다른 유아기적 출생 이론은 프로이트에 의해 무의식으로부터 추론되었으며, 소화 과정에 대한 연관성과 함께 어머니의 자궁과 직접적으로 연결된다. 말하자면, 아이가 입을 통해 (음식처럼) 어머니에게 들어가고 직장rectum을 통해 배설물faeces처럼 배출된다는 것이다. 더욱이, 우리가 알다시피 이 과정은 아이에게 쾌감을 주며, 매일 실행되는 것이므로, 외상에 대한 보상의 의미에서 그 반복의 용이성과 가능성을 보장해준다. 또한 많은 사람들이 오랫동안 고수하는 후대의 이론은 아이가 어머니의 배(일반적으로 배꼽 주위에

---

2 메피스토펠레스(Mephistopheles): "악마와 유령의 법칙이 있다. 그들이 기어 들어간 곳으로 반드시 기어 나와야 한다. 처음에 우리는 자유롭지만, 두 번째는 선택의 여지가 없다."

인디언들은 바구니를 짤 때 장식 무늬에서 원을 완전히 닫지 않는데, 만약 그렇게 하면 여성들이 아이를 낳지 못한다고 믿기 때문이다(한 여행자의 구두 전언에 의함).

3 그것은 다른 부모(가족 로맨스)에게 향할 수 있고, 그 기원의 장소(죽음 소망)로 향할 수도 있다. 저자의 논문 *Lohengrin Saga*, 1911을 참조하라.

서)를 가르고 태어난다는 생각이다. 그것은 출산 시 자신이 겪은 고통에 대한 부정denial을 기반으로 하며, 이는 전적으로 어머니에게 전가된다.[4]

모든 유아기 출생 이론들의 공통된 특징은 여성의 성기관을 부정하는 것인데, 이는 신화나 동화에서 풍부하게 예시[5]되고 있다. 이러한 부정은 당시 경험된 출생 외상의 억압 때문임을 분명히 보여준다. 출산 기관으로서 여성 생식기 기능에 대한 고통스러운 고착은 결국 성인의 성생활에 나타나는 모든 신경증적 장애, 정신적 발기 부전, 여성 불감증의 근본 원인이 된다. 그러나 이러한 고착은 특정 종류의 공포증(현기증 발작)에서 두드러지게 표현되는데, 이는 길거리가 좁아지거나 넓어지는 느낌을 동반한다.

더 나아가, 프로이트에 따르면 신경증의 적극적인positive 측면을 나타내는 성도착perversions은 다양한 방식으로 유아기의 원초적 상황을 가리킨다. 내가 이미 다른 곳에서 언급했듯이,[6] 성도착자의 행동을 특징짓는 것은, 그가 유아기적 항문 출생 이론을 억압하지 않고 그것을 부분적으로 실현하며, 동시에 죄책감을 통해 유지한다는 점이다. 그는 출생 외상을 겪기 이전의 항문기 아이anal child의 역할을 스스로 수행하면서, 가능한 한 "다형적-도착적" 쾌락의 원초적 상태에 최대한 가까워지고자

---

4 여기서 언급할 수 있는 전형적인 신화적 환상은 두려움 없는 영웅은 항상 자궁에서 잘려 나와 태어나며, 대개 조산으로(prematurely), 어린 시절부터 위대한 업적을 이룬다; 명백하게 그는 출생의 불안을 면했고, 또한 초기 신경증 시기를 극복했다("영웅적 보상", p.114 참조).

더욱이 일부 개별사례들에서 수술을 통해 세상에 나온 아이들은 특정 측면에서 오히려 더 잘 발달하는 것으로 보인다. 반면에, 마취 상태(narcotic state)에서 아이를 출산한 여성은, 자신이 그 출산의 순간에 의식이 없었기 때문에 그 아이가 자신의 아이라고 느낄 수 없었다. 따라서 아이들이 실제로 어디에서 오는지에 대한 그녀의 유아기적 관심은 여전히 충족되지 못했다.

5 Rank, *Völkerpsychologische Parallelen zu den infantilen Sexualtheorien*, 1911을 보라.

6 "Perversion and Neurosis"을 참조하라. *International Journal of Psychoanalysis*, vol. iv., Part III., 1923에서 발췌.

한다. 따라서 분변기호증coprolagnia과 배뇨기호증urolagnia에 대한 추가 설명은 필요하지 않다. 그 밖의 다른 모든 구강적 성도착은 어떤 방식으로든 자궁 내 리비도 만족(또는 출산 이후, 어머니 젖가슴 대한 만족)을 지속한다.[7] 노출증 환자exhibitionist는 출생 전에 살았던 낙원과 같은 나체의 원초적 상태로 돌아가고 싶어 하며, 아이는 그 때문에 그 상태를 매우 좋아한다. 그래서 뚜렷한 사례에서 볼 수 있듯이, 옷을 벗거나 덮개를 벗겨내는 행위에 특별한 쾌락이 부여된다. 이성애적 발달 단계에서의 성기 노출은 전체 몸을 대표하는 부분(페니스-아기)으로 대체하는 것에 해당한다. 남성은 전자(페니스)를, 여성은 후자(아기)를 선호하는데, 이는 다양한 형태의 거세 콤플렉스, 말하자면 정상적인 수치심의 발달과 연결되어 있다. 성적 부끄러움의 독특한 특징인 눈을 감거나 혹은 눈을 가리고 얼굴을 붉히는 것[8]은 태내 상황을 나타내는데, 이 시기에는 잘 알려져 있듯이 머리가 아래로 향한 자세에서 혈액이 머리 쪽으로 흐른다. 나아가 미신 속에서 특히 두드러지는 성기 노출의 방어적 의미는 원래 출생 기관organ에 가해진 억압의 저주를 표현한 것에 지나지 않으며, 기존의 다양한 욕설과 저주에서 분명히 드러난다.

페티시즘Fetishism에도 동일한 설명이 적용되는데, 프로이트가 오래 전에 밝힌 바에 따르면, 이 메커니즘은 보상적 대체 형성에 의한 부분적 억압으로 설명된다. 억압은 매우 규칙적으로 외상적 불안-고착anxiety-cathexis의 의미에서 어머니의 성기를 대상으로 하며, 그 성기는 쾌락이 부여된 신체의 일부나, 혹은 미학적으로 더욱 용인 가능한 덮개-의복,

---

7 구강성교를 선호하는 여성의 분석에서 그녀가 느낀 쾌감은 음핵(페니스와 유사)을 따뜻한 구멍에 넣는 느낌과 관련이 있는 것으로 나타났다.

8 나체, 옷 입기, 눈가림, 그리고 사슬로 결박하기 등의 모티프가 지니는 깊은 연관성은 (아래 참조) 내가 "노출증"으로 설명한 바와 같이, 이 모든 것이 원초적 상황과의 공통된 관계를 통해서 처음 드러나게 되었다(Rank, *Die Nacktheit in Sage und Dichtung*, 1911을 보라)

신발, 코르셋 등으로 대체된다.

초기 분석 경험들을 통해 나는 이미 피학증masochism에서 분만으로 인한 고통(매를 맞는 환상)이 쾌락적인 감각으로 전환되는 문제라고 추론할 수 있었다.[9] 이것은 피학적 환상들의 전형적인 다른 요소들로부터도 설명된다. 예를 들어, 거의 규칙적으로 발생하는 속박된 상태(처벌)는, 아기를 포대기로 싸는 관습이 단순히 흉내 내는 것처럼 보이는, 태내의 쾌락적 부동성immobility 조건을 부분적으로 복원한 것이다(Sadger).[10] 다른 한편으로, 전형적인 사디스트, 어린이 살해자Gilles de Ray 또는 여성 살해자Jack the Ripper는 피와 내장 속에 푹 빠져, 신체 내부의 본성을 발견하려고 하는 유아기 호기심의 역할을 완전히 수행하는 것처럼 보인다. 마조히스트가 출생 외상을 정동적 재평가를 통해 원초적 쾌락 상태를 되찾으려 한다면, 사디스트는 추방된 자의 꺼지지 않는 증오를 인격화한다. 그는 성장한 자신의 몸으로, 아이로서 나왔던 바로 그 장소로 되돌아가려 시도하지만, 그렇게 하는 동안 자신의 희생자를 찢어버린다는 것을 고려하지 않는다. 하지만 그것은 결코 그의 주된 의도는 아니다 (희생에 관한 논의는 p.105를 보라).

9 이와 명백히 연결되어 있는 것은 널리알려진 막대기(생명의 막대기)로 매를 맞는 다산 주술(fertility spell)이다. 그것은 처녀신 보나 데아(Bona Dea)의 신화 속에 나타나는데, 그녀는 아버지의 욕망을 거부한 대가로 아버지에게 벌을 받는다. 이에 비교할 만한 예로는 독일의 결혼 풍습에서 신랑 신부를 매질하는 관습(W. Mannhardt, *Antike Feld-und Wald-kulte*, i., 299-303)을 들 수 있으며, 또한 로마의 루페르칼리아(Lupercalia: 로마 도시를 정화하고 여인들의 건강과 다산을 촉진하기 위해 매년 2월 15일에 열린 고대 로마의 축제—역자주), 그리고 멕시코의 한여름 축제에서는 젊은 처녀들이 작은 자루로 맞음으로써 다산을 얻게 되었다.

10 마지막에 언급된 형태들(노출증, 피학증)에서 사드거(Sadger)가 명명한 바 있는 이른바 "피부, 점막 및 근육 성애"가 특히 두드러진 역할을 한다. 그것은 자궁 내 상태에서 직접 유래한다고 볼 수 있다. 그곳에서 신체 전체는, 다시 말해 포근한 부드러움과 따스함, 그리고 유동성에 의해 쾌적하게 간질임을 받는 것과 같은 상태에 놓여 있기 때문이다.

동성애 또한 이 개념에 쉽게 들어맞는 것처럼 보인다. 남성의 경우 여성 성기에 대한 혐오를 바탕으로 하고 있으며, 이는 그것이 출생의 충격과 밀접한 관련이 있기 때문이다. 동성애자는 여성 안에서 오직 모성적 출생 기관만을 보게 되며, 따라서 그것을 쾌락을 주는 기관으로써 인정할 수 없게 된다. 더 나아가 우리가 분석에서 알 수 있듯이, 동성애자들이 남녀 모두에서 의식적으로는 남성과 여성의 역할만을 연기한다는 점이다. 그러나 그들은 무의식적으로는 항상 어머니와 아이의 역할을 수행하며, 특히 여성 동성애자의 경우에는 이 점이 직접적으로 드러난다. 이들은 사실 일종의 특별한 사랑 관계("제3의 성")를 실제로 구현하는데, 이는 원초적 상황에서의 무성적asexual이지만 리비도적으로 맺어진 유대를 직접적으로 이어가는 것이다. 여기서 강조할 만한 사실은, 동성애가 겉보기에는 성sex 구분에만 관련된 성도착처럼 보이지만, 전체적으로는 무의식 속에 살아남아 있는 태아기의 양성성bisexuality에 기반하고 있다는 사실이다.[11]

이러한 고찰들은 우리를 곧바로 성 문제의 핵심으로 이끈다. 원초적 리비도의 단순한 표출이 이후에 매우 복잡하고 예기치 못한 변화들을 겪게 되는 이유가 여기 있다. 우리가 지금까지 정교화해 온 개념에 충실한다면, 정상적인 성 발달에 대한 더 나은 이해를 얻게 되고, 명백한 어려움도 극복할 수 있을 것이다.

최근에 특히 주목되었듯이, 우리의 전체적인 정신적 관점은 남성의 관점에 우위를 부여하고, 여성의 관점을 거의 완전히 무시해 왔다. 사회적, 학문적 사고 양쪽 모두에서 이러한 편향성의 가장 분명한 예는, 인류 문화 발달의 장구하고도 중요한 시기가 소위 모권(바호펜에 의해 발견된)의 지배하에 있었다는 사실일 것이다. 이 시기들은 여성의 지배 아래

11 이것은 성도착(동성애)을 해명하는 원리로서 아들러의 "남성적 항의"(masculine protest)가 가지는 취약성을 보여준다.

있었고, 심지어 전통 자체에서도 "억압"되었던 이 시기들을 사실로 받아들이기 위해서는 당연히 저항을 극복하는 데 특별한 노력이 선행되어야만 했다.[12] 이러한 태도가 심지어 정신분석가들 속에서도 얼마나 지속되는지는, 일반적으로 우리가 성적 관계를 단지 남성의 관점에서만 암묵적으로 나타낸다는 사실에서 드러난다. 표면적으로는 그것의 단순성 때문이라고 하지만, 더 솔직히 말하자면 여성의 성생활에 대한 이해 부족 때문이다. 나는 이러한 태도가 알프레드 아들러Alfred Adler가 생각한 것처럼 여성에 대한 사회적 과소평가의 결과가 아니라, 오히려 그 반대라고 생각한다. 이 둘 모두는 출생 외상과의 본래적인 연결성 때문에 여성을 사회적, 지적으로 저평가하고 부정하려는 원초적 억압의 표현이다. 출생 외상의 억압된 원초적 기억을 다시 의식화하려는 시도 속에서, 우리는 출생 외상과 동시에 억압되었던 여성에 대한 높은 평가를 회복할 수 있으리라 믿는다. 그리고 이는 여성의 성기에 대한 저주의 무게로부터 그녀를 해방함으로써 가능할 것이다.

우리는 프로이트가 수행한 분석을 통해 놀랍게도, 겉보기에 이미 잘 알려진 소녀의 남근 선망에 대응하는, 타당하지만 강렬하게 억압된 남성적 대응물이 있다는 사실을 알게 되었다. 그것은 소년이 항문anus을 통해 아이를 낳을 수 있기를 바라는 무의식적인 소망이다. 이 소망-환상은 아이와 대변(항문 아이), 더 나아가 아이와 페니스를 무의식적으로 동일시하는 과정을 통해 무의식 속에서 계속 활발하게 작동한다. 이것은 다름 아닌 자신이 여전히 "항문" 아이였던 원초적 상황을 재정립하려는 시도를 나타낸다. 그러나 이는 아직 여성의 성기를 알기 전이며, 그 성기는 생리적으로는 확실하게 지각되지만, 심리적으로는 출생 외상에 의해 처음 표상되는 것이다. 소년이 출생 직후 자기의 성기를 모든

12 M. Vaerting, *Die weibliche Eigenart im Männerstaat und die männliche Eigenart im Frauenstaat*, Karlsruhe, 1921을 참조하라.

존재들 속에 전제하는 것은, 일반적으로 인간의 의인화된 태도에서 쉽게 이해할 수 있다. 그럼에도 불구하고, 그가 모든 겉보기와는 달리 이 개념에 고집스럽게 집착하는 태도는, 단순히 자기애적 자기 과대평가 때문이라고만 돌려서는 안 된다는 경고가 된다. 오히려 더 그럴듯한 가정은, 소년이 가능한 한 오랫동안 여성 성기의 존재를 부정하려 한다는 것이다. 왜냐하면, 그는 여전히 자기 안에서 따라다니는, 바로 그 기관을 통과해야 했던 출생의 공포를 다시 떠올리고 싶지 않기 때문이다. 다른 말로 말해서, 그는 자신의 출생과 관련된 불안-정동을 재현하고 싶어하지 않는다. 이에 대한 증거는 소녀 또한 자신의 성기에 대해 동일한 부정적인 태도를 보인다는 점이다. 바로 그것이 여성의 성기관이기 때문이며, 소녀는 페니스를 소유함으로써 누리는 자기애적 우위를 공유할 수 없기 때문이다. 이러한 태도는 소위 “페니스 선망”으로 나타나는데, 이것은 자아의 다소 의식적인 동기(선망) 자체가 핵심 역할을 하는 것은 결코 아님을 보여준다. 반대로, 남녀 모두가 동일한 방식으로 여성 성기를 부정하고 무시하려 한다는 것이 입증되었다. 왜냐하면, 양쪽 모두가 어머니의 성기에 대한 원초적 억압에 지배받고 있기 때문이다. 아들러에 따르면, 남녀 모두에서 페니스의 과대평가는 “열등감”이라는 학문적 성 심리학의 관점에서 설명되지만, 이 열등감은 사실 이차적 감정조차 아니다. 오히려 그것은 한때 자신이 고통스럽게 밀려 나왔던 여성 성기의 존재 자체에 대한 반동 형성임이 마침내 드러난다. 여성 발달의 정상적인 조건으로서의 “거세”의 수용, 그리고 남성 신경증자에게서 전형적으로 표현된 거세에 대한 소망은, 이미 언급된 환상적 요소의 결과로 보았을 때, 실제 어머니와의 분리를 어머니와의 동일시로 대체하고, 따라서 성적 사랑을 통해 간접적으로 다시 한번 원초적 상황에 접근하려는 것이다.

페렌치[13]가 탁월하게 보여주었듯이, 남성이 질 개구부로 침투하는 행위는 의심할 여지 없이 자궁으로의 부분적 회귀를 의미한다. 그런데 페니스가 아이(톰 썸, Däumbling)의 상징으로 이해될 때, 이는 단순한 부분적 회귀가 아니라 완전하고 동시에 유아적인 회귀를 의미한다. 그러나 여성의 경우에도, 분석자료가 보여주는 바에 따르면 그 태도는 매우 유사하다. 자위행위에서 강렬하게 경험되는 음핵clitoris 리비도를 통해 여성은 종종 너무나 쉽게 자신을 페니스나 남성과 동일시함으로써, 간접적으로 자궁으로의 회귀에 접근할 수 있다. 그 안에서 드러나는 외견상의 남성성 경향은 무의식적 차원에서 아버지와 동일시하는 데에 기반하며, 결국 여성을 능가하는 남성의 헤아릴 수 없는 이점에 적어도 부분적으로라도 참여하려는 데 목적이 있다. 그 이점은 남성이 페니스를 매개로 하여 어머니에게 다시, 비록 부분적일지라도, 되돌아갈 수 있다는 것이다. 페니스는 그 자체로 아이를 나타낸다. 여성에게는 이 원초적 소망이 보다 더 포괄적이고 정상적인 방식으로 충족되는데, 이는 자신의 몸에서 태어난 열매인 아이와의 동일시를 통해 모성애로 나타난다.

분석적으로 밝혀진 두 가지 사실은, 우리가 흔히 정신증에서 매우 자주 의식적으로 발견하는, 아이와 페니스의 무의식적 동등시equivalence를 설명할 수 있다. 첫 번째, 보엠Boehm이 묘사했듯이(*Zschr*., viii,. 1922), (동성애자 혹은 발기 부전) 남성들이 거대하고 "능동적인" 페니스(일종의 코끼리의 코나 혹은 말의 성기와 같은)에 대해 가지는 빈번한 두려움은, 그것이 여성의 내부에 숨겨져 있다가 갑자기 튀어나오는 것과 관련되며, 이것은 바로 어머니의 성기 내부에 숨겨져 있다가 분만 시 갑자기 나오게 되는 아이와의 동일시를 명확하게 드러낸다. 이 관념에 대한 여성적 대응물인 "남근을 가진 여성"은 특히 여성의 불감증frigidity 분석을

13 "Versuch einer Genitaltheorie" (Congress, report), *Zschr*., viii. 1922, p.479

통해 나타난다. 우리가 예상하듯, "남근 선망"의 의미에서 병리적인 영향을 미친 것은 어린 소년(형제 또는 또래 친구)의 성기를 처음 본 것 때문이 아니다. 오히려 외상적인 영향을 미친 것은 커다란(발기된 혹은 아버지의) 성 기관의 목격이다. 왜냐하면, 그것은 아이의 크기를 상기시켜 주었기 때문이다. 따라서 (자위행위를 통해) 자기 몸에서 입구로 지각된 부분과 달리, 그것은 이미 그 안에 무언가가 숨어 있어, 그 가정된 입구를 막고 있다가, 이후 (성적 발달단계에서) 그것이 자신의 몸 안으로 들어올 것이라는 두려움으로 나타난다(작은 동물에 대한 공포와 비교해 볼 수 있다). 신경증적인 여성들이 그러한 큰 기관(성기)이 어떻게 자신의 몸 안으로 들어오는가에 대해 종종 느끼는 의식적인 두려움은 간접적으로 출생 외상에 대한 원초적 억압에 기반한다. 반면, 잘 알려진 대로 여성들이 큰 성기를 높이 평가하는 사실은, 바로 그 크기 덕분에 오히려 최상의 쾌락 가능성이 발견된다고 여긴다는 점이며, 때때로 이것은 원초적 상황의 감각 속에서 가능한 고통을 동반함으로써 쾌락을 증폭시키기도 한다. 여성의 불감증(질경련증)에 대한 분석을 통해 폭력을 당하거나 강간당하는 전형적인 (피학적) 환상이 이러한 여성들에게 억압되어 있다는 사실이 분명해졌다. 이러한 환상들은 그들의 (여성적) 성적 역할에 자신을 적응시키려는 시도가 실패했음을 의미한다. 왜냐하면, 이러한 환상들은 여성이 남성(페니스)과 자신을 동일시하려 했던 초기 시도의 결과물이라는 뜻이다. 그리고 이 최초의 동일시는 원래 공격적-리비도적 방식으로 어머니에게 들어가는 행위를 가능하게 했어야 했다.[14] 이에 상응하는 남성적 원형은 (대부분의 남성에게) 특별한 쾌락(가학적)을 가져다주는 처녀막 파열 defloration 행위에서 발견된다. 이것은 피와 고통을 수반한 상태에서, 아

14 여성 대상 선택의 전형적인 형태와 비교하라. 이는 내가 치료에서 리비도 과정에 대해 이미 언급했다(*l.c.*).

직 아무도 진입한 적이 없는 여성의 성기에 침투하는 행위이다.[15]

따라서 아동기 최초 단계에서, 남녀 모두는 리비도의 원초적 대상인 어머니를 향해 동일한 방식으로 행동한다. 신경증에서 매우 인상적으로 드러나는 갈등은 무엇보다도 먼저 남녀 모두에게 해당하는 성 차이를 알게 되는 시점에서 발생하며, 이 차이는 훗날 신경증 형성의 결정적인 외상으로 작용한다. 소년의 경우, 그는 자신이 태어났고, 장차 다시 들어가야 한다는 사실로 여성 성기를 인식하게 되기 때문에 이 외상을 경험한다; 소녀의 경우, 남성 성기를 인식하게 되었기 때문에 이 외상을 경험한다. 남성 성기는 소녀에게 있어 사랑-대상에 진입하는 것을 불가능하게 할 뿐 아니라, 훗날에는 심지어 강제로 자신의 몸 안으로 들어오도록 예정된 것이기 때문이다. 만약 소녀가 오이디푸스 상황에 대한 행운의 적응을 통해 이러한 외상을 성공적으로 극복한다면, 그녀는 이후의 연애 생활에서 성행위를 통해 원초적 소망을 부분적으로 충족시키거나, 또는 가능한 한 가장 근접한 만족에 도달할 수 있게 된다. 그러나 이 외상에서 좌절을 겪는 것은 나중에 신경증 형성에 결정적인 계기가 되며, 그 신경증 속에서 오이디푸스 콤플렉스와 거세 콤플렉스가 놀라울 만큼 중요한 역할을 하게 된다. 그리고 그 결과 남녀 모두에게 성에 대한 혐

15 뒤에 나오는 신화적 자료에 대한 언급(p. 117)을 함께 비교해 보라. 더욱이 이러한 무의식적 충동들은 다른 많은 것들과 마찬가지로 아직 제대로 이해되지 않은 사실의 형태로 민속학에 존재하는 것으로 보인다. 예를 들어, 호주 원주민들의 잘 알려진 수술이 있는데, 이는 보통 할례(circumcision) 이후(12세에서 14세 사이)에 시행되며, 인위적인 요도하열(hypospadias: 남아 신생아에서 요도 입구가 음경의 끝부분이 아닌 아래쪽이 위치하는 선천적인 기형을 말한다. 쉽게 말해 소변이 나오는 요도 구멍이 정상적인 위치보다 뒤쪽에 있는 상태-역자주)을 만들어 발기된 상태에서 페니스를 납작하고 갈라진 잎 모양(lobe-shaped)으로 만든다. 여성의 경우, (명백히 출산 시) 아이를 다치게 하지 않으려는 명목으로 음순(labia)과 음핵(clitoris)을 자주 절개한다. 처녀막은 성교가 가능하도록 강제로 자르고, 질 입구는 항문 방향으로 절개되어 넓혀진다. 그럼에도 불구하고, 남성은 여전히 삽입에 큰 어려움을 겪는데, 이는 분명히 페니스가 끼어버리거나 혹은 완전히 빠져들어 갈지도 모른다는 두려움 때문이다(수술에 대한 자세한 내용은 Reitzenstein, *Handwörterbuch der Sexualwissenschaft*, p.5ff을 보라)

오가 전면에 등장한다. 이로써 이들은 최초의 성기적 갈등 단계에서 신경증으로 되돌아가고, 거기에서 더 나아가 리비도의 원초적 상황으로 도피하게 되는데, 이는 남녀 모두 다시금 어머니에게로의 회귀를 의미한다.

남성은 처음부터 동일한 대상에 애착을 유지할 수 있는데, 이는 그에게 어머니, 연인, 그리고 아내를 나타낸다. 그러면 아버지는 곧 어머니(그녀의 성기)와 관련된 불안을 대표하는 존재로 등장한다. 반면에 여성의 경우, 본래 어머니에게 향한 리비도의 일부분을 아버지에게 전이시키는 것이 필요하며, 이는 프로이트가 이미 추정했던 수동성passivity으로의 이행과 병행된다. 그러므로 소녀는 어머니에게로의 적극적 회귀, 남성적 특권으로 인식되거나 상상되는 침투에 대한 모든 생각을 포기하고, 모성의 궁극적 기쁨 속에서 수동적인 재생산, 즉 임신과 자신의 아이를 낳음으로써 축복받은 원초적 상태를 되찾고자 하는 소망에 만족하게 된다. 이러한 정신-생물학적 변형의 실패는 여성 신경증 환자에게서 볼 수 있는데, 그들은 예외 없이 남자의 성기를 거부하고 소위 "남성 콤플렉스"의 의미에서 페니스를 단지 자신이 사랑-대상에 침투하기 위한 도구로서만 원하는 것이다. 이와 같이 양성 모두 신경증에 빠지게 되는 것은, 그들이 출생 외상에 대한 보상으로서, 자신들에게 주어진 성적 만족을 통해서가 아니라, 유아기적 만족의 원초적 형태를 통해 어머니를 향한 원초적 리비도를 만족시키려 하기 때문이다. 그러나 그렇게 함으로써 그들은 불가피하게 다시 출생 외상의 불안-경계에 걸려 넘어질 수밖에 없으며, 이는 성적 만족을 통해서만 피하는 것이 최선이다.

성적 사랑은 두 존재가 결합하는 성교에서 절정에 이르게 되는 것으로, 이는 어머니와 아이 사이의 원초적 상황을 부분적으로 재확립하려는 가장 숭고한 시도임이 입증된다. 이 상황은 새로운 태아 속에서만 그 완전한 실현을 찾는다. 그리고 플라톤Plato이 사랑의 본질을, 한때는 하나였으나 후에 갈라져 버린 두 부분이 다시 서로를 그리워하는 것이라고 설명할 때, 그는 출생 외상을 극복하려는 지고한[16] 생물학적 시도를 시적으로 표현하는데, 그것이 진정한 의미에서의 "플라토닉 사랑," 말하자면 아이가 어머니를 향해 가지는 사랑이다.

이 개념을 바탕으로 할 때, 성 본능의 발전을 이해하기가 다소 수월해진다. 성 본능은 리비도와 반대되는 것으로 여전히 최종적 만족의 유일한 수단으로서 "생식"에만 국한되어 있기 때문이다. 성 본능의 최초의 명확한 표현은 오이디푸스 콤플렉스에서 나타나는데, 이것은 어머니의 자궁으로 돌아가고자 하는 소망과 연결되어 있다. 융은 이를 상향적 "재탄생 환상"의 의미로 설명하였다면, (앞서 인용된 바와 같이) 페렌치는 그것을 생물학적 토대로 재정립하였다. 오이디푸스 신화의 이면에는 실제로 인간의 기원과 운명이라는 신비로운 물음이 자리하고 있는데, 오이디푸스는 이 문제를 지적으로가 아니라, 실제로 어머니의 자궁으로 되돌아감으로써 풀고자 했던 것이다.[17] 이는 완전히 상징적 형태로 이루어진다. 그의 실명blindness은 가장 깊은 의미에서 어머니 자궁의 어둠 속으로의 회귀를 나타내고, 갈라진 바위틈을 지나 지하 세계로 사라지는 장면은 다시 한번 어머니 대지mother earth로 돌아가려는 동일한 소원 경향을 표현한다.

우리는 이제 정상 발달에서 드러나는 오이디푸스 콤플렉스의 정신-생물학적 의미를 이해할 수 있는 위치에 서게 되었다. 출생 외상의 관점

---

16 이와 함께 "남자와 여자는 한 몸이다"라는 성서적 표현 등을 비교할 수 있다(*Erant duo in carne uno*).

17 오이디푸스 전설에서 협곡(또는 세 갈래 길)의 질 상징주의(vaginal symbolism)는, 최근 아브라함(Abraham)에 의해 밝혀졌듯이, 아버지(혹은 그의 남근)가 불쾌한 방식으로 침투하는 잘 알려진 자궁 내 환상에서 반복한다(*Imago*, ix., 1923, p.124ff. 참조).

에서 볼 때, 오이디푸스 콤플렉스는 (어머니의) 성기에 대한 불안이나 두려움을, 리비도-대상으로서 쾌락적인 방식으로 받아들임으로써, 극복하려는 최초의 가치 있는 시도로 비쳐진다. 다시 말해, 이것은 원래의 자궁 내에 가능했던 쾌락의 가능성을, 불안으로 가득 찬 성기적 출구로 옮겨서 억압 때문에 묻혀 있던 과거의 쾌락 원천을 되살리려는 시도이다. 그러나 이 최초의 시도는 처음부터 실패할 수밖에 없는 운명이다. 왜냐하면, 그것은 불완전하게 발달한 성 기구apparatus로 수행되었을 뿐만 아니라, 무엇보다도 원초적 외상의 불안과 억압 전체가 직접 연결된 원초적 대상 그 자체를 향해 시도하기 때문이다. 그렇기 때문에, (비유적으로 말하자면) 이 "사산된" 시도가 왜 이루어져야 했는지를 설명한다. 분명히, 훗날 정상적인 사랑-선택에서 나타나는 전이가 성공하려면, 아이는 성적 발달의 첫 단계에서 이미 원초적 대상과의 분리를 *성적 외상*으로서 반복하는 것이 필수적이다. 그러나 이로 인해 오이디푸스 콤플렉스는, 원초적 분리 외상의 세 번째 중요한 반복으로서, 출생 외상의 원초적 억압에 의해 오레우스Oreus[18]로 깊이 끌려 내려가고, 그 결과 새로운 리비도의 박탈이 낙실 때마다 전형적인 재발-증상으로 반응하게 된다.

따라서 우리는 성 발달의 시작이, 프로이트에 따르면 두 번 일어나는데, 개인의 생애사로부터 충분히 설명될 수 있다고 생각한다. 왜냐하면 우리는 그 속에서, 출생 외상으로 인해 깊이 갈라진 두 상태에 —쾌락적인 자궁 내 생활과 자궁 밖 세계에의 적응 곤란— 대한 기억흔적을 인식할 수 있기 때문이다. 그런 다음 "잠복기"는 성적 수준에서 어머니로부터의 단절에 따른 성적 외상(오이디푸스 콤플렉스)에 뒤이어 찾아온다. 잠복기 동안에는 직접적인 퇴행 경향을 일시적으로 포기하고,

18 Oreus는 그리스 신화에서 등장하는 '산의 거인'으로, 지하·원초적 힘·하강을 상징하는 존재이다. 랑크는 이를 출생 외상에 수반하는 무의식적 회귀 충동(아래로 끌림)을 은유적으로 표현하기 위해 사용한다—역자주.

적응을 위한 시도가 이루어진다. 그러다가 사춘기puberty에 이르면 성기 영역의 우위에 도달하게 된다. 우리의 논지에 따르면, 이 우위는 한때 가치 있는 원초적 대상으로 경험되었던 (어머니의) 성기에 대한 인식을 되찾는 것으로 이해할 수 있다. (남성) 성기에 의한 성기적 우위genital primacy는, 어머니를 향하던 전체적 신체의 대상으로서의 사랑을, 이제는 다른 대상으로 대체하는 최종적 전환을 의미하는 것이기 때문이다. 다만 이는 성기와 관련된 원초적이고 고통스러운 경험이, 자신의 원래 거처인 어머니 안에서 경험했던 쾌락에 가능한 한 가깝게 되살리는 형태로 전환될 때에만 받아들여질 수 있다. 이에 대한 가능성은 사춘기라고 알려진 광범위한 혼란 속에서 제공되며, 여러 단계와 변형이 있는 사랑의 행위에서 절정에 달하며, 이 모든 것은 가능한 한 친밀한 접촉(사랑을 위해 먹는 것)을 지향한다(두 개의 등이 맞닿은 동물, L'animal a deux dos). 그러므로 사랑에 빠진다는 것은, 때로는 마치 바그너의 트리스탄과 이졸데Wagner's Tristan and Isolde[19]에서처럼 세상 전체를 사랑하는 대상과 동일시해 버릴 정도로 강렬한 몰입 상태를 만든다. 이런 점에서 사랑은 신경증적 내향과 비슷한 현상으로 설명될 수 있다. 그리고 성교에서 나타나는 순간적인 의식 상실 역시 가볍게 나타나는 히스테리 발작과 유사한 현상으로 이해될 수 있다.

19 바그너의 "트리스탄과 이졸데"는 중세 전설을 바탕으로 한 3막짜리 오페라로, 기사 트리스탄과 이졸데의 치명적이고 금단의 사랑, 그리고 '사랑의 묘약'으로 인한 비극적 죽음을 다룬다. 바그너는 이 작품에서 사랑의 도취와 황홀, 이루어질 수 없는 사랑의 절망을 극적인 음악과 무한선율로 표현하며, 특히 '사랑의 죽음' 장면은 음악사적으로 중요한 위치를 가진다. 랑크는 이 작품을 사랑에 빠진 상태가 외부 세계를 소거하고 하나의 대상에 전적으로 동일시되는 극단적 내향의 상징적 예로 인용한다—역자주.

신경증적 재현 4

NEUROTIC REPRODUCTION

아동의 리비도 발달을 오이디푸스 콤플렉스라는 성적 외상까지 추적하고, 그것이 신경증 형성의 결정적 지점으로 인식한 이후에야, 우리는 분석적 치유 과정에서 설명되는 각각의 신경증적 증상이 과연 어느 정도까지 출생 외상의 구조에 부합하는가에 관한 질문으로 회귀할 수 있다. 이러한 관점에서 도출되는 이론적 공식은 매우 간단해 보인다. 정신분석에 따르면, 불안은 모든 신경증적 장애의 핵심이며, 프로이트에 의해 알려진 바와 같이 이 원초적 불안은 바로 출생 외상에 뿌리를 두고 있다. 따라서 아동의 정서적 반응에서와 마찬가지로, 모든 신경증 증상과 출생 외상 간의 연결고리를 입증하는 일은 어디에서나 가능하다고 할 수 있다. 그러나 여기서 핵심은, 다양한 형태로 특정 내용에 부착되는 불안-*정동*이 그 원초적 근원에서 비롯된다는 사실에 국한되지 않는다. 보다 더 중요한 점은, 분석 과정에서 드러나는 개별 증상 및 신경증의 구조 전체가 출생 혹은 그 이전의 쾌락 단계에 대한 재생산된 기억흔적reminiscences을 명시적으로 지목한다는 점이다. 마지막으로 우리가 만약 25여 년 전 고전작인 『히스테리 연구』에서 처음으로 정립된 신경증의 "외상" 이론으로 돌아가 본다면, 우리는 이 이론의 창시자 역시 이를 재고하는 일에 부끄러워할 필요가 없으리라 생각한다. 실제로, 풍부한 성과와 경험을 낳은 지난 수년간의 분석적 탐구 과정에서 우리 중 누구도 —다른 모든 요인을 고려하더라도— "외상"이라는 개념에는 우리가 감히 인정하지 못했던 더 깊은 어떤 것이 여전히 존재한다는 확신을 버린 적이 없다고 말할 수 있을 것이다. 어떠한 경우든, 프로이트가 일찍이 “원초적 환상들”의 단순한 반복으로 간주했던 명백한 외상들의 작용에 대한 의심은 정당하다는 사실을 인정해야만 한다. 그리고 우리는 이제, 그 ‘원초적 환상’의 정신-생물학적 기초를 모든 결과를 수반하는 인간의 보편적 출생 외상에서 찾게 되었다고 믿는다.

우리는 특정 순간*in statu nascendi*에 욕망의 단락(short circuit: 특정 글이나 정보, 상황에 방어수단/기제 없이 욕망이나 감정이 표출하는 현상—역자주)으로서 발생하는 신경증, 말하자면 외상성 신경증을 추적할 수 있다. 그것은 특히 전시 중에 관찰된 전쟁 신경증에서 명확히 드러난다. 전쟁 신경증의 경우, 외부로부터 가해지는 죽음의 위협이라는 충격을 통해 원초적 불안이 즉각적으로 활성화된다.[1] 이는 평소에는 무의식적으로만 재현되던 출생 상황이, 외부의 위험 요인에 의해 정동적으로 구체화되는 것이다. 모든 신경증적 불안을 표현하는 수단으로서 출생 외상이 지닌 근본적 중요성은, 그것이 다른 경우에는 충격 작용 없이도 발현될 수 있는 대부분의 다양한 신경증적 증상들의 출발점이 된다는 사실을 통해 입증된다. 그러나 이처럼 형태form와 내용content이 특수하게 결합된 외상 신경증은 병리적 연쇄의 시발점에 위치하는 반면, 그 내용이 성적 외상에 의해 규정되는 일반적인 정신 신경증은 그 연쇄의 말미에 위치한다. 후자(정신 신경증) 역시, 개인이 어떤 방식으로든 현실 속에서 좌절을 겪는 즉시, 방어수단이자 배출구로서의 퇴행이라는 동일한 보편적 표현 수단을 이용하게 된다. 일반적으로 정신분석이 입증하였듯이, 신경증자는 보편적으로 성sexuality의 과업을 성취하는 데 실패한다. 이 맥락에서

1 “외상성” 신경증을 지닌 환자들의 꿈들은, 실제 외상 경험의 형태로 출생 외상을 전형적인 방식으로 "반복"하는데, 대개는 그 안에 출생이라는 사실을 드러내는 어떤 단서가 포함되어 있다.

그것은 다음과 같은 의미로 해석될 수 있다. 말하자면 그는 성행위와 자녀를 통해 얻어지는 어머니로의 부분적 회귀가 제공하는 충족만으로는 만족하지 못한다. 오히려 그는 "유아기"에 고착되어 있으며, 심지어 *총체적으로* 혹은 온전한 자기 전체로서 다시 어머니에게로 돌아가고자 하는 욕망을 여전히 고수한다. 궁극적으로 그는 성적 만족을 통해 불안을 예방함으로써 출생 외상을 정상적인 방식으로 해소할 능력이 부재하며, 그 결과 도달 불가능한 리비도 만족의 원초적 형태로 역행하게 된다. 그리고 그의 성인 자아adult ego는 불안을 생성함으로써 바로 이 원초적 형태에 대항하는 것이다.

아동의 리비도 발달에 대해 논하는 다양한 지점에서, 특히 불안이 명백하게 드러나는 상태나 성기능의 직접적인 장애("현실 신경증")에서, 신경증에 대응되는 현상들이 부수적으로 드러났다. 신경증적 불안 상태를 더 잘 이해하기 위해, 우리는 모든 신경증적 불안 방출의 전형으로 남아 있는 가장 단순한 유아기 불안 방출 사례, 말하자면 어두운 방에 홀로 남겨진 아동이 보이는 불안을 다시 상기해 보자. 이 상황은 —비록 완전히 그렇다고는 할 수 없지만— 어머니의 자궁 내의 어두운 거처를 "상기"시킨다. 그곳은 당시에 실로 극도의 쾌락 경험이었으며, 이것은 그 상태를 재확립하려는 경향성의 근거가 된다. 그러나 동시에, 그 경험은 어머니로부터의 무서운 단절 때문에 끝났고, 이제 아이는 혼자 남겨졌을 때 그 어머니를 그리워하게 된다. 혼자 있음에 대한 공포에서 아동은 최초의 리비도-대상으로부터의 분리 불안이라는 불안-정동을, 현실에서 그것을 재-경험하고 재생산 및 방출하는 과정을 통해, 분명히 "기억"*er-innert*한다. 이러한 강력하고 고통스러운 정동을 재생산하려는 강박의 메커니즘은 —이에 대해서는 후에 더 자세히 논의할 예정이지만— 이러한 "기억흔적"의 타당성과 현실성을 보여준다. 분석을 통해 드러난 메커니즘에 따르면, 공포증을 포함한 모든 신경증적 불안 발달 형태들은 동일한 과정을 따른다. 같은 맥락으로 불안 신경증의 소위 실제 형태에 대해서도 말할 수 있다. 이러한 형태는, 신경쇠약neurasthenia과 마찬가지로, 성기능의 직접적인 장애로 귀결된다. 예컨대, 질외사정coitus interruptus은 어머니의 성기(위험한 이빨 달린 질[*vagina dentata*])에 의해 불러일으켜진 불안에 해당한다. 모든 형태의 남성 발기부전impotence — 삽입을 두려워하여 남근이 물러서는 것— 그리고 여성의 성적 무감각증(vaginismus[질경련]) 역시 동일한 방식으로 어머니에 대한 원초적 고착과 우리가 기술한 유아적 불안에 기초한다. 여기서, 프로이트가 설명한 히스테리 메커니즘에 따르면, 한 기관의 기능은 무의식적 다른 기능을 위해 포기된다. 말하자면, 쾌락-기능과 출산-기능의 대립 속에, 종species의 유지(번식)와 개체의 쾌락 간의 근본적인 긴장이 존재한다.[2]

이러한 불안의 현저한 증상들은 신경증 환자가 출생 외상을 지극히 완전하게 극복하지 못했음을 시사한다. *히스테리의* 신체적 증상들은, 그 외현적 형태뿐만 아니라 심층의 무의식적 내용에서도, 출생에 대한 직접적인 신체적 재현을 다양하게 드러내며, 이것은 곧 출생 자체를 부인하려는, 즉 자궁 내 삶이라는 이전의 쾌락적 상태로 회귀하려는 명백한 경향성을 내포한다. 이러한 범주에 속하는 대표적인 예로는 히스테리성 *마비*paralysis 현상이다. 예컨대 보행이나 운동 기능의 억제는 다름 아닌 신체적으로 구현된 광장공포증agoraphobia에 해당한다.[3] 그뿐만 아니라 그 부동성immobility은 쾌락적인 원초적 상황을 현실화함과 동시

---

2 이와 관련된 논증들은 Rank, “Per version and Neurosis,” *Internat. Journal of Psychoanalysis*를 보라.

3 참조할 만한 연구로는 Federn, “Über zwei typische Traumsensationen”(*Jahrb*., vi., 1914)을 보라. 여기서 그는 억제와 비행(flying) 꿈 안에서 감각, 그리고 이것들이 신경증적 증상인 마비나 어지럼증과 맺는 관계를 논의한다. 이 모든 감각은 출생 시 경험되는 감각에 상응하는 명확한 재현들이자 반복임이 밝혀진다(꿈에 관한 내용은 p.87을 참조하라).

에, 그로부터 해방되는 것에 대한 섬뜩함과 공포를 수반한다. 사지를 몸쪽으로 끌어당기는 것을 특징으로 하는 전형적인 마비 현상들은, 예컨대 소무도병(*chorea minor*: 불수의적인 근육 떨림이나 움직임이 특징인 질환—역자주)에서 관찰되는 협응 장애co-ordination disturbance와 마찬가지로, 자궁 내 위치에 더 충실하게 접근하는 신체적 재현이다.[4]

우리가 히스테리 증상을 자궁 내 상태 혹은 출생의 재현으로 간주하여 근거를 마련할 때, *전환*conversion 문제는 전혀 새로운 관점에서 나타난다. 이때 설명되어야 할 것은 단순히 정신적 흥분이 신체적 증상으로 "전환"되는 현상이 아니라, 원래는 순전히 신체적 기원에 속했던 표현 수단이 어떻게 해서 정신적 표현을 요구하게 되었는가 하는 점이다. 그런데 이러한 정신적 표현의 요구는 바로 인간이 의식하는 *최초의 정신적 내용*, 말하자면 *불안*을 발생시키는 메커니즘으로 보인다. 이 불안으로부터 이후의 다양한 심리적 상부 구조가 형성되는데, 우리는 이 중에서 문화적으로나 병리학적으로 가장 중요한 길을 상징 형성이라는 개념으로 추적할 것이다. 여기에서는 간단히 언급하는 데 그치겠지만, 이른바 히스테리적 꿈이나 황혼 상태(twilight states, 의식 상실을 포함)에서 나타나는 환상 형성은 히스테리 신체 증상의 심리적 파생물로 볼 수 있다. 아브라함(Abraham, *Jahrb*. ii., 1910)이 탁월하게 묘사한 바와 같이, 이러한 상태에서는 "정신적 전환," 이를테면, 원초적 상황의 심리적 영역에서의 재현이 일어난다. 여기서 어머니에게로 되돌아가려는 신체적 시도는 단순히 리비도의 내향으로 대체된다. 외부 세계로부터의 철수는 심리적 고립으로 나타나며, 이러한 정신적 고립은 결국 정신병에서 구체적으로 실현된다. 또한, 이러한 꿈 상태의 특징은 종종 불안의 정동으로 끝난다

4 이 개념이 마이네르트(Meynert)의 견해와 어떻게 연결되는지를 확인할 수 있다. 마이네르트는 이미 소무도병의 움직임을 젖먹이 시기의 빨기 운동에까지 소급하여 설명한 바 있다.

는 점인데, 이 불안은 환상 속에서의 퇴행에 한계를 설정하며, 마찬가지로 밤에 수면 중에 꾸는 꿈에서도 종종 이러한 역할을 한다. 이러한 상태가 신비적 황홀경ecstasy이나 내적 명상meditation과 얼마나 가까운지를 우리는 잘 알고 있으나, 그 기원은 아직 명확히 밝혀지지 않았다.[5]

더 나아가, 모든 신경증적 호흡 장애(천식)는 질식감을 반복적으로 경험하게 하며, 출생 외상의 신체적 재현과 직접적으로 연결된다. 신경증적 두통(편두통)의 광범위한 사용 역시 분만 과정에서 머리에 부여된 특별히 고통스러운 부분으로 거슬러 올라가며, 궁극적으로 아주 어린 아이들, 심지어 신생아에게서 관찰되는 경련 발작 또한 원초적 출생 외상을 제거하려는 직접적이고 지속적인 시도로 이해될 수 있다. 마지막으로, 강력한 히스테리 발작은 동일한 메커니즘을 사용하는데, 그것은 성적 발달이 정점에 이르는 시기에 나타나며, 잘 알려진 활 모양 자세*arc de cercle*를 통해 완전한 방어 메커니즘을 보여준다. 이 자세는 태아가 자궁 내에서 취하는 몸을 둥글게 웅크린 자세와 정반대되는 특징을 지닌다.[6]

정신분석학에 의하면 히스테리 발작은 성교 자세의 등가물이며, 동시에 그것에 대한 방어로 인식됐는데, 여기서 우리는 신경증의 메커니

---

5 케번디시 목슨(Cavendish Moxon)은 “Mystical Ecstasy and Hysterical Dream States” (*Journal of Abnormal Psychology*, 1920-21, p.329)에서 황홀경과의 관계를 묘사하였다면, 테오도어 슈뢰더(Theodore Schroeder)는 보다 근본적인 연구인 태내적 요인들에 대해 언급하고 있다(“Pre-natal Psychism and Mystical Pantheism,” *Internat. Journal of Psychoanalysis*, vol. iii., 1922).

6 이러한 전체적인 개념은, 어쩌면 히스테리를 “자궁”-질환으로 보는 것이 더 깊은 이해를 내포하고 있을지도 모른다(Eisler, *Hysterische Erscheinungen am Uterus*, Kongress-vortrag, Berlin, September, p.192를 보라).

또한 전형적인 월경 장애들 역시 이러한 관점에서 쉽게 이해될 수 있다. 출산은 사실상 대규모로 일어나는 일종의 월경이기 때문이다. 월경은 “주기적으로” 자궁 내 존재를 계속 이어가는 기능을 지니며, 문명이 출생 외상을 억압함에 따라 이 월경 역시 그 억압에 포함된 것으로 보인다. 원래 월경은 여성이 임신할 수 있는 매우 바람직한 능력의 표지였으나, 억압의 결과로 다양한 신경증적 장애가 집중되는 접점이 되었다.

증과 선택의 몇 가지 문제에 대해 논의해 보자. 히스테리 발작에서 매우 명료하게 관찰되는 성에 대한 현저한 혐오는 어머니-고착의 귀결이다. 여성 환자는 기관 언어(organ speech; 심리적 갈등이 신체적 증상이라는 언어를 통해 표현되는 것—역자주)을 통해 성적 소망과 더불어, 자궁으로 회귀하려는 소망 또한 동시에 부정하는데, 이로 인해 정상적인 성적 적응을 받아들이지 못하게 막는 것이다. 분만에 대한 이러한 병리적 성애화sexualization는 이성애적 목표 달성에 필요한 자연스러운 성애화를 뒤틀린 방식으로 과장한 형태이다. 반면에, 성적 욕망(리비도)의 총량은 말하자면 후기 발달 단계로부터 유아기의 원초적 상황으로 전이되는데, 이에 따라 많은 관찰자가 자주 언급한 바와 같이 발작에 성욕적lustful 성격이 부여된다. 히스테리 발작을 의식의 언어로 번역하면, "(어머니의) 성기로부터 멀어져라!"라는 외침으로 표현할 수 있으며, 이는 성적 의미와 유아적 의미 모두에 해당한다. 그러나 동일한 메커니즘은 (분석을 통해 이해 가능해진) 다른 모든 히스테리성 "전치"에서도 나타나는데, 이러한 전치는 신체의 상반부로 향하는 경향(상향 전치)을 띤다. 여기서 주목할 점은, 머리가 어머니의 성기를 가장 먼저 통과하는 부위이자, 출생 외상을 가장 강렬하게 경험하는 동시에 가장 먼저 통과하는 신체 부위라는 사실이다.

개별 분석 사례들로부터 얻어진 결정적인 인상은, 이후에 나타나는 신경증의 *형태* "선택"이 근본적으로 출생 과정에서 경험된 외상, 그 외상이 가한 특정한 발작 지점, 그리고 이에 대한 개인의 반응으로 결정된다는 것이다.[7] 상세한 연구에 앞서 일반적인 인상을 정식화하자면, 상부(인두 이질감[globus]-호흡곤란)와 하부(마비-경련)에서의 전치 모두가, 성기를 중심으로 한 이탈에 직접적으로 연관된다는 것이다. 이 관점은 신경

7 새로 태어난 영웅들의 전형적인 신체적 기형 문제에 관해서는 p.113 참조.

증적 성격 유형과 전반적인 반응 방식을 이해하는 데 결정적 열쇠가 된다. 왜냐하면 이것은 출생 외상에 대한 정신-생물학적 반응 전체를 포괄하기 때문이다. 따라서 신체적 증상들은 주로 불안의 경계border를 회피함으로써, 원초적인 태내기 상태로 직접 퇴행하려는 시도를 나타낸다. 이때 불안은 직접적으로 혹은 앞서 언급한(p.31) 자아의 방어 메커니즘에 따라 회피되면서, 성적 죄책감으로 표출된다. 이러한 맥락에서 신체의 경직, 안면 홍조, 발기와 같은 증상들에 담긴 성적 의미가 설명될 수 있다. 동일한 불안의 기점, 말하자면, 어머니의 성기라는 출구이자 입구로부터, 심리적 증상들은 정신-신체적 장치apparatus와는 반대 방향으로 동일한 목표에 접근하려 한다. 즉, 환상 형성, 내향성, 환각, 그리고 이 일련의 최종 단계로서 이해되는 혼미 상태 및 긴장성 황혼 상태에 이르는 것이다. 결국 이 두 경로는 소위 "성적 기피"로 귀결되며, 이는 궁극적으로 어머니의 성기에 대한 혐오로 소급된다. 전치와 전환의 신체적 증상들은, 성기를 보다 불안이 덜 투사된 대체물로 치환함으로써 이를 성취한다. 정신적 증상들은 처음에는 신체적 차원 자체에서 벗어나려는 시도에서 출발하여, 점차 승화와 반동형성의 과정을 낳게 된다. 그리고 우리는 이것이 예술, 철학, 윤리와 같은 고도로 발달된 문화적 성취의 최상위 형태 속에서 표현되는 것을 목도하게 된다.

이처럼 광범위하게 뻗어가는 정신적 연관들을 인식하고 상세히 탐구해 온 것은 오늘날 정신분석학의 명실상부한 공적이다. 그러나 한편으로, *신체적* 증상이 지니는 심리적 "의미"에 대한 확고하게 정립된 토대는 여전히 부재했다. 이제 우리는, 출생 외상 개념이 그 정신-생물학적 중요성 안에서의 간극을 메울 수 있다고 믿는다. 왜냐하면 이 개념은 우리에게 최초로, 말하자면 모든 정신-신체적 연결과 관계들에 관한 실질적 기초를 제공하는 상태로 회귀하기 때문이다. 페렌치의 히스테리 연구에서 개진되고,[8] 그로덱Groddeck에 의해 유기체적 질환에까지 확장된[9] 이 개념은 나에게는 오직 출생 외상에 대한 완전한 이론적 평가를 통해서만이 그것의 진정한 생물학적 토대를 유지할 수 있는 것으로 보인다. 꿈에서 나타나는 출생 및 자궁 내 상황의 재현에서, 우리는 히스테리에서의 유사한 증상으로 쉽게 넘어갈 수 있고, 다시 이러한 히스테리 증상에서 순수한 유기체적 질환의 증상들로도 쉽게 이어질 수 있다. 이 증상들은 언제나 동일한 의미를 지니고 유사한 경향성에 봉사하는 것으로 보인다. 이처럼 서로 다른 현상들이 서로 전환되고 연결되는 과정은 매우 유동적이라서, 때로는 진단학적으로 뚜렷하게 구분하기조차 어렵다. 이 현상들을 정신-신체적인 것이 여전히 융합되어 있고, 아직 어떠한 분리도 일어나지 않은 원초적 상태(그로덱)로 소급함으로써, 신경증적 신체 증상들의 메커니즘뿐만 아니라 그 형식과 내용까지도 이해할 수 있게 된다. 이는 "정신적"이라고 분류되는 사례들뿐만 아니라 신경학적 혹은 유기체적으로 분류되는 경우에도 마찬가지로 적용된다. 우리의 개념에서 볼 때, 뇌의 해부학적 병변이든, 독성 자극이든, 혹은 순전히 심인성 경험이든, 결국 자아가 무의식의 영원한 압력에 굴복하여 리비도 만족과 보호의 근원적 원천으로 퇴행하게 만드는 데에는 아무런 차이가 없다. 그렇다면 다양한 원인에서 비롯된 증상들의 유사성은 명백하게 드러난다. 따라서 문제를 억지로 설정할 필요는 없는데, 왜냐하면 개인은 정신-신체적 발달의 경로를 따라 불안의 개별적 고착 정도와 억압의 한계가 허용하는 범위 내에서만 되돌아갈 수 있기 때문이다. 만약 증상들이 실제로 그러하듯이, 그리고 필연적으로 그러해야 하는 것만큼 유사하지 않았다면, 그때서야 비로소 문제가 발생했을 것이다.

---

8 *Hysterie und Pathoneurosen*, 1919.

9 *Psychische Bedingtheit und psychoanalytische Behandlung organischer Leiden*, 1917. Also *Das Buck vom Es*.

여기서는 몇 가지 인상적인 사례에 언급을 한정하고, 매우 시사적인 설명의 추가적 탐구는 경험 많은 신경학자와 내과 전문의들에게 맡겨야 할 것이다. 예를 들어, 유기체적이든 히스테리적이든 기면증narcolepsy 사례는 전형적인 태아기 수면 상태를 드러낸다. 이 경우, 의지will의 갑작스러운 마비, 긴장증적 억제와 같은 증상은 사지의 자세와 관련된 태아 상태와 생물학적 연관성을 가질 수 있다. 환자가 위험한 상황(예를 들어 길을 건널 때 혹은 기차를 탈 때 등)에서 갑작스러운 수면욕에 사로잡히는 현상은 결코 우연적인 것으로 보이지 않는다. 오히려, 이러한 현상은 정상적인 조건에서는 공포심을 불러일으킬 만한 위치나 상황을 스스로 선택하는 몽유병자의 행동을 떠올리게 한다. 그에 상응하는 유기체적 질환인 뇌염encephalitis의 경우, 밤과 낮을 뒤바꾸는 증상, 호흡 곤란, 그리고 틱tics과 같은 잘 알려진 증상들은 출생 외상과 직접 관련된 것으로 보인다. 이러한 통찰의 실질적 중요성은, 이와 유사한 상태들이 얼마나 쉽게 심리적으로 영향을 받을 수 있는지에 대한 임상 경험과 연결될 때 더욱 분명해진다.[10]

그러나 동일한 증상이 양쪽(신체적·정신적) 어느 쪽에서든 기원할 수 있는 것과 마찬가지로, 치료적으로도 양쪽 모두에 영향을 미칠 수 있음은 의심의 여지가 없다. 최근 심인성 천식 발작조차 후두larynx 수술로 호전된 사례가 언급된 바 있는데, 이와 유사하게, 비강nasal passages을 개방함으로써 아동의 신경증적 현상(불안 상태, 꿈 등)이 해소된 최근 경험 역시 의심의 여지가 없다.[11] 반면, 이러한 사례에서 작동하는 정신-신

---

10 여기에서 나는 본서를 집필하던 당시(1923년 4월)에 파울 쉴더(Paul Schilder)가 한 발언을 언급하고자 한다. 그는, 예를 들어 소무도병의 발작이 환자를 침대에 눕히기만 하면 즉시 사라진다는 점을 지적했으며, 또한 노인성 보행불능(abasia) 및 기립불능(astasia) 상태가 정신적으로 매우 쉽게 영향을 받을 수 있다는 점을 강조하였다.

11 협심증 사례의 수술적 치료에 관하여, Dr. Stein, *Wiener Klin. Wochenschrift*(April, 1923)와 동시에 Eppinger (Klinik Wenckebach) in the *Gesellschaft der Ärzte zu Wien*, Hofer (Klinik Hajek)의 발표 내용을 참조하라.

체적 메커니즘에 대한 지식을 통해, 마취anæsthetics를 경험한 아동이 한참 뒤에 이미 극복한 줄 알았던 직접적인 불안 상태를 다시 겪게 된다는 사실에 놀랄 필요가 없다는 점도 알 수 있다. 마찬가지로, 마취 후에 기존의 불안 상태(어두운 방에서 혼자 자는 것에 대한 불안, 불안 꿈, 악몽 등)가 훨씬 심화된 형태로 나타난다는 사실 역시 놀랍지 않다.[12] 이 모든 사실은, 신체적 증상(예를 들어 호흡 곤란)이 자동적으로 출생 불안과 그와 연관된 전체 정신적 복합체를 동원하거나, 혹은 마취에 의한 수면이 다시 원초적 상황으로 회귀한다는 식으로 설명될 수 있다. 해당 사례에 대해 유기체적(수술적) 치료와 정신적 치료 중 어느 쪽을 선택할지는 그 유형과 심각성에 달려 있다. 후자의 경우[정신적 치료]는 현재로서는 아직 너무 생소하지만, 머지않아 적절히 단순화된 형태로 채택될 것이다.

마지막으로, 이와 관련하여 일반적으로 중요한 의미가 있는 문제 하나를 언급하고자 한다. 예를 들어, 우리가 강박 신경증을 일관되게 분석해 나갈 때, 순전히 지적인 추론에 머물러 있던 환자를 신경증의 초기 유아기적 단계 —강박적 행동과 궁극적으로는 원초적인 쾌락 행위— 까지 소급하게 만드는 것을 첫 번째 임상적 성과로 간주한다. 이 과정에서 신체적 전환 증상이 종종 새롭게 재현되기도 한다. 이러한 분석을 통해 알 수 있는 것은, 강박 신경증이 자주(비록 나의 경험이 제한적이어서 항상 그렇다고 단언할 수는 없지만, 경험상 규칙적으로 관찰되는 바에 따르면) 히스테리성 핵kernel에서 비롯된다는 점이며, 우리는 이를 아동 신경증의 기저로 가정해야 한다는 점이다.

---

12 영국의 한 소아 전문의로부터 나는 다음과 같은 보고를 들은 바 있다. 즉, 아동들이 마약(narcotic)이 투약된 마취하에 편도선 절제술(tonsillectomy)을 받은 후, 수년 동안 야간 불안(nightly anxiety) 발작을 자주 경험하게 되며, 이러한 증상은 부모나 다른 관찰자들에 의해 수술 외상으로 직접적으로 추적된다는 것이다. 더 나아가, 이러한 현상은 성인들에게서도 상당히 빈번하게 나타나는데 이들은 마취하에 수술을 받은 이후 어머니에게로의 퇴행을 상징하는 전형적인 꿈이나 증상으로 반응한다.

강박 신경증의 배경에는 출생 외상에 직접 의존하는 히스테리성 핵이 거의 예외 없이 발견될 수 있듯이, 일부 히스테리 사례 분석을 통해 나는 다음과 같은 사실을 알게 되었다. 유아기 이래로 존재해 온 신체 증상("전환")의 소인 (심각한 출생 외상에 기인하며 신경증으로 격렬하게 돌출하려는 경향) 외에도, 히스테리의 원초적 층stratum을 관통하는 강박 신경증적 결vein이 항상 흐르고 있다는 점이다. 이 점을 발견하지 못한다면, 히스테리의 완전한 분석과 그 증상의 제거는 불가능하게 남는다. 내가 기억하는 여성 히스테리 사례들에서는, 출생 외상에 기반한 신체 증상들이 (이성애적) 오이디푸스 콤플렉스를 표현하는 데 거의 전적으로 사용된다는 점이 매우 분명했다. 즉, 이 증상들은 리비도가 아버지에게로 전이되고, 거기서 비롯된 실망에 대한 반응과 그에 따른 죄책감으로 이어지는 과정을 추적할 수 있었다. 여성 환자의 신경증적 신체 증상은 결국 병리적으로 아버지(어머니 동일시)에 전치된 리비도의 침전물임을 입증한다.

아버지에 대한 환멸에 직면하게 될 때, 소녀의 리비도 일부는 어머니에게로 되돌아가게 된다. 이는 처음에 부분적으로 포기되었다가(아버지에게 전이되었던) 가장 초기의 리비도 고착을 다시 향유하려는 시도로서 일어난다. 그러나 이러한 시도는 실패할 수밖에 없는데, 그 사이 어머니가 오이디푸스 상황에서 경쟁자가 되어버렸기 때문이다. 이제 생물학적으로 필연적인 어머니로부터의 최종 해방을 완수하기 위해 한층 더 강력한 방어수단이 동원되어야만 한다. 이때 분석을 통해 밝혀진 메커니즘이 바로 사랑을 증오로 전환하는 방식이며, 이는 강박 신경증의 특징적 메커니즘이다. 그러나 이 증오는, 어머니에 대한 얽매인 사랑에서 개인을 해방하려는 목적을 가져야 함에도, 이제는 증오로 어머니에게 묶여있는 또 다른 형태의 고착을 의미할 뿐이다. 어머니에게서 벗어나려는 이러한 이차적 시도들은 대개 새로 태어난 형제자매로 야기된 외상적 충격 하에 일어나며, 정동의 전치는 영아(형제자매)나, 어머니로부터의 분리를 실질적으로 초래한 아버지에게 향한다. 여기서 우리는 (여성 환자들에게 나타나는) 어머니를 향한 "죽음 소망"의 주요 뿌리를 찾을 수 있는데, 이는 어머니를 제거함으로써 자기 자신의 회귀 갈망을 극복하려는 시도이다. 이러한 가학적sadistic 죽음 소망이 자아와 양립할 수 없을 때 나타나는 반동형성의 다양한 방식들은, 윤리적 억제(초-도덕성, 공감)에서부터 가장 혹독한 자기-처벌(피학증, 우울증)에 이르기까지, 이미 분석적으로 상세히 이해되고 평가되어 있다.

강박적 사고와 숙고 속에서 과장된 형태로 반복되는, 이 양가적인 원초적 갈등을 지적 작업을 통해 극복하려는 시도들은 아동의 성적 "관심"이 형성되는 후기의 결정적 시기에 속한다. 우리가 불안을 해소하고 리비도를 해방시킴으로써 이러한 사변적 상부 구조를 해제할 때, 사실상 우리는 체계 속에 은밀하게 뿌리내려 거의 발견하기 어려운 원초적 불안을 다시 신체적 차원으로 되돌려 놓는다. 이는 그 불안을 정상적인 방식으로 —말하자면 땅으로 인도함으로써— 분산시키는 것이다.

이 과정은 마찬가지로 정신-생물학적 경로들을 따라 움직이며, 덜 극단적인 조건에서는 정상적인 범위 내에서 자연스럽게 소화될 수 있다. 그리고 실제로 순전히 신체적인 많은 고통[사례]을 보면, 그러한 것들이 —만약 이렇게 표현할 수 있다면— 개인을 신경증 형성이라는 사치[과장된 심리적 고통]로부터 구제해 주는 듯한 인상을 받게 된다. 그러나 보다 정확히 말하자면, 신경증은 평범한 신체적 고통을 대신하는 보다 과시적인 대체물이며, 이 둘은 근본적으로 동일한 원인을 공유한다고 해야 할 것이다. 우리는 종종 놀랍게도, 신경증이 그 "가짜" 신체 증상을 통해 동일 기관의 실제 질환 발생을 오히려 방지한다는 사실을 목격하게 된다. 이는 바로 신경증이 해당 기관의 질병을 대신하는 대체물 역할을 하기 때문이다. 게다가 흥미로운 점은 ―프로이트가 부수적으로 언급했듯이― 예를 들어 수년간 극심한 불안 발작을 겪은 환자들이 오히려 건강해 보이고, 수년간 불면에 시달리는 환자들 역시 "실제로" 장기간 잠을 자지 못한 사람들만큼 탈진하지 않는다는 사실이다. 명백하게도 무의식은 증상으로부터 너무나 많은 원초적 리비도를 얻어, "신경증적" 결핍을 보상하고 있다.

팔다리에서 나타나는 히스테리성 현상들은, 그 특성상 원초적 외상 콤플렉스로 소급되며, 우리는 여기서 아이들이나 특정 강박증 환자들에서 관찰할 수 있는, 침대에서의 특정한 의례적이고 강박적인 자세들로 직접 이끌려간다. 이들은 또한 의복들을 매우 꼼꼼하게 정돈하는 것과 같은 행동을 고집한다. 이러한 의례적 행동이 침대에서의 자세와 관련되어 있다는 사실은, 수면을 일시적인 태아기 상태로의 회귀로 보는 우리의 개념과 일치한다.

히스테리 증상에서 강박적 행동으로의 이행 형태들, 예컨대 틱tics[13] 등은 논외로 하고, 우리는 오직 고전적 강박 신경증에만 주목하고자 한다. 이 경우, 원래의 신체적 증상(강박적 행동)에서 순수하게 정신적, 더 나아가 지적 수준의 극복 시도로 나아가는 경로가 분석을 통해 완전히 밝혀졌다. 만약 히스테리에 관해 말한 내용이 강박 신경증 환자의 신체적 현상(예: 틱)에 그대로 적용될 수 있다면, 분석이 보여주듯 전형적인 강박적 사고와 숙고 역시 유아기의 "아이들의 기원" 문제로 소급된다. 이것은 곧 *출생 외상을 지적으로 극복하려는* 최초의 유아기적 시도와 연결된다. 따라서 강박 신경증자는 "사고의 전능성"을 통해, 갈망하던

13 여기에는 소위 "충동 행동"이 포함되는데(Stekel), 이는 대개 (히스테리적) 혼미 상태에서 수행되는 강박 행동들이다(방랑 본능: 향수병-"되돌아가기"; 방화광: 불-따뜻함-어머니).

원초적 상황으로 되돌아가는 데 결국 성공한다(페렌치).[14] 그러나 그는 이를 직접적으로가 아니라, 죽음과 불멸, 그리고 "사후세계"와 영원한 형벌에 대한 철학적 사색에 몰두함으로써 이를 간접적으로 성취한다. 이렇게 하여 그는 출생 이전의 삶을 죽음 이후의 미래로 투사하는, 겉보기에 불가피한 반복을 되풀이한다. 이러한 투사는 수천 년 동안 인류가 종교적 미신의 얽히고설킨 우회로에서 만들어낸 것이며, 불멸성의 교리로 정점에 이르렀고, 오늘날에도 초자연적인 것과 영들spirits의 세계를 지닌 오컬티즘occultism에 대한 광범위하고 강렬한 관심 속에서 지속적으로 나타나고 있다.[15]

강박 신경증 환자의 기분 변화는 순환성 정신병(조울증)과 긴밀히 연관되며, 반면 그들의 사변적 체계 형성[집착적 논리화]은 특정한 형태의 정신병과 긴밀히 연관된다. 순환성 정신병은 멜랑콜리에서 조증으로의 갑작스러운 전환을 특징으로 하는데, 이는 출생 전후의 감각이 반복적으로 재현되는 데까지 직접 거슬러 올라간다. 즉, 최초의 리비도 대상의 상실, 다시 말해 자궁으로부터의 단절 시에 발생하는 쾌락에서 고통으로의 변화라는 원초적 메커니즘이 끊임없이 반복되는 것이다. 따라서 이 질환의 형태는 쾌락-고통 문제의 연구에 있어 매우 특별한 중요성을 지닌다. 깊은 우울 상태에 대한 분석에서, 우리는 말하자면 그 안에서 소모되는 리비도를 일종의 침전물로써 결정화시킬 수 있다. 그때 리비도는, 한 환자가 표현했듯, "신체 표면 전체에 따라 느껴지는 성적 흥분"으로서 종종 자신을 표현한다. 멜랑콜리 단계, 흔히 우울이라 불리

---

14 *Contributions to Psychoanalysis*, p.181.

15 여기서 나는 토마스 만(Thomas Mann)의 한 특징적인 표현을 인용하지 않을 수 없다. 그는 슈렝크-노칭(Schrenck-Nötzing)에서 열린 영매술 집회에 참석하여 그곳에서의 영매(medium)에 대한 자신의 인상을 묘사하며(1923년 3월 29일 비엔나 강연에서), 다음과 같이 말했다. "그 상황은 단지 영매가 숨을 헐떡이며 고통스럽게 호흡을 가다듬는 모습만으로도 신비적인 인상을 주었으며, 그 상태는 결정적으로 그리고 명확하게 분만을 연상시킨다."

는 상태는, 모든 신체 증상이 자궁 내 태아 상태로의 퇴행 경향을 보이는 것이 특징적이다.[16] 비애나 슬픔이라는 감정은 라틴 격언 *post natum omne animal triste est*(태어난 모든 동물은 슬프다)라는 사실을 표현한다. 우울 다음에 자주 이어지는 조증 단계는 한편으로, 출생 후의 신체적인 활기와 움직임으로 구별되며, 다른 한편으로는 극도의 행복감과 축복감이 출생 이전의 리비도 만족과 부합한다. 우리는 쾌락-고통 메커니즘을 논하면서(p.193; 205 참조)이 기묘하게 교차하는 정동과 내용의 분배 메커니즘을 설명할 것이다. 여기서는 단지 새로운 관점을 간략히 언급하는 데 그치므로, 증상 형성의 세부 요소나 정동의 분배 메커니즘이 어떻게 우리 개념 안에서 순수하게 분석적으로 이해될 수 있는지는 논의하지 않겠다. 출생 전과 출생 후의 리비도 상황이 증상으로 형성되는 방식은 실제로는 단순하지 않다. 왜냐하면, 분만 그 자체에는 가장 핵심적인 외상적 경험 외에도, 우리가 직접 관찰할 수 없는 부수적인 심리적 현상들이 함께 일어나며, 그중에는 쾌락적이거나, 혹은 적어도 상대적으로 쾌락적인 순간들이 포함되기 때문이다. 그리고 이러한 순간들로도 회귀가 일어날 수 있다고 추정할 수 있다.[17]

우리는 멜랑콜리아가 순수한 신경증적 증상들과는 현저하게 구별된다는 사실을 강조하고자 한다. 멜랑콜리아는 원초적 상태를 표상하는 수단으로 신체(혹은 자아)만 사용하는 것이 아니라, 외부 세계의 대상들, 예를 들어 어두운 방과 같은 대상 또한 동일한 의미로 활용하는 경향을 보인다. 이러한 경향성을 우리는 정신병적 "특징"이라고 부를 수 있다.

16 몸을 구부정하게 웅크린 자세, 침대에서 몸을 말고 있는 행위, 며칠 동안의 움직임이나 말없이 누워 있기, 그리고 스스로 음식 섭취를 거부하는 것 등.

17 이것은 주로 *정상적인* 퇴행의 가능성에 관한 문제인 것으로 보이며, 이는 조증과는 달리 단순히 "다행감"(euphoric: 신체적, 정서적으로 행복감이나 도취감을 느끼는 상태를 말한다. 종종 객관적 상황과 맞지 않는 과도한 행복감을 느끼는 것을 의미하기도 한다—역자주)으로 불려왔다. 이러한 정동 상태를 지칭하기 위해, 하팅베르크 Hattingberg)가 만든 용어인 "불안-쾌락"(*Angstlust*)이 매우 유용할 것이다.

따라서 멜랑콜리 환자는 외부 세계로부터의 철수를 통해, 어느 정도 그 세계와의 적응에서 후퇴한다. 반면, 정신병적 망상은 그 내용이 명백히 원초적 상태의 복원을 지향하기 때문에, 더는 리비도와 양립할 수 없는 외부 세계를 대신해서, 가장 이상적인 세계, 즉 자궁 내 존재로 대체하려 한다. 소위 *조발성 치매*dementia praecox라는 광범위한 진단군에 속하는 사례 기록을 고찰할 때마다, 우리는 출생 환상의 다층적 표상을 발견할 수 있다. 이는 궁극적으로 모두 자기 자신의 원초적 역사의 재현들이다. 그러한 재현들은 정서적 색채가 제거된 직설적인 언어로 표현되거나, 혹은 상징적 표현의 형태로 나타나기도 한다. 이러한 상징적 표현의 의미는 정신분석적 꿈 연구 덕분에 쉽게 이해할 수 있게 되었다.

"정신병의 내용"에 대한 이해를 위한 최초의 유용한 진전은, 융과 블로일러가 이끈 취리히 정신의학파Zurich School of Psychiatry에 힘입은 바가 크다.[18] 이들은 매우 이른 시기에 정신분석학적 발견의 지대한 중요성을 인식하고 이를 정신의학에 도입하였다. 1894년 프로이트는 특정 환각성 정신병을 설명하기 위한 개념으로 방어 메커니즘을 제시하였고, 1896년에는 "억압"이 편집증 사례에서 결정적 요인임을 최초로 입증

18 관련 문헌에 대한 융의 리뷰는 *Jahrbuch für Psychoanalytische und psychopathologische Forschungen*, Bd. ii., 1910, pp.356-388에서 찾아볼 수 있으며, 독일과 오스트리아 저자들의 해당 문헌에 대한 견해는 아브라함Abraham)에 의해 이루어졌다("Die psychosexuellen Differenzen der Hysterie und Dementia praecox," 1908). 아브라함의 리뷰는 위의 *Jahrb.*, i., p.546 ff.에 실렸으며, *Jahr.*,vi., 1914, p.343 ff.,에서 계속되고, 최종적으로는 *Bericht über die Fortschritte der Psychoanalyse in den Jahren*, 1914-1919, 그리고 Vienna and Leipzig, 1921, p.158 f.에서 정리되어 있다. 특별히 융의 초기 저작들인 *Über die Psychologie der Dementia praecox* (Halle, 1907)와 *Der Inhalt der Psychose*(Leipzig and Vienna, 1908)은 특별히 언급되어야 한다. 더 나아가, 호네거(Honegger), 이텐(Itten), 매더(Maeder), 넬켄(Nelken), 슈필라인(Spielrein) 등의 관련 기초 연구들은 *Jahrbuch*의 여러 권에 걸쳐 수록되어 있다. 마지막으로, 블로일러(Bleuler)의 방대한 저서 *Dementia praecox oder Gruppe der Schizophrenien*(1911)가 있다. 이 저서는 대부분 프로이트의 아이디어를 조발성 치매에 적용하려는 시도로 볼 수 있다.

할 수 있었다.[19] 그 이후 취리히 클리닉이 이 분야에서 정신의학적 진전을 이루기까지는 꼬박 10년의 세월이 걸렸다. 그 직후(1911), 프로이트는 편집증 사례(슈레버[Schreber])에 대한 폭넓은 분석을 제시하였다. 이는 그의 이전 연구와 연계될 뿐 아니라, 취리히 학파의 귀중한 성과를 활용함으로써, 정신병의 심리적 메커니즘과 구조적 형성에 대한 이해를 처음으로 확립하였다. 이 과정에서, 동성애적 태도와 이 여성적 리비도 위치에 대한 환자의 방어가 그 기제의 가장 중요한 부분임이 드러났다. 그런데 그것 또한 결국은 출생 외상을 극복하려는 일반적 경향 아래에 종속되는데, 이는 곧 어머니와 동일시하고, 출산 기능을 통해 자신을 항문 아동으로 위치시키는 방식으로 나타난다.[20] 프로이트의 이러한 연구를 통해, 정신병에 대한 이론적 이해가 비로소 가능해졌으며, 이후 다수의 프로이트 제자들이 이 주제에 헌신하게 되었다.[21] 이러한 혁신적인 개념들이 일반 정신의학에 자연스럽게 스며드는 데에는 본래 매우 오랜 시간이 걸리기 마련이다. 그러나 최근 들어 이 개념들은 젊은 세대의 정신과 의사들에게 결정적인 영향을 미친 것으로 보인다.[22] 이 논의의 중심에는 계통 발생학적 관점이 자리 잡고 있는데, 이는 취리히 학파(호네거

---

19 "The Defence Neuro-Psychoses" and "Further Remarks on the Defence euro-Psychoses," *Coll. Papers*, vol. I.

20 고전적 편집증의 경우, 그 요란한 증상들 이면에는 불안의 원초적 증상, 즉 박해받고 있다는 느낌이 자리 잡고 있는데, 이는 마치 공포증의 방어적 구축물이나 강박 신경증의 반동형성이라는 장벽의 이면에서 (불안이) 발견되는 것과 마찬가지로 쉽게 발견될 수 있다.

21 Literature, *Jahrbuch*, vi., p.345 ff; Bericht, p.158.

22 특히 주목할 만한 저술로는 Paul Schilder (Vienna), *Seele und Leben* (Springersche Monographien, Berlin, 1923을 참조하라. 이와 거의 동시에 출간된 Alfred Storch(Tübingen), *The Primitive Archaic Forms of Inner Experiences and Thought in Schizophrenia*는 거의 전적으로 정신분석학적 개념에 의존하고 있으나, 실더(Schilder) 만큼 이를 거리낌 없이 인정하지는 않는다. 순수하게 정신분석학적인 기여로는 눈베르크(Nunberg)가 기고한 논문들을 참조하라(*Internat. Zschr. für Psychoanalyse*).

[Honegger], 융)의 확고한 공로로 인정받고 있다. 하지만 프로이트는 이미 일찍이 이러한 관점의 방법론적 남용에 대해 경고한 바 있다. 그는 개인 분석만으로도 여전히 많은 부분이 접근 가능하고 이해될 수 있다는 점을 보여주었으며, 따라서 굳이 계통 발생학적 자료나 관점으로 넘어길 필요가 없음을 강조했다. 그러나 이러한 경고는 그다지 실효를 거두지 못했다. 그 결과 오늘날 진보적인 정신과 의사들은 분열증 환자의 심리를 원시인의 그것과 단순히 기술적descriptive으로 비교하는 일에 몰두하고 있는 실정이다.[23] 예를 들어, 스토르흐Storch는 그의 흥미로운 연구에서 고대-원시적 태도를 "마술-금기적" 태도와 비교하면서 "신비적 합일"과 "우주적 동일시"를 강조한다. 그러나 그는 이러한 원시적 태도에 대한 분석적 이해를 분열증 환자에 대한 설명으로 활용하지 않는다는 점에서 정신분석학으로부터 퇴행하고 있는 셈이다. 이렇게 함으로써 그는 개별 심리학의 본래 명확하고 단순한 문제를 더 복잡한 민족학적ethnological 문제로 대체했을 뿐이라는 사실을 깨닫지 못한 채, 그 둘을 나란히 놓는 병치에 만족하고 있다.

우리의 개념은 오히려 개별 심리학에 대한 더 깊은 이해로 나아가며, 그리하여 민족학이 제기하는 심리학적 수수께끼에 대한 추가적인 설명을 발견하게 한다. 여기에서 제시하는, 출생 외상의 근본적 중요성에 관한 관점은 실제로 이 문제의 해결을 용이하게 하는 것으로 보인다. 정신병에서는 퇴행적 경향성이 지극히 현저하게 나타나므로, 우리는 그 안에서 원초적 상황에 가장 근접한 상태를 발견할 수 있을 것으로 기대할 수 있다. 실제로 정신병의 내용은, 노골적으로 드러나든 혹은 사고와 언어의 붕괴collapse라는 환자 고유의 증상을 통해서 나타나든, 자궁 내 상태와 출생의 경험을 가장 확장된 형태로 온전히 재현해 낸다.

23 이에 관한 흥미로운 자료에 관해서는 Prinzhorn, *Bildnerei der Geisteskranken*, Berlin, 1922를 보라.

신경증 분석을 통해 얻은 경험들을 이토록 현저한 방식으로 확증할 수 있는 위치에 있게 된 것은, 이미 정신분석학적 관점에서 가치 있게 평가된 환자들의 상세한 사례 보고를 제공해 준 정신과 의사들의 근면한 작업 덕분이다. 이미 인용한 문헌들에서 정신병과 관련된 방대한 자료를 언급하였으므로, 여기서는 내가 알고 있는 스토르흐의 가장 최근 저작에서 몇 가지 예시를 들고자 한다. "혼미 상태에 빠지기 직전의 한 환자가 배꼽 주위를 손으로 계속해서 원을 그리듯이 돌리고 있었다. 질문을 받자 그는 자신이 구멍을 만들고 싶다고 설명했고, (무엇을 위해서?) 그 구멍을 통해 자유롭게 나가고 싶다고 말했다. 그러나 그에게서 더 이상은 아무것도 알아낼 수 없었다." 그러나 이 환자가 무의식적으로 의미하는 것은 자궁으로의 회귀임이 분명하며, 그렇지 않으면 이 "상징"은 이해할 수 없다. 마찬가지로 명백하게 표현된 거세 행동에서도 동일한 동기가 발견된다; "위에서 언급한 사건 이후, 어느 날 환자는 자신의 손가락 일부를 물어뜯었다. 그는 수많은 억제를 극복한 끝에 동기를 밝혔다. '내가 손가락 일부를 물어뜯음으로써 다른 사람들을 내게 끌어들였죠, 그리고 한 곳에 무언가가 결여되어 있음을 보여주고 싶었어요.' 추가 질문을 하자 그는 계속해서 말했다. '나는 자유를 원했습니다. *구멍*을 통해 나는 *딱정벌레*처럼 *기어 나왔지요*'"(p.7). 스토르흐는 이것이 단순히 분석적 의미에서 병원을 떠나는 것만을 뜻하는 것이 아니라, 또한 자궁으로부터의 자유(배꼽을 통한 출생)라는 "막연한" 관념도 함축한다고 보았다. 그는 또한 많은 분열증 환자에게서처럼, 해당 환자에게도 재-체화re-embodiment의 관념이 전적으로 자명한 사실이었다고 지적한다. 이는 마치 원시인들에게 환생이 자명한 사실이었던 것과 같다. 어린 시절 친부에게 학대를 당하고 하녀 일을 하다가 도망친 한 젊은 분열증 환자는 긴장증적 상태에서, 자신이 아기 예수이자 동시에 그의 어머니로 나타나는 출생 환상을 경험했다(p.61). 이 환자는 "젊은 시절의 자신과 현재의 자신이 분리되는 것"에 대해 말하였다. 그녀는 자신의 몸 안에 두 인격이 있다고 느꼈는데, 하나는 추악한 과거를 대표하고, 다른 하나는 성별을 초월한 고귀한 인물이라고 했다(pp.77-78). 또 다른 환자(p.63)는 간호사를 그녀의 "주 하나님"으로 만들었으며, "모든 것은 나와 간호사 안에 포함되어 있어요. 그리스도로부터 가장 미천한 것에 이르기까지 모두 포함하죠"라고 말했다. (간호사와의 관계에 대해 질문받자) "우리는 완전히 하나이며, 둘이 아니라 하나죠. 그녀는 주 하나님이고, 나도 그녀와 같아요. 나는 간호사 안에 있고, 간호사는 내 안에 있어요." 또 다른 경우에서 그녀는 "그녀[간호사]는 자신 안에 온 세상을 가지고 있어요"라고 말했으며, (이에 대해 질문받자) 그녀 특유의 방식으로 설명했다(p.80).

어떤 환자들은 성인이 되고 싶지 않다는 소망의 형태로 퇴행하는 경향을 보이는데, 이는 아이들에게서 자주 발견되는 '빨리 어른이 되고 싶어 하는 소망'의 반대 현상이다. "30대의 한 분열증 환자는 흥분된 어조로 자신이 아이가 되어버렸다고 호소했다. '나는 더 이상 남자가 아니라 이미 아이가 되었어요. 아내가 나를 면회하러 왔을 때, 나는 아내에게 속한 남편이 아니라, 어머니 곁에 있는 아이가 되어 그녀 옆에 앉아 있었지요'"(p.57). 환자들에게 "여성적 혹은 유아기 상태로의 변화가 자아의 축소와 평가 절하로 경험되는" 사례들과 달리, 스토르흐는 "젊은 분열증 환자들 가운데서는 종종 정반대의 경험을 만난다"라고 말한다. "그들은 심지어 *유년기의 문턱을 넘어 성인의 삶으로* 들어가려 하지만, 그들 가운데 적지 않게는 삶과 *성장에 대한 뚜렷한 공포*를 보인다. 이는 삶에 대한 강렬한 욕구와 사랑받고자 하는 욕구가 충돌하는 상황 속에서 나타난다. 이러한 갈등으로부터 그들은 다시 어린 시절로 도피하려 한다…"(p.89). 나는 이러한 경향 속에 나타나는 질환 형태를 심리학적으로 조발성 치매라고 명명할 근거가 있다고 생각한다. 또 어떤 환자들은 오래된 배설강 이론(cloaca theory; 출생, 배설, 성행위가 분화되지 않고 단일한 통로에서 이루어진다는 유아적 믿음—역자주)을 직접적으로 복원하는데, 이것은 말하자면 자궁 내 거주를 뜻한다. 예를 들어 한 환자는(p.42). “직장rectum을 통해 아이가 태어난다고 믿지는 않지만, 아이가 어머니 안에 있는 주머니에서 자란다고 생각할 때, 그 주머니와 창자의 가장 하부 사이에는 태아가 자신의 배설물을 비울 수 있는 통로가 존재한다고 믿었다. 아이는 ‘주머니’ 안에 있으며, 그 안에서 작은 젖꼭지(젖가슴을 대신하는)를 빨아 영양을 빨아들인다. ‘주머니’로부터는 직장으로 이어지는 ‘배출구’가 있어서, ‘아이는 우유와 함께 섭취한 음식물을 배설한다. 분만 전에 배출구는 아물고 사라지는데, 이것은 청소의 목적을 위한 것이다.” 식분증(coprophagia, 분변섭취)을 보이는 또 다른 긴장증 환자는 자신의 행동에 대한 태아기적 동기를 명확하게 제시했는데, 환자는 “자신의 정신병적 상태 동안 소변을 마시고 대변을 먹도록 강요받았다”라고 진술하였다. 이전에 죽어가는 감각을 체험한 후, 그녀는 자신을 재건하기 위해 그 물질이 필요하다고 여겼다. 눈베르크Nunberg가 철저하게 분석한 한 긴장증 사례에서, 분변을 삼키는 행위는 자기-수정self-fructifying과 재생renewing을 의미했다.[24] 스토르흐는 (“재탄생”이라는 부분에서) 다음과 같이 총평한다: “우리는 죽었다가 다시 깨어나는 것, 죽음을 통과하는 것, 새로워지고 마침내 신이 된다는 관념과 마주한다. 우리는 또한 *실제로 태어나는 것에 관한 관념*, 재탄생의 *원시 감각적* 표현, 그 밖의 다양한 것들도 발견한다. 이처럼 환자들의 복합적인 사고는 종종 출생과 임신, *낳는 것과 태어나는 것, 어머니가 되고 아이가 되는 것*에 관한 관념들

24 Über den katatonischen Anfall,” *Internat. Zschr. f. Psycho analyse*, vi., 1921.

속으로 무질서하게 들어간다"(p.76).[25]

망상의 내용뿐만 아니라, 환각, 황혼 상태, 긴장성 단계와 같은 정신병적 상태들 역시 태아기로의 광범위한 퇴행으로서 이해될 수 있음이 명확하다. 이러한 개념을 분석적 자료에서 최초로 대담하게 공식화한 시도는, 일찍 세상을 떠난 타우스크Tausk의 값진 연구 덕분이다. 그의 논문 제목은 "Über die Entstehung des Beeinflussungsapparates in der Schizophrenie"(분열증에서의 영향 기구의 발생에 관하여)이며,[26] 여기서 그는 환자가 영향을 받고 있다고 생각하는 이 기구(apparatus: 분열증/조현병에서는 외부의 기계와 장치를 말함—역자주)를 자궁 속에서 성적으로 조직화된genitalized 자기 몸의 투사로 파악한다. "자기 신체의 투사는, 태아기 상태의 최종 단계이자 자궁 밖 발달의 시작에 해당하는 리비도 위치에 대한 방어로 볼 수 있다"(*l.c.*, p.23). 이 지점에서부터 타우스크는 다양한 분열증적 증상들을 설명하려 시도한다. "긴장증catalepsy, 납굴증(*flexibilitas cerea*: 왁스처럼 몸이 굳어 타인이 움직여도 그대로 유지되는 상태—역자주)은, 인간이 자신의 기관을 더 이상 자신의 것으로 인식하지 못하고, 자기에게 속하지 않는 것으로 간주하며, 그것을 낯선 의지의 힘에 맡겨야만 하는 그 발달 단계에 해당하는 것은 아닐까? 외부 세계에 대한 완전한 거부를 나타내는 긴장성 혼미는 자궁으로의 철수로 볼 수 있지 않은가? 이러한 극심한 긴장성 증상들은, 가장 원초적인 자아 기능마저 포기하고 완전히 태아적, 영아적 관점으로 퇴행하는 정신의 최후 피난처 *ultimum refugium*가 아닐까? 분열증 환자의 긴장성 증상, 거부증적 경직 negativistic rigidity은 다름 아닌 기관 언어로 표현된 외부 세계에 대한 포기인 것이다. 진행성 마비의 말기에 나타나는 빨기 반사운동 역시 이러

25 랑크의 이탤릭.

26 *Internat. Zschr.f. Psychoanalyse*, v., 1919.

한 영아기적 삶으로의 퇴행을 나타내는 것이 아닌가? 이러한 영아기 단계로의 퇴행, 그리고 심지어 태아기 상태까지 거슬러 올라가는 이러한 퇴행은 —후자는 실제로 질환의 발현을 결과로 수반하는 위협으로서만 나타나기도 하지만— 많은 환자에게 의식적으로 인식될 수도 있다. 한 환자는 나에게 이렇게 말했다; '나는 점점 더 어려지고, 작아지는 느낌이 들어요. 지금은 네 살이고, 곧 포대기 시기로 돌아가겠죠. 그리고 마침내 어머니 속으로 다시 들어가게 될 겁니다'"(p.23 f.). 따라서 타우스크는 자궁으로의 회귀 환상이,[27] 더 나아가 퇴화적인 방식으로 수행되는 "원초적 환상"으로 받아들여져야 하며, "분열증 환자의 퇴행적 정신에서는 병리적 현실로서" 증상적으로 나타난다고 본다.

이 지점에서 출생 외상의 실재와 그 중대한 파급 효과를 도입한다면, 타우스크의 가정들을 확증할 수 있을 뿐만 아니라, 다른 정신증적 증상들에 대한 진정으로 근본적인 이해에 도달할 수 있게 된다. 왜냐하면, 이 증상들은 자궁 내 단계에 간접적으로만 관련될 뿐만 아니라, 출생 외상에 직접적으로 관련되기 때문이다. 이는 모든 경련과 발작, 특히 소위 간질성epileptic 발작에 해당하며,[28] 그 내용과 형식에 있어 분만에 대한 가장 명백한 기억흔적을 드러낸다. 더욱이, 우리는 그곳에서 순환성 정신증(조울증)에서와 유사한 분할을 발견한다. 후자에서 나타나는 순서의 역전은 부재하지만 말이다. 왜냐하면, 강렬한 발작에 선행하는 *아우라*는, 도스토옙스키Dostoïevski에 의해 경이롭게 묘사된 그 축복감과 더불어, 출생 이전의 리비도 만족에 상응하는 반면, 그 뒤를 잇는 경

27 그는 덧붙여 자궁-환상(Mutter-leibphantasie)이라는 표현이 구스타프 그루너(Gustav Gruner)에게서 유래했음을 언급한다.

28 페렌치는 자신의 저작 (이 책에서 부각된 개념에서도 마찬가지로) "Stages in the Development of the Sense of Reality"에서 이미 간질 발작을 제스처에 의한 언어의 초기 단계로까지 추적할 수 있음을 암시한 바 있다(*Contributions to Psycho-Analysis*, p.181).

련 자체는 출산 행위를 재연하기 때문이다.

이 모든 정신병적 증상은 분석적 의미에서 신경증보다 한층 더 심화된 리비도의 퇴행을 나타낸다는 공통점을 지닌다. 즉, 이러한 증상들은 리비도를 외부 세계로부터 해방시키고, 어머니를 대체함으로써, 원초적 대상의 상실을 이른바 우주론적 투사로 보완한다. 이를 통해 이들은 대상들을 자아와 통합(내사)함으로써(어머니와 아이), 다시 원초적 상황으로 되돌아간다.

외부 세계와의 관계에 장애가 나타나는 이 특이한 정신병적 메커니즘에서, 고전적 편집증은 —그리고 정신병들의 편집증적 형태들— 신화적 세계관과 가장 밀접하게 맞닿아 있다.[29] 편집증은 외부 세계에 정상적 적응에서보다 훨씬 더 많은 리비도가 부과되어 있다는 점이 특징적이다. 다시 말해, 세상 전체가 하나의 자궁과 같으며, 환자는 이제 그 자궁의 적대적 영향력(전류 등)에 노출되어 있다.[30] 여기서 아버지를 향한

---

29 『영웅의 탄생』에 나타난 신화적 환상 형성 과정에서의 '편집증적' 성격 규정을 참조하라.

30 주목할 만한 것은, 편집증 환자였던 스트린드베르크(Strindberg)가 태내기적 영향을 아이의 첫 반응, 말하자면 두려움과 배고픔에 대한 설명으로 인식했다는 점이다(그의 자전적 저작: *Die Beichte eines Thoren*). 임산부를 돌보는 것에 관해 그곳에 제시된 참고문헌들은 여기에서 단지 암시적으로만 언급될 수 있을 것이다. 우리는 이 맥락에서 특히 인상적으로 표현된 스트린드베르크의 발언 몇 가지를 여기 옮긴다(스토르흐에 따르면, *l.c.*, p.46 f.). 그의 연인을 타인에게 빼앗겼을 때, 그것은 "그의 정신적 실존 전체에 대한 충격"이었는데, 왜냐하면 그것은 "*자기 자신의 일부*, 즉 이제 *타인에 의해 유린당한* 자신의 *내장*(bowels)의 일부"였기 때문이다(*A Soul's Development*, chap.5). "사랑 안에서 그는 사랑하는 여인과 융합되지만, 그렇게 자신과 자신의 형태를 잃어버리게 될 때, 자기 보존의 욕구가 치솟는다. 그리고 '사랑의 평준화하는 힘에 의해 자아를 상실할' 불안을 느끼며, 그는 그녀로부터 해방되어 다시금 독립적으로 존재가 되기를 원했다"("Entzweit," chap.2-3). 정신병 이후, 그는 자신을 고독 속으로 철수시키고, "자기 영혼의 고치 속에 자신을 가둔다"("Einsam," chap.3). 그의 후기 분열증 시기에 그는 밤에 방해하는 전류로부터 자신을 보호하려는 조치들에 대해 이야기한다. "사람은 주로 잠자는 동안 여성의 전류에 노출될 때, 자신을 격리시킬 수 있다"; "어느 날 저녁, 나는 *어깨와 목에 양모* 숄을 걸쳤는데, 그 밤에 나는 비록 전류의 공격을 느꼈으나 보호받을 수 있었다." 마지막으로 그는 "박해 관념"이 불안과 연결되어 있으며, 이 불안은 그에게 "모든 것(everything)과 아무것도 아닌 것(nothing)에 대한 *공황적* 공포"를 느끼게 하여, 그의 불안정함의 원인이

감정의 역전(증오)을 통해, 문화적이고 우주론적인 의미에 있어서 어머니의 보호적 자궁이라는 전체 상황은 단일하고 거대하며 적대적인 실체 hostile entity로 전도되어 나타난다. 이 실체는 아버지와 동일시된 영웅을 끊임없이 추적하며, 그를 새로운 전투로 지속적으로 도전하게 만든다.

정신병 환자가 투사를 통해 추구하는 어머니로의 회귀 경향의 의미 속에서, 프로이트가 인식한 바와 같이, 정신병의 진행 과정은 사실 치유의 시도로서 해석되어야 한다. 우리는 이 사실을 처음 시작했던 분석적 치유 과정에서도 명료하게 확인할 수 있다. 다만 정신증자는 자궁 상황이라는 지하 미궁 속에서 건강이라는 빛으로 나아가는 길을 잃어버리지만, 신경증자는 분석가가 던져주는 아리아드네의 실타래Ariadne-like threads와도 같은 기억의 실마리들을 통해, 다시 삶으로 향하는 길을 발견할 수 있게 된다.

프로이트적 개념에 따르면, 히스테리는 예술적 창작과 밀접하게 관련되어 있고, 강박 신경증은 종교 형성과 철학적 사변과 결부된 것처럼, 정신병은 신화적 세계관과 밀접하게 관련되어 있다. 정신분석으로 훈련된 정신과 의사들이 정신병의 내용이 '우주론적'임을 인정하게 될 때, 우리는 그다음 단계, 말하자면 우주론 자체에 대한 분석을 회피할 필요가 없다. 왜냐하면, 우리는 그것이 다름 아닌 자신의 출생에 대한 유아기의 기억을 자연에 투사한 것에 불과하다는 사실을 발견하게 될 것이기 때문이다. 나는 이 개념을 신화적, 우주론적 자료라는 풍부한 토양 위에서 더욱 상세하게 정초하려는 작업을, 오래전에 계획한 *Mikrokosmos und Makrokosmos*(소우주와 대우주)라는 제목의 책을 통해 진행할 예정이므로, 여기서는 다만 신화학 분야에서의 여러 예비적 연구만을 언급하는

된다고 밝힌다. 스트린드베르크의 슬픈 어린 시절과 특유의 "어머니 콤플렉스"는 잘 알려져 있다(*Inzestmotiv*, 1912, p.32, note). 바로 이 지점에서부터, 우리는 그의 전반적인 발달 과정, 인격, 예술적 성취, 그리고 정신병을 이해할 수 있게 된다.

데 그치고자 한다. 그 연구들은 인간의 출생 문제야말로 실제로 유아기적 관심과 마찬가지로 신화적 관심의 중심에 자리하며, 환상 형성의 내용을 결정적으로 규정한다는 사실을 보여주려는 시도이다.[31]

31 다음의 저작들을 참조하라: *The Myth of the Birth of the Hero*, 1909; *Die Lohengrinsage* (1911); *Das Inzestmotiv in Dichtung und Sage* (1912) 에서 특별히 15장 "Die Weltelternmythe"; 그리고 마지막으로 *Psychoanalytische Beiträge zur Mythenforschung*, 1911-1914; 1922년도 개정판("Die Sintnutsage," "VerschHngungsmythen," "Tiermärchen," etc.).

상징적 적응 5
SYMBOLIC ADAPTATION

영웅 형성과 같은 인상적인 보상적 창조물 속에서 출생 외상이 어떻게 신화적으로 전개되는지를 살펴보기 전에, 우리는 우리와 더 직접적으로 맞닿아 있고 인간적으로 더 큰 의미를 지니는 사실들을 먼저 살펴보아야 한다. 그것들은 출생 외상의 근본적인 중요성과 그것을 극복하려는 영원한 갈망을 압도적인 방식으로 보여준다. 이러한 생물학적 사실들은 반사회적 신경증자와 과장된 영웅적 성취 사이에 놓인 정상적인 조정을 이해할 수 있게 하며, 더 나아가 우리가 문화와 문명이라고 부르는 이러한 조정이나 적응이 어떻게 성공할 수 있었는지를 설명해 준다.

매일 밤 자동적으로 발생하는 수면 상태는, 정상적인 개인조차도 결코 출생 외상을 완전히 극복하지 못한다는 생각을 떠올리게 한다. 왜냐하면 그는 자기 삶의 절반을 자궁 내 상태와 유사한 상태로 보내기 때문이다.[1] 우리는 어두워지면 자동적으로 이 상태에 빠져드는데, 이는 아이가 어두운 방을 두려워하는 경우와 마찬가지로 외부 조건이 무의식을 원초적 상태와 동일시하도록 자극할 할 때 다시 한번 일어난다. 그러므

---

1 특히 다음을 참조하라; Freud, *Introduction to Psychoanalysis*와 Ferenczi, "States in the Development of the Sense of Reality"(*l.c.*)

신경증적 *불면증*은 모든 형태의 몽유병과 마찬가지로 (어머니에 대한) 리비도적 열망을 희생하여 이러한 생물학적 필요성을 너무 강력하게 억압하는 데 기인하는 것으로 보인다. 산 채로 묻히는 것에 대한 빈번한 공포 또한 이 범주에 속하며 (Freud, *The Interpretation of Dreams*), "도착적" 대응물인 *시체애*(necrophilia: 시체를 사랑하는 이상 성욕을 의미하고 시체와 성관계를 하거나 훼손하는 성도착증—역자주)도 이 범주에 속한다.

로 어둠의 도래는 모든 인류의 상상 속에서, 태양이 자궁(지하 세계)으로 되돌아가는 것으로 의인화되어 파악된다.[2]

우리는 매일 수면 상태 속에서 상당한 정도로 자궁 내 상황으로 되돌아가는데, 이때 우리는 꿈을 꾼다. 그리고 그 속에서 우리는 고대인에게 이미 알려져 있었고, 정신분석학에 의해 경험적으로 확립되었으나, 그 기원과 보편적인 인간적 의미에 대해서는 아직 완전히 이해되지 못한 기묘한 상징들을 사용한다. 분석적 치료 과정(1장)에서 출발점으로 삼는 꿈들은, *소원 꿈* 속에 규칙적으로 나타나는 이러한 상징들이 궁극적으로 자궁 속 거주지를 표상한다는 사실을 보여준다. 반면에 *불안 꿈*에서 *출생 외상*, 낙원으로부터의 추방은 실제로 경험한 모든 신체적 감각과 세부 사항으로 자주 재현된다. 프로이트가 그 이해를 위해 태아기 상태[3]로까지 거슬러 올라간 바와 같이, 자기애적 꿈-자아의 환각적인 소원 성취는 분석적으로 전혀 영향을 받지 않는 꿈들에 의해서도 실증된다. 이는 자궁 내 상황으로의 실제적인 회귀이자 재현이며, 이미 순수하게 생리적 수면 상태 속에서도 일정 부분 신체적으로 실현된 것이다. 실

2 달은 그 차고 기우는 주기적 변화 속에서, 끊임없이 반복되는 귀환하려는 열망의 신화적 표현에 더없이 잘 들어맞는다. 그래서 신화에서 달은 단순히 임신한 여성과 출산하는 여성뿐만 아니라, 사라졌다 다시 돌아오는 아이로도 직접 나타난다. 달의 여신은 출산을 돕는 존재(산파)로서 중요하게 등장하는데, 이는 그녀의 월경에 대한 영향과도 관련이 있다. 여성의 월경 주기가 달의 위상 변화와 일치한다는 이 사실은, 우리 민속 신앙에서는 지금도 두 현상이 같은 것으로 여겨지고 있다. 단첼(Th. W. Danzel)은 이러한 일치를 바탕으로, 천체의 주기를 관찰하던 점성술 문화권(중국, 바빌론, 이집트, 멕시코)에서 달력이 발생한 것은, 천문학적·우주적 주기가 처음에는 인간이 몸으로 경험하는 주기적 변화와 리듬을 상징적으로 표현하는 형태로 의식에 나타났기 때문이라고 본다. 이들 문화권에서 달력은 본래 "길일과 흉일의 책"이었다.(*Mexico*, vol. i., p.28 ["Kulturen der Erde," vol. xi.], Darmstadt, 1922). 멕시코 달력에서 특별한 역할을 하는 "260일의 *토날-아나*tonal-anall) 주기"는 아마도 천문학적 주기 외에 임신 기간을 기초로 한 것 같다(Danzel, *Mexico*, ii, p.25, Darmstadt, 1922). 푸어만(Fuhrmann, *Mexico*, iii.)은 이 가정을 더 확실히 하여, 멕시코 1년을 인간의 태아기(임신 전 기간)로 소급하고, (태양의 궤도에 기반하지 않은) 새로운 시간 계산법을 이러한 태아기로 환원시켰다(p.34, 2장 유아기적 불안).

3 "Metapsychological Supplement to the Theory of Dreams," *Coll. Papers*, vol. iv.

제로 꿈의 형성은 다양한 방식으로 —적어도 프로이트가 가정한 무의식적 소원 성취의 경향에 따르면— 수면이라는 단순한 생리적 측면을 통해 이루진 것 이상으로 훨씬 더 완전한 태내 회귀를 증명해 준다.[4] 꿈의 유아적 성격은 우리가 지금껏 인정했던 것보다 훨씬 깊은 기반에 놓여 있으며, 이는 우리의 의식이 외부 세계의 지각을 위해 형성된 탓에, 이전까지는 파악할 수 없었던 무의식의 가장 깊은 성격을 드러내는 것이다.

나는 현재 출판을 위해 귀중한 분석 자료를 따로 확보해 두고 있으므로, 여기서는 다음과 같은 내용만 언급할 수 있다. 프로이트가 두 가지 주요 유형으로 간주한 꿈은 *소망 꿈*과 *불안 꿈*이며, 이 둘은 원초적 상황으로 회귀 개념 또는 출생 외상을 통한 그 고통스러운 중단과 완벽하게 일치한다.[5] 그러나 나는 프로이트의 세 번째 유형, 즉 처벌 꿈에 대해 언급하고 싶다. 이는 대체로 인생에서 성공한 몽자dreamer가 나중에 "처벌"을 받기 위해 고통스러운 상황으로 되돌아가는 꿈이다. 프로이트가 지적했듯이, 이것은 "피학적" 경향일 뿐만 아니라 젊음을 회복하려는 소원이며, 궁극적으로는 자궁으로의 쾌락적 회귀를 지향하는 것이다. 그 대표적인 예가 소위 시험-꿈으로, 이는 거의 모든 인류가 보편적으로 경험하는 불안 꿈이다. 이 꿈은 학교에서 시험을 치르는 불안 경계로 되돌아가는 것이다. 꿈속에서 표현되는 "*그 당시에도* 잘 지나갔지"라는 위로의 전의식적인 생각들은, 가장 깊은 무의식에서 보통 출산과 연결된다. 여기서 설명해야 할 것은, 자궁으로 돌아가려는 원초적 소망에

4 우리는 또한 분석 상황의 영향 아래에서 꿈 생활(dream life)이 어떻게 그러한 풍요로움과 놀라운 방식으로 번성하게 되는지를 더 잘 이해할 수 있다고 주장한다.

5 특히 불안 꿈에서 *깨어나는* 것은 주기적으로 출생의 과정, 즉 세상으로 나오는 과정을 반복한다; 이것이 소위 "문턱 상징주의"threshold symbolism)의 의미이며(질베러), 신화적으로도 출생 상황이라는 단 하나의 의미만을 갖는 것으로 보인다(Roheim, "The Significance of Steeping Over," *Int J. of Ps.A.*, iii., 1922, 앞의 논문 외에 프라우 소콜니츠카Frau Sokolnicka)의 선행 연구 참고). 또한 잠들 때 다리가 자주 움찔거리는 현상 역시 출생의 문턱에서 나타나는 증상의 표현이다.

늘 달라붙는 강렬한 죄책감이다. 이 죄책감은 명백히 출생 시 불안 정서와 연결되어 있으며, 그 완전한 재현을 피하기 위해 작동하는 방어 기제이다. 마치 시험 상황 속에 *갇혀 있어* 더 이상 원초적 외상으로의 회귀가 불가능하게 막히는 것처럼, 죄책감은 출생 외상의 반복을 차단하는 역할을 한다.

처벌 꿈과 반대되는 방종 꿈은 겉보기에는 배고픔이나 다른 신체적 필요와 같은 실제적인 필요로 인해 발생한 것처럼 보일 수 있지만, 사실상 자궁 내 상황을 재확립하려는 시도로 설명될 수 있다. 왜냐하면 생리적 수면 상태에서는 자궁 내 형태의 모든 신체적 욕구를 제한 없이 만족시키려는 경향이 되살아나기 때문이다. 야뇨증enuresis은 성적인 단계에서 몽정pollution에 해당하며, 근친상간과 동일한 의미를 갖는다. 바로 이러한 이유로, 근친상간 꿈은 종종 몽정과 함께 나타나며, 반대로 몽정 꿈pollution dreams은 거의 항상 노골적인 근친상간에 대한 욕망을 나타낸다. 그러나 프로이트가 일반적으로 꿈 형성에 필수적이라고 강조한 잠들어 있으려는 욕망조차도 자궁 내 상황으로의 회귀 경향과 상응한다.

모든 신체적 감각의 꿈들은, 외부 자극에 촉발되는 경우라도[6] —방종 꿈이 내적 자극에 의해 발생하는 것처럼— 원초적 상황으로 자유로운 회귀를 허용한다. 예를 들어, 이불이 미끄러져서 발생하는 추위 감각은, 무의식에 의해 보호 덮개를 잃어버린 최초의 상실로 해석되고, 이에 대한 보상으로 꿈속에서 자궁을 상징하는 공간으로의 후퇴가 이루어진다. 마찬가지로, 억제 혹은 비행flying의 감각은 동일한 몽자에게 자주 번갈아 나타나는데, 전자는 난산(산도의 장애)을 겪은 개인에게 자주 발생

6 이른바 실험적 꿈experimental dreams)에 대한 새로운 시각이 제시된다. 수면 중에 가해진 자극들은, 사실상 이미 경험된 원초적 상황(팔다리의 위치 등)의 의미로 해석되는데, 이는 그 자극이 실험자의 무의식적 경험에 따라 선택된 경우가 많기 때문이다. 예를 들어, 얼굴에 마스크를 씌우거나, 코에 자극을 주거나, 발바닥을 간지럽히는 등의 방식이 그것이다.

하는 감각으로, 무의식은 이를 어머니에게서 떨어지지 않으려는 소원을 실현하는 방식이다. 그러나 후자는 황새 우화가 암시하듯이, 폭력적인 출생 외상을 쉬운 부유floating로 바꾸면서, 무의식의 깊은 곳에서 원초적 태아 상태 속에 부유하는 안정된 상태를 재현한다(날개 달린 천사, 아직 태어나지 않은 영혼 등). 이에 상응하는 불안 상황은 추락하는 꿈에서 재현되는 것으로 보인다.

우리는 여기서 이전 언급들, 이를테면 감각과 꿈의 유형들에 관한 언급들이 매우 일반적인 꿈의 경험들에 해당한다는 점을 간략하게 주목하고자 한다. 이러한 꿈들의 전형적인 성격은 모든 인류가 겪는 출생이라는 보편적 경험으로 설명된다.[7] 그러나 동일한 논지는 분석에 의해 잠재적 내용이 전형적인 것으로 인식된 꿈들에도 유효하며, 그중에서도 소위 출생 꿈(dreams of birth)을 여기에서 언급하고자 한다. 나의 경험에 따르면, 이러한 꿈은 분명 자신의 아이를 갖고 싶다는 소망(또는 거부감)을 나타내지만, 이는 자신의 출생 또는 자궁 내 상황(물 속 상황)을 재현하는 방식을 통해서만 가능하다. 출생(밖으로 나오는 것)의 방향이 꿈 속에서는 물 속으로 뛰어드는 것으로 역전reversal되어 나타나는 것은, [출생] 외상(뛰어드는 것)을 재현하려는 동시에 그것을 부정하려는 퇴행적 경향을 나타내기 때문이다. 외현몽의 내용에서[8] 이러한 두 가지 퇴행적 경향을 동시에 표상해야 하는 필연성은, 꿈을 이해하는 데 있어 가장 중요하다. 이것은 이른바 "전기적 꿈"biographical dreams이 원칙적으로 반대로

---

7 이것은 융이 이미 여성의 경우 출생 꿈으로 인식한 소위 *치아 꿈*(tooth dreams)에도 그대로 적용된다(프로이트의 『꿈의 해석』에서 인용 사례와 또한 그곳에 제시된 나의 예). 우리가 여기서 제시하는 개념의 의미에 비추어 보면, 치아와 관련된 공통된 비교 근거는 외상(통증)의 심각성을 보상하는 것으로 통증이 없이 치아가 빠지는 것이다. 지금까지 주어진 해석들(출생, 죽음에 대한 두려움, 거세, 자위 등)은 쉽게 이 일차적 의미에 종속될 수 있다.

8 Freud, "Metapsychological Supplement to the Theory of Dreams," *Coll. Papers*, vol. iv.를 보라.

해석되어야 한다는, 즉 그 꿈들이 자신의 욕망에 따라(자궁 내 상황과 함께) 결말이 역전된다는 프로이트의 관찰을 설명할 뿐만 아니라, 꿈의 해석에서 역전의 기법을 훨씬 더 광범위하게 사용해야 한다는 것을 명백하게 보여준다. 이 기법을 통해서, 이른바 진보적 경향의 부차적 의미가 퇴행적 경향과의 관련 속에서 분명하게 감지된다. 이러한 이중 구조는[9] 출생 꿈에서 가장 잘 드러난다. 이것은 대부분 두 세대의 등장이나 상황의 반복(예를 들어, 출생 장면 자체 또는 영웅 신화에서처럼)으로 표현되며, 이를 통해 어머니와의 동일시(오이디푸스 콤플렉스에서)가 어떻게 어머니와 아이를 동시에 표상하는 데 사용되는지를 명확히 보여준다. 이때 후자(아이)는 사실 자기 자신의 출생을 재현하는 방식으로 나타난다.

따라서 이러한 꿈들은 꿈의 무의식이 지닌 원초적인 자기애적 경향을 지니고 있음을 보여주는 가장 확실한 증거이다. 말하자면, 꿈의 무의식이 할 수 있는 일은 오직 원초적 자기애를 가장 완벽하게 만족시키는 상황을 묘사하는 것임을 보여준다.[10] 따라서 융이 말한 이른바 "주관적 수준"에서의 꿈 해석도, 비록 지나치게 상향적으로 오용되기는 했으나, 실제적인 근거를 얻게 된다. 마찬가지로, 꿈속에서 표면적으로는 미래 지향적 경향으로 보이는 요소들도 그 정체가 드러나면, 결국 자궁 속 상황을 미래로 투사한 것임이 드러난다.[11]

---

9 Rank, "Die Symbolschichtung im Wecktraum," *Jahrb.*, iv., 1912을 보라.

10 발달의 아주 원시적인 단계에 속하는 표현 방식으로는, 자기 몸을 이용해 자신의 재료로 상황을 표현하는 형태가 있다. 이러한 방식은, 예를 들어 히스테리 발작에서 재확립된다(Ferenczi, *Gebärdensprache*); 프로이트가 이를 처음 주목했는데, 히스테리 환자가 자신이 사랑하는 대상으로부터 받고자 하는 행위를, 예를 들어 포옹을 자신의 몸에서 재현해 보인다는 것이다. "General Remarks on Hysterical Attacks," 1909, 그리고 "Hysterical Phantasies and their Relation to Bisexuality," 1908, *Coll. Papers*, vol. ii. 여기에 쾰러(Köhler)가 *Mentality of Apes*에서 제시한 흥미로운 관찰을 덧붙여야 하는데, 그는 유인원들이 자기 몸으로 원하는 것을 나타냄으로써 그것을 표현한다는 것을 보여준다. 예컨대 한 암컷 침팬지는, 주인이 그녀를 껴안아 주어야 한다는 것을, 자신의 두 팔로 자기 몸을 감싸는 동작을 하여 표현하였다.

11 이른바 텔레파시 꿈(telepathic dreams)은 원초적 상황을 미래로 투사한 것으로서,

마지막으로 일반적인 관심사로 인해 언급해야 할 또 하나의 전형적인 불안 꿈의 형태가 있다. 이는 꿈속에서 해석되는 모든 미래지향적 경향들이 어떻게 출생 외상의 원초적 억압의 영향을 보여주는지를 잘 나타낸다. 이것은 이른바 “여행 꿈”이라 불리는데, 그 특징적인 세부 사항들은 원초적인 외상에서 쉽게 이해할 수 있다. 꿈에서 기차를 타지 못하고, 짐을 꾸리는데 준비가 안 된 것, 짐을 잃어버리는 것 등 세부적인 내용들이 꿈속에서 고통스럽게 실현되는 것은, 출발을 *어머니로부터의 분리*로, 그리고 짐(트렁크, 상자)은 자궁의 상징적인 대체물로 해석할 때만 이해할 수 있다. 그리고 자궁은, 우리가 알다시피 배, 자동차, 철도 객차, 마차 등과 같은 모든 종류의 운송 수단으로 대체된다. 그 안에 담긴 명백한 죽음 상징(슈테켈)[12]은 모든 미래지향적 경향(삶의 여정)처럼, 역시 전의식적이다. 무의식은 분리, 출발, 그리고 죽음을 오직 자궁으로의 퇴행이라는 소원 성취의 관점에서만 생각할 수 있다. 왜냐하면 무의식은 다른 어떠한 소원 경향도 알지 못하고, 묘사할 수도 없기 때문이다. 꿈에서 모든 전진하는[앞으로의] 움직임은 사실상 퇴행으로만 해석되어야 한다는 *역전 경향*은 다른 방법으로는 이해할 수 없었던 여러 꿈 상황들[13]

분석적으로 쉽게 풀 수 있다. 마찬가지로 고대 인도의 환생 상징에 기반을 둔 현대 오컬티즘 전체는 원초적 외상과 그 투사된 전개(점성술)를 통해 완전히 이해될 수 있다. 예를 들어, 오컬티스트들이 꿈속의 사물에 대한 기억이 몽자의 *전생에* 속한다고 가정해도 일리가 있다. 다만 그들이 말하는 전생은 실제보다 훨씬 멀리 소급된 것이며, 진정한 선재(pre-existence)는 다름 아닌 자궁 내 존재임이 드러난다.

다른 한편으로, 텔레파시의 기본 개념은 미래로 투사된 어떤 것, 아마도 한 번 이미 경험되었고 예기되었던 데자 뷰(déjà vu)와 같은 것에 상응한다. 그리고 이러한 경험 역시 자궁 내 존재 이외의 다른 참조점을 가질 수 없다(Dr. Szilagyi, “Der junge Spiritist,” *Zschr*., ix., 3, 1923의 흥미로운 자료와 비교하라). 이는 본 저작의 결론 뒤에 인용되었다.

12 *The Language of Dreams*, 1922에서 슈테켈(Stekel)은 프로이트의 꿈 연구 외에도, 이른바 “죽음 상징”의 풍부한 사례들을 모아 정리하였다. 특히 “Mutterleibsträume” 장에서는 단지 실용적인 “상징 해석”을 넘어서, 기억의 흔적이 출생 꿈에 대해 물질적 근거를 줄 수 있다는 가설도 제시하고 있다.

13 많은 사람들이 기관차를 등지고 앉기를 꺼리는 이유는 이렇게 설명할 수 있다. 이는

을 동시에 설명해 준다(앞서 언급된 출생의 역전 참조). 그것은 또한 신체적 감각(자세 등)만이 아니라, (꿈에서뿐만 아니라) 형태, 방향, 시간[14] 등과 같은 고차원적인 정신적 기능들도 우리 무의식의 가장 깊은 소망들과 관련되어 있음을 보여준다. 꿈의 개별 요소들에 대한 기능적 해석은 질베러Silberer에 의해 분명 과대 평가되었고, 우리는 늘 그것을 분석적 해석에 대한 "저항"의 표현으로 간주해 왔는데, 여기에서는 오히려 그것이 외상으로부터 도피하려는 경향의 직접적 결과로 드러난다. 이러한 경향은 분명히 이미 확립된 정신적 경로를 따라가며, 개인의 정신적 발달에 있어서 아마도 원초적 외상의 억압으로부터 출발하여 이른바 고등 기능들의 발달로 이어진다.

꿈의 상징주의에서 출발해 상징 일반에 대한 포괄적 이해와 그것이 문명에 대한 문화적 적응 속에서 어떻게 사용되는가를 논하기 전에, 우리는 출생 외상이 지닌 지대한 중요성에 대한 우리의 견해가 꿈의 해석에서 가장 강력한 지지를 얻는다는 점을 특별히 강조하고 싶다.

바로 원초적 억압 때문이다. 신화적 영웅이 여행 도중 뒤돌아보는 것을 금지하는 것(돌로 변함)도, 조롱받는 영웅이 말에 거꾸로 태워지는 것도, 그리고 "말보다 수레를 앞세운다"라는 속담이 생겨난 것도 모두 이 원초적 억압의 반향이다. 아이들의 여행 놀이(마부 놀이, 철도 놀이 등)는 성인들에게 쾌락적이면서도 너무 우스꽝스럽게 보이는 전진적 움직임의 부재가 오히려 아이들에게는 자궁 상황(마차, 배, 기차 등)을 의미함을 보여주며, 이는 정확히 소원-성취의 요소를 형성한다(어머니가 죽어갈 때 함께 떠난 피어 귄트(Peer Gynt)의 어린 시절 "여행"을 보라. 그 이후 그의 세계 여행이 이어진다).

14 임신 중, 그리고 출산 직전까지 분석을 받은 여성들의 경우, 시간과 특히 숫자가 임신과 출생으로 소급되는 것이 드러난다(개월, 연도, 아이, 형제자매 등). 생일은 매우 특별한 의미를 지니며, 숫자 분석의 상당수가 여기에 기초한다. 무의식 속에서 임신 9개월을 반영하는 숫자가, 태양력에 따른 9가 아니라, "자연적인 음력"에 따른 다른 수로 나타나는 것도 놀라운 일이 아니다(p.85, 각주 2 참조). 또한 신화에서도 신성한 숫자는 7, 9, 10 사이를 오가는 사례를 보라. 예를 들어 멕시코는 9개의 지하 세계가 있고, 뉴질랜드에는 10개의 지하 세계(가장 아래의 층인 메토[meto], 즉 부패의 장소는 시신이 분해되어 벌레의 모습으로 변화하는 과정이 완성되는 곳)가 있다(Danzel, *Mexico*, I., p.21). 중국에서는 10개의 지옥이 땅속 깊은 곳에 있으며, 이들은"대지의 감옥"으로 불린다.

그러나 이에 대한 보다 상세한 설명은 더 큰 저술로 미루어야 한다. 다만 강조해야 할 사실은, 앞서 언급한 분석 경험들이 프로이트가 오래전 분석에서 밝혀내고, 이후 정신분석 문헌의 수많은 사례에서 확인된 "자궁 환상"에 실질적 기반을 제공한다는 점이다. 이 경험의 결과가 지니는 중요성이 너무 크기 때문에, 그 의미 자체를 의심할 여지는 없다. 자궁으로 *되돌아가려는 환상*이[15] 존재한다는 사실과, 질베러가 "정자 꿈"spermatozoa dreams의 훌륭한 예에서 설명한 것처럼, 발달의 후기 단계에서는 아버지의 몸으로 돌아가려는 소망 경향이 있다는 것은 부인할 수 없다.[16] 앞서 말했듯이, 이러한 환상들은 나중에 듣거나 읽은 성sex에 대한 설명과 부분적으로 연결되어 있다. 그러나 환상과는 달리 실제로는 꿈의 형성 과정 속에서, 그리고 특히 분석 도중에 개인의 자궁 내 자세나 자신의 출생과 관련된 특이성에 대한 명확하지만 전적으로 무의식적인 기억흔적이나 재현이 자주 나타난다. 이것들은 결코 의식적인 기억이나 환상 형성에서 생겨날 수 없는데, 왜냐하면 애초에 누구도 미리 알 수 없기 때문이다. 물론 꿈은 나중에 전해 들은 자신의 출생에 관한 이야기들을 활용하긴 하지만, 그 방식이 너무도 특징적일 때가 많아, 몽자의 의식적인 기억보다도 무의식적 인상(종종 문자 그대로의 흔적이기도 한 인상)을 더 신뢰할 만하다고 여겨진다. [태아가] 아버지의 몸에 거주하는 기간이 재현될 수 있다고 보기는 어렵다. 오히려 "정자 꿈"을 여기서 제시된 관점으로 계속 분석하면, 결국 이것은 후에 습득된 의식적 지식

15 고전적인 표현은 *Meine Geschichte eh' ich geboren wurde* 라는 제목으로 1795년에 가명을 사용하여 저술된 책에서 찾아볼 수 있다. *Eine anständige Posse vom Mann im grauen Rocke* (Neudrücke literarhistorischer Seltenheiten Nr. 2, Berlin, J. Ernst Frensdorff)."

16 Silberer, "Spermatozoenträume" and "Zur Frage der Spermatozoenträume," *Jahrb.*, iv., 1912.

에 의해 변형된 "*자궁으로의 회귀*"로 판명될 것이다.[17] 실제로 종종 소위 "정자 꿈"은 직접적으로 위장된 "자궁 꿈"으로 판명되기도 하는데, 그 이유는 다시 어머니의 몸으로 돌아가는 유일한 길이 아버지의 정자를 통해서이기 때문이다. 따라서 이러한 꿈들은 결코 아버지의 몸으로 돌아가려는 환상이 아니라, 오히려 아버지로부터 자기 자신을 새롭게 분리하고 어머니와 영구적으로 결합하려는 수단으로 사용된다. 태아의 상황과 —적어도 임신 말기— 출생 상황 자체는 개인이 직접적으로 파악할 수 있고, 그런 만큼 확실히 재현될 수 있다. 그러므로 우리는 아동기, 신경증적 증상들, 그리고 생리적 수면 상태(꿈) 속에서 나타나는 "*자궁 환상*"*의 실재성*을 주장하는 것이다.

만약 우리가 이 사실로부터 가장 명백한 결론을 도출하려고 한다면, 우리는 다양한 반론에 맞설 준비가 되어 있어야 한다. 그 반대들은 이른바 현실, 즉 우리가 외부 세계를 무시하고 있다고 주장할 것이다. 그 외부 세계에 대해서는, 우리가 아무리 무의식의 힘을 위대하게 여긴다 하더라도, 결국 그 본래의 한계에 이르게 될 수밖에 없다. 물론 우리는 외부 세계를 부정하는 데까지 가고 싶지는 않지만, 쇼펜하우어 Schopenhauer의 관념론적 철학을 포함하여 인류 정신사의 가장 위대한 사상가들이 이러한 관념에 접근한다. "표상으로서의 세계"world as idea, 말하자면 세계는 나의 자아 속 개별적 표상이라는 관념은 여전히 심리학적으로 정당한 근거를 갖고 있다. 그것의 분석적 해명은 외부 세계의 현실을 제한하지 않으면서도, 동시에 "표상"의 힘을 설명해 주기 때문이다. 만약 우리가 자아에 대립하는 모든 외적 대상을 두 범주로 나눈다면, 하나는 자연의 대상(자연)이고 다른 하나는 인간이 창조한 대상(문화)이다. 불이나 도구와 같은 가장 원시적인 문화의 발견에서부터 가장

---

17 빈터스테인(Winterstein)은 이것을 옳다고 가정했다(*Imago*, ii., 1913, p.219).

복잡한 기술 기계에 이르기까지, 그것들은 인간이 만들었을 뿐만 아니라, 인간의 형상image에 따라 형성되었으며,[18] 따라서 의인화된 세계관이 지지를 얻고 있음을 보여줄 수 있다. 여기서 이 개념을 뒷받침하는 구체적 근거를 자세히 제시하는 것은 지나친 장황함으로 흐를 것이므로, 우리는 간단히 그 요점을 강조하는 데 그치겠다. 가장 중요한 것은 이 심리적 메커니즘을 이해하는 것이다. 곧, 모든 "발견"은 사실상 잠재된 어떤 것을 '재발견'하는 것에 불과하며, 신화에 반영된 문화 전체 과정은 결국 개인의 출생을 본떠 세계를 새로이 창조하는 인간적 창조라는 점이다.

이른바 꿈의 상징에 관한 연구와 이해를 통해 이제 우리는 무의식의 심층에서 문화 창조의 기원으로 거슬러 올라갈 수 있다. 오래된 원초적 열망에 사로잡힌 인류가 여전히 끊임없이 생산해 내는 압도적이고 혼란스러운 현존하는 문화 자료 중에서 한 가지 예만 언급하고자 한다. 이것은 유아기적 불안을 이해하는 과정에서 주목된 바 있으며, 우리를 문화 영역의 한가운데에 위치시키는 동시에 역사적 발전을 한눈에 볼 수 있게 해준다. 그것은 무의식적으로 여성의 성기를 상징하는 방, 공간에 관한 것이다. 그리고 그것은 궁극적으로 무의식에 알려진 유일한 여성의 성기이자 출생 외상 이전에 보호받고 따뜻하게 지냈던 장소인 자궁을 상징한다. 인류학적 연구에 따르면, 관coffin과 그 원초적 형태인 나무, 땅, 그리고 웅크린 매장 자세(태아 자세)는 모두 죽음 후에 자궁으로의 귀환을 모방한 것임에는 의심할 여지가 없다. 이와 같이 원시 인류의 주거

---

18 페렌치가 "Psychogenese der Mechanik"에 대해 암시한 내용을 참조하라(*Imago*, 제5권, 1919), 그리고 그곳에 인용된 마흐(Mach), E. 카프(E. Kapp) 및 기타 학자들을 참조하라. 또한 다음의 저작을 덧붙일 수 있다: H. Wettich, *Die Maschine in der Karikatur* (with 260 ilustrations), Berlin, 1916, Anton Klima, *Die Technik im Lichte der Karikatur* (with 139 illustrations), Vienna, 1913.

역시, 동굴[19]이든 속이 빈 나무[20]든, 본능적으로 따뜻하게 감싸주던 자궁에 대한 기억에서 기인했으며 이는 새가 둥지를 틀어 새끼들을 덮어주려는 본능과 유사하다. 지속적인 억압 과정에서, 이를테면 원초적인 외상으로부터 점차 멀어지고 그것을 대체하는 승화된 형태들로 변화해 가는 과정에서, 나중에 발달한 모든 것들은 여전히 가장 깊은 차원에서 그 원초적 상황과 뚜렷하게 맞닿아 있다. 이것은 오늘날 아이가 어두운 방에 혼자 있을 때 두려움을 표현하는 방식에서 알 수 있다. 그것은 잎사귀로 덮인 원시적 오두막(둥지)이든, 혹은 화덕(어머니로부터의 따뜻함)에서 기원한 "제단"altar이든, 또는 불을 보호하기 위한 지붕이나 집을 표상했던 사원의 원형(인도의 동굴 사원 등)에 이르기까지 다양하게 나타난다. 또한 인간 거주지의 천상적이고 우주적인 투사를 목적으로 세워진 과장된 오리엔트적 신전(바벨탑), 인간적 기원을 예술적 이상화로 가장 높이 구현한 그리스의 신전 (기둥은 원시적인 나무줄기들을 대체한 것으로 인간의 다리를 상징하고, 다양한 형태로 장식된 주두capitals는 머리를 상징), [성경] 아가서의 순진한 서사적 비유 형태, 높이 치솟으면서도 동시에 억누르는 듯한 어두운 아치형 천장으로 되돌아간 중세의 고딕 성당, 그리고 마지막으로 평평한 외부 표면과 내부에 세워진 엘리베이터 통로shafts가 있는 미

19 로하임(Roheim)은 "Primitive Men and Environment"(*Internat. Journal of Psycho-analysis*, ii., 1921, p.170 ff.)라는 논문에서 출생 함몰(birth hollow)에 관한 아메리카 지역 자료를 제시한다. 그는 인용된 풍부한 자료 가운데 특히 주목할 만한 것은 매튜(W. Matthews)의 연구이다. 매튜는 신화들 속에 출생 상징을 인식한 인물로, 그의 연구는 특별히 주목할 가치가 있다("Myths of Gestation and Parturition," *Americ. Anthropol*., iv., 1902, p.737).

20 에밀리 로렌츠(Emil Lorenz)는 "Der politische Mythus, Beiträge zur Mythologie der Kultur"(*Imago*, vi., 1920, 이후 1922년 별도로 증보 출간)라는 논문에서 융의 신화학적 관점과 페렌치의 생물학적 관점을 연결하여, 이러한 상징적 중요성을 매우 강조하였다. 그리고 그녀는 초기 완전한 자아가 세계로부터 최초로 단절되는 원형적 경험, 즉 어머니-형상을 매개로 한 단절 경험의 결정적 영향 아래, 우리의 소원과 필요에 맞게 현실을 적응시키는 과정을 이해하기 위해 "정신적 통합체"라는 용어를 제안하였다.

국의 마천루 역시 마찬가지다. 이 모든 경우에 있어 문제는 단순히 꿈이나 예술의 "상징 형식"에 국한되지 않는다. 그보다는 오히려 승인된 대상들을 창조적으로 형상화하면서, 원초적 상황의 대체물로서 가능한 한 닮은 형태를 부여하는 것임이 드러난다.

현실에 대한 "상징적" 적응의 이 단순한 사례는 문화 발전에 대한 이해에 새로운 전망을 열어준다. 유아실은 포대기와 요람을 넘어서 캥거루 주머니와 새의 둥지를 확장한 것에 불과하며, 집은 본능적으로 자궁을 모방하여 형성된 것이고,[21] 그것이 다시 도시의 방어적 구조와[22] 요새[23]로 발전한다. 이러한 발전은 한편으로는 자연(대지, 우주)의 초기 신화적 구조물(투사 또는 내사)과 연결되고, 다른 한편으로는 조국, 민족, 국가와 같은 사회적 개념으로 전치되고 대체되는 것으로 형성된다. 프로이트의 재구성에 따르면[24], 이러한 사회적 상징들은 결국 원시 무리의

---

21 *건물에 대한 희생*(the sacrifice to the building), 즉 새로운 집의 기초에 살아 있는 아이를 벽 속에 봉인하는 풍습은 건축물이 자궁의 대체물임을 분명히 보여준다.
 에른스트 푸어만(Ernst Fuhrmann)은 그의 흥미로운 저작에서 세속적이고 성스러운 건축물의 인간적 신체 원형을 밤에 기어들어 가거나, 새로운 탄생이 기대되는 보호의 방(사원)으로 설명한 바 있다. 그는 또한 주목할 만한 언어학적 일치를 지적하는데, "집은 피부(*Haus, Haut*)에 대응하며, 태양이 들어가는 물과도 연결된다. 또한 *도르프*(Dorf), 즉 마을(village)을 뜻하는 전체 단어군 역시 자리잡음(setting)의 개념과 연관되어 있음을 보여준다." *Haut*(피부)에서 *Hut*(모자), *Hütte*(오두막), *Haus*(집)가 파생되었고, *Fell*(가죽)에서 *Ville*(마을), *Bull*(황소)이 파생되었다. *Schaf*(양), *Schuppen*(헛간), 러시아어 *schuba, Pelz*(모피) 역시 모두 같은 어근에서 파생되었다. *Wat*(물)에서 비롯된 단어로는 *bett*(침대), *beth*(히브리어), house(집), 스웨덴어 *Ved, Wald*(wood), *Holz*(나무)가 파생되었다. 사람이 잠자리에 들었을 때, 그는 물에 도달한 것이다. 그가 누워있는 덮개는 파도였고, 파도는 부드럽고 흐르는 소재로 만들어졌다. 침대 기둥에는 종종 지하 세계의 괴물과 관련된 조각이 새겨져 있었지만, 시체를 다시 살리는 영혼인 천사도 있어야만 했다..."(*Der Sinn im Gegenstand*, München, 1923; and *Der Grabbau*, Munich, 1923, 43 and ff.).

22 어머니 상징으로서의 도시(town)에 대해서는 Rank, *Um Städte werben*, 1911을 참조하라. 로마의 일곱 언덕은 암컷 늑대의 젖꼭지에 해당한다.

23 *Burg*(요새)는 *Berg*(산)에서, *verbergen*(숨기다)에서 파생되었는데, 본래 *Fluchtburg*(피난처)를 의미한다 (Lorenz, p.87)

24 *Totem and Taboo. Group Psychology and the Analysis of the Ego*. 1921.

역사와 연결된다. 말하자면, 초기 원시 집단이 공유했던 원시 어머니를 나중에 사회 공동체 속에서 금지하고 포기하게 된 경험과 이어져 있다는 것이다.

프로이트가 말했듯이 원시 아버지는 어머니를 소유하는 데 성공한 아들들에 의해, 다시 말해 어머니에게 돌아가기를 원했던 아들들에 의해 살해당한다. 이러한 일은 원시 무리 안에서 "가장 강한 수컷," 즉 "아버지"에 의해 저지되었는데, 그는 외부의 적이자 (어머니에 관한) "두려움"의 대상이다. 그러나 포기의 이유는 ―원시의 광란적인 죽음 축제에서 알 수 있듯이― 모두가 어머니를 성적으로 소유(난잡한 성관계)하지만, 모두가 어머니에게 되돌아갈 수 있는 것은 아니기 때문이다. 이것이 바로 "영웅적 거짓말"heroic lie의 진정한 정신적 동기인데, 말하자면 신화와 동화에서는 단 한 사람만이 어머니와 원초적 행위를 수행할 수 있는데, 그 인물은 항상 그 뒤에 태어날 자가 없는 막내 아들이다.

이러한 심리적 동기에서 인류 발전에 지대한 의미를 지니는 남성 지배 국가가 형성된다. 왜냐하면 이제 한 개인이 아버지와 동일시하여 아버지의 자리를 차지하는 것이 사회적으로 필요하게 되었고, 이를 통해 접근 불가능한 어머니에 대한 금기ban를 돌파해야 했기 때문이다. 이 금기는 사회학적으로 소위 "모권"Mother Right[25]이라는 형태로 표현된다. 이렇게 해서 아버지의 권력이 수립되는데, 이때 어머니에 대한 두려움은 존경으로 완화되어 아버지의 자리를 찬탈한 새로운 인물에게로 ―우두머리, 지도자, 왕 등― 전이된다. 그가 원시 범죄, 즉 살해당할 위험이 반복되지 않도록 보장받는 그의 보호와 특권은, 그가 어머니의 자리를 차지했기 때문이다. 다시 말해서, 어머니와의 부분적 동일시를 통해 그는 그녀에게 속했던 특권들을 넘겨받는다. 이른바 부권Father Right의 지

25 Bachofen, *Das Mutterecht*, 1861(두 번째 변경되지 않은 판본)

배체제에서 권리 또는 정의는 —상호(화해적) 보호, 사회적 관용, 타인에 대한 돌봄— 어머니 애착의 자연적 단계에서 비롯된다. 이는 한편으로는 어머니(자궁)가 제공하는 보호에 뿌리를 두고, 다른 한편으로는 궁극적으로 출생 외상으로 인한 어머니에 대한 두려움에서 기인한다. 따라서 통치자, 군주에 대한 독특한 양가감정이 설명된다. 그는 어머니를 표상하는 한에 있어서 사랑받고, 보호받으며, 금기시되는[26] 존재이다. 그러나 동시에 그는 어머니 가까이에 있던 원시적 원수를 대표하는 한에서는 미움받고, 고문당하며, 결국 살해되기도 한다. 통치자에게 부과되는 각종 제한이나 의례는 겉보기에는 그의 "권리"를 완전히 무효화하는 듯 보이지만, 사실은 그 자신을 다시금 원초적 쾌락의 상황으로 되돌려 놓으며, 심지어 그곳은 왕조차도 동반자 없이, 그리고 걸어서 가야만 하는 그 장소로 돌아간다.

이것은 특히 "태양 숭배"에서 명확하게 드러나는데, 그 중요성은 권력 있는 아버지와의 의식적인 동일시만으로는 결코 소진되지 않는다. 오히려, 그것은 출생에 관한 원초적 관념 속에서 더 깊숙한 무의식적 쾌락의 근원들을 지니고 있다. 매일 태양이 뜨고 지는 것이, 밤이 되면 어머니에게 돌아가는 갓 태어난 아이로 사유되었던 것이다(태양-아들). 이것은 태양과의 동일시 의식을 따르는 페루 통치자들의 삶에서 분명하게 표현된다. "잉카"(Inca: 태양의 아들—역자주)는 절대 걸어서 이동하지 않고, 항상 가마에 실려 이동한다. 그는 스스로 음식을 먹지 않고, 그의 아내들이 먹인다. 그는 하루 동안만 예복을 입고, 그 후 벗어둔 뒤, 6개월이 지나면 이 예복은 수거되어 불태워진다. 잉카는 같은 그릇에서 단 한 번만 음식을 먹고, 그가 쓰는 모든 것은 단 한 번만 사용한다... 따라서 잉카는 날마다 새로운 존재가 되며, 그는 여성들의 젖먹이로서 그들

---

26 원초적 금기는 여성 성기에 해당하며, 처음부터 양가감정(성스러운-저주받은)이 부여된다.

에 의해 먹여져야 하는 존재이다.[27] 잉카는 전적으로 덧없는 존재이며, 끊임없이 태어나는 상태에 있는 존재인데, 푸어만Fuhrmann은 이 상황을 정확히 요약하였다. 그러나 모든 통치자는 정도의 차이는 있지만 이와 비슷한 출생 의례를 치러야 한다. 뉴기니New Guinea의 사제-왕은 움직일 수 없으며, (기후 조건을 일정하게 유지하기 위해) 심지어 앉은 자세로 잠을 자야 한다. 옛날 일본에서는 미카도(Mikado, 일본 천황)는 매일 오전 몇 시간 동안 머리에 왕관을 쓰고 왕좌에 앉아 있어야 했다(오늘날 우리 아이들이 생각하는 "통치"는 실제로는 지상에서 전능성을 행사하는 뜻이다). 그러나 그는 손이나 발, 머리나 눈을 움직이지 않고 석상처럼 굳은 채로 있어야 하는데, 그렇지 않으면 나라에 재앙이 닥칠 것이라 믿어졌기 때문이다(Kämpfer, *History of Japan*).[28]

그러므로 왕은 본래 "아버지"가 아니라 아들이며, 더 정확히는 어린 아들, 말하지 못하는 아기*infans*, 미성년자, "폐하 아이"his majesty the child이며, 실제로는 어머니의 자비를 통해 통치한다.[29] 우리는 이러한 가장 초기의 사회 조직, 말하자면 "아직 걸음마 단계"에 있는 국가가 어떻게 형성되었는지를 암시한 바 있다. 여성(그녀의 성기)에 대한 초기의 높

---

27 Furhmann, *Reich der Inka*, Hagen, 1922, p.32 (*Kulturen der Erde*, vol. i.).

28 그러나 왕이나 신은 "조각상 처럼" 앉아 있는 것이 아니라, 조각상이 이 축복받은 부동의 상태를 영속화한다(예술에 관한 장 참조). 모든 머리덮개 중 가장 고귀한 *왕관*(crown)은 오늘날 우리의 모자와 마찬가지로 원래 배아 막(embryonal cau: 출산 시 태아를 감싸고 있는 양막 일부, 특히 아기의 머리에 덮여 있는 부분—역자주)으로 거슬러 올라가며, 꿈에서 이 왕관의 상실은 자아 일부로부터의 분리를 의미한다. 왕의 홀(sceptre)은 그 남근적 의미에 대해 의심의 여지가 없으며, 그것은 어머니 지배의 가장 원시적인 단계에서 기원한 것이다(페니스를 지닌 여성). 따라서 왕의 홀은 남성 통치자에게 본래 하나의 의미를 갖는데, 그것은 바로 이 대체물을 통해 그를 다시 남성으로 만들어주는 것이다. 왜냐하면 통치자는 과거 고대의 제사장들처럼 거세되었기 때문이다. 말하자면, 그는 어머니였다(오시리스의 상실된 남근을 이시스가 목재로 만들어 복원한 사례를 보라. Rank, *Die Matrone von Ephesus*, 1913).

29 아마도 카이저(Kaiser), 카이사르(Caesar)라는 이름은 "자르다"(to cut)라는 의미와 연결되어 있을 것이다. 이를테면, 잘려서 나온 자라는 뜻이다("재왕절개"[Caesarian] 수술, *Kaiserschnitt* ?).

은 평가는, 고대 여신 숭배에서 여전히 드러나며, 후대의 "모권" 속에 그 흔적을 남겼지만, 프로이트가 원시 무리에서 기원했다고 추적한 사회적 부권-조직으로 대체되어야만 했다. 더 이상 폭력적이지 않지만 엄격하고 정의로운 아버지, 어머니에게 돌아가고 싶은 "근친상간을 막는 장벽"으로서의 아버지가 다시 세워져야 했다. 이를 통해 그는 단지 다시 한번 자신의 원초적 생물학적 기능, 즉 아들들을 어머니로부터 단절하는 역할을 떠맡게 된다. 그런 다음 어머니에 대한 불안은 곧 왕에 대한 존경과, 그가 대표하는 자아(이상적)의 억제적 동기들(정의, 국가 등)에 전이된다. 그[왕]에 대한 아들들(시민들과 피지배자들)의 태도는 잘 알려진 오이디푸스적 리비도의 양면성에 기초한다. 여성이 그녀가 지녔던 본래의 높은 지위로부터 체계적으로 사회적 평가절하되는 것은, 마침내 아들이자 이제는 아버지가 된 자가 더 이상 견딜 수 없게 된, 그녀에 대한 유아적으로 의존하는 반동으로 귀결된다.[30]

이것이 바로 모든 강력하고 성공적인 정복자의 궁극적인 목표가 어머니[31]를 독점적으로 소유하는 이유이다(아버지 동일시). 그리고 남성 지배를 전복하려는 모든 혁명은 어머니에게로의 회귀 경향을 드러낸다. 그러나 아버지의 지배에 맞선 피비린내 나는 혁명들은 궁극적으로 여성에 의해 야기되고 가능해진 것이며, 그것은 전적으로 신화에서 말하는

---

30 "모계사회"의 생물학적 뿌리에 대해 매우 유익한 그림은 레오 프로베니우스(Leo Frobenius)가 출판한 *Das unbekannte Afrika* (Munich, 1923, p.23)에 실려 있다. 같은 책 41쪽에는 이 의미를 설명하는 그림이 실려 있는데 그것은 알제리 티오트(Tiot in Algeria)의 바위에 새겨진 그림으로, 사냥꾼이 *배꼽 줄(navel string)로 (기도하는) 어머니에게 묶여 있는 모습*을 보여준다.

31 L. Jekels, "Der Wendepunkt im Leben Napoleons I", Imago, iii., 1914; William Boven의 "Alexander der Grosse", *Imago*, viii., 1922을 참조하라.

또한 1789년 10월 26일에 다음과 같이 쓴 젊은 나폴레옹의 특징적인 고백에 주목해야 한다.

"아마도 나보다 더 마음이 약한 사람은 거의 없을 것이다. 군사 작전에 임할 때, 나는 마치 출산을 기다리는 소녀와 같다. 그러나 일단 내가 결단을 내리면, 성공에 기여할 것 외에는 모든 것을 잊는다."

"영웅적 거짓말"의 의미와도 부합한다. 프랑스 혁명이 보여주듯이, 군중의 분노를 불러일으킨 것은 왕이라기보다는 방탕한 왕비 —그녀는 전형적으로 아들과 근친상간을 저질렀다는 의심을 받은 존재이며— 그리고 정부들mistresses과 일반적으로 여성들의 지배 때문이었다. 이것이 바로 혁명 운동에서 여성들이 주도적인 위치를 차지하는 이유이다.[32] 여성은 자신의 성적 힘을 통해 공동체에 위협적인 존재가 되는데, 사회 구조는 이러한 두려움을 아버지에게 전치시키는 방식으로 유지한다. 왕이 백성들에게 죽임을 당하는 것은 그들이 자유를 얻기 위한 것이 아니라 오히려 더 무거운 멍에, 즉 어머니로부터 자신들을 보다 확실히 보호해 줄 더 무거운 멍에를 짊어지기 위함이었다[33]: *Le roi est mort, vive le roi* (왕은 죽었으나 왕권은 살리라).[34]

여성은 반사회적인 영향력을 지니고 있으며,[35] 이것이 그녀가 원시적 사회(사교 집회)에서뿐만 아니라, 고도로 발달한 문명 속의 사회적, 정치적 생활로부터 배제되는 심리적 이유를 제공한다.[36] 남성은 단지 의

32 Beate Rank, "Zur Rolle der Frau in der Entwicklung der menschlichen Gesellschaft"(Vienna Psychoanalytic Association, May, 1923 발표한 강연)을 보라.

33 바호펜은 로마법에 나오는 파리키디움(parricidium, 존속살해), 즉 왕이나 아버지를 살해하는 행위를 *pareo*-낳다(bear)라는 어근에서 유래한 것으로 설명한다. "Parricidium"이라는 단어 안에는 출생의 행위가 특히 강조되어 있다. 파리키디움은 원초적 어머니에 대해 그녀의 자손 중 누구든지 저지르는 극악무도한 범죄이다(이와 관련하여 A. J. Storfer, *Zur Sonderstelllung des Vatermordes. Eine rechtsgeschichtliche und völkerpsychologische Studie*, 1911 또한 참조하라).

34 Paul Federn, *Die Vaterlosegesellschaft. Zur Psychologie der Revolution*, 1919, 페더른은 인간은 아버지 없는 사회를 오래 유지할 수 없다는 결론에 도달한다.

35 나폴레옹 보나파르트(Napoleon Buonaparte)는 중위 시절, 사랑에 관한 대화편을 썼는데, 그 안에서 다음과 같이 말한다: "나는 *사랑은 사회에 해롭다*고 단언한다. 나는 사랑이 선보다 악을 더 많이 초래한다고 생각하며, 만일 하나님이 세상을 사랑으로부터 해방시켜 준다면, 그것은 하나의 축복일 것이라고 여긴다."

36 그의 귀중한 저서 "Die Pubertätsriten der Wilden"에서 라이크(Th. Reik)는 남성이 된다는 것이 출생의 상징적 반복, 어머니로부터의 분리를 통해 나타나는 반복임을 보여주었다(*Imago*, iv., 1915-16).

식적으로는 여성을 평가절하하지만, 무의식에서는 그녀를 두려워한다. 이러한 이유로 여성은 프랑스 혁명에서 이성의 여신으로 탈성애화 desexualized되고 이상화되었다. 고대 그리스에서 아테나Athene는 제우스Zeus의 머리에서 태어난 것으로 표현되었다. 자유는 여성적인 형태를 띠고 있으며, 궁극적으로는 모성적 감옥으로부터의 해방(바스티유 감옥의 습격)으로 귀결된다.

따라서 부권적 지배가 남성에 의해 관리되어 점점 더 강력한 국가 시스템으로 발전하는 것은 원초적 억압의[37] 연속이며, 그 목적은 출생 외상의 고통스러운 기억을 이유로 여성을 더욱 광범위하게 배제하려는 데 있다. 심지어 이것은 불확실한 부계 혈통*semper incertus*을 사회 전체의 법(이름, 상속 등)의 기초로 삼는 대가를 치르면서까지 이루어진 것이다.[38] 자신의 기원 속에서 여성이 담당하는 고통스러운 부분을 완전히 배제하려는 동일한 경향은, 예를 들어 성경의 창조 이야기에서와 같이

---

37 바호펜 외에도 빈터슈타인은 이러한 개념을 철학 체계의 형성에 대한 이해로써 이미 사용해 왔다(*Imago*, ii., 1913, pp.194 and 208).

38 본래의 맹세는 아버지의 고환(testes) 위에 두 손가락을 얹는 행위에 의해 맹세 되었는데, 이는 무의식에 있어 항상 거짓 맹세로 간주된다. 왜냐하면 무의식은 그 기원이 오직 어머니에게 있다는 것을 알고 있기 때문이다. 이는 대중적 맹세나 저주가 이미 충분히 증명해 주는데, 그러한 표현들은 모두 분명하고도 노골적으로 어머니의 몸을 가리키고 있다.

"오른쪽"(right)이라는 명칭은 신체의 한쪽, 곧 생리적으로 출생 외상과 덜 관련되어 있어 더 강한 쪽에서 유래되었다는 사실을 보여준다. 그리고 그것은 이러한 생물학적 사실이 인류 발달을 어떻게 결정하는가를 잘 보여준다. 왼쪽(left)은 출생 꿈에서 위험에 처한 쪽으로 자주 등장하고, 바호펜은 이것을 신화 전통에서 "모성"으로 규정한 바 있다. 인간의 해부학적 특성상 정상 분만은 왼쪽을 향한 자세로 이루어지므로, 왼쪽은 계통발생적으로 열등하게 간주 될 운명을 지녔다. 또한 스테켈(Stekel)이 언급했듯이, 오른쪽과 왼쪽(나쁜 의미)의 (윤리적) 상징은 출생 외상, 즉 자궁 내 상태에 뿌리를 두고 있다. 왼손잡이의 심리적 특이성(플리스[Fliess] 및 기타 연구자들)뿐 아니라, 페렌치의 히스테리성 반-마취(hemi-anaesthesia)의 설명인 "Erklärungsversuch einiger hysterischer Stigmata" (*Hysterie und Pathoneurosen*, 1919) 참조하라. 또한 유대인 신비주의에서는 왼쪽(여성적)은 밀어내고, 오른쪽(남성적)은 끌어당긴다는 개념이 있는데, 중국 신비주의에서도 유사한 개념이 있다(Langer, *Die Erotik der Kabbala*, Prague, 1923, p.125).

남자가 최초의 여자를 창조하는 모든 신화 속에 보존되어 있다.

더 나아가 다수의 *발견들*은 아버지의 권력을 영구적으로 확립하려는 목적을 가지고 있는 것처럼 보이며, 이는 앞서 언급한 문명의 창조물들이 어머니의 보호를 영구적으로 확장하려는 목적을 지닌 것과 같다. 우리가 말하고자 하는 것은 *도구와 무기*의 발명인데, 이 모든 것은 실제로 남성의 성기를 직접적으로 모방한 것이다. 문명 이전의 생물학적 발달 단계에서, 남성 성기는 유순한 여성적 물질(어머니) 속으로 강제로 침투하는 데 적합한 기관이었다.[39] 그러나 이것[성기의 기능]은 무의식을 충분히 만족시킬 수 없었고, 따라서 이러한 시도는 대체물질에 가해지게 되고 점차 정교한 수준에 이르렀다. 이는 잘 알려져 있듯 손, 발, 치아 등과 같은 자연적 도구를 개선한 새로운 도구를 통해 점점 더 완벽해졌다. 그러나 이러한 작업을 떠받치는 무의식적 원동력은 본질적으로 어머니 리비도, 말하자면 어머니 내부로 완전히 침투하려는 영원하고도 채워질 수 없는 경향에서 비롯된다. 이와 일치하는 놀라운 사실은, 페니스 자체는 원초적 두려움의 결과로, 손이나 발 등 다른 신체 부위로 전치된 것과[40] 같은 인공적인 "길이 연장"lengthening의 발전을 겪지 않았다는 점이다. 오히려 이러한 경향은 성기 자체에서 이탈하여 도구라는 대체물로 옮겨지고, 어머니 역시 물질materia로 대체된 것과 같은 방식이다. 이와 같이 마지못해 선택된 대체물(대지)은[41] 문화적 적응의 첫 번째 과업으로, 이제는 공격적 리비도의 원초적 대상인 여성으로부터 결정적이고

39 Fritz Giese, "Sexualvorbilder bei einfachen Erfindungen," *Imago*, iii., 1914.

40 성행위 그 자체에서 쾌락을 증대시키려는 풍습은, 원시 민족들의 관습(p.54, 각주 17)이 잘 보여주듯, 심리학적으로는 완전히 삼켜져 버릴지도 모른다는 두려움에서 스스로를 지키려는 일종의 "예방적 조치"의 "보존제"(preservative)로 간주할 수 있다.

41 페렌치의(아직 미출간된) 생명-분석학적 연구에 따르면, 대지 자체는 모든 생명체의 원초적 어머니를 대신하는 대체물로 보이며, 바닷물 또한 동일한 어머니 상징으로 작용한다.

순수하게 신체적인 이탈이 이루어진 것으로 보인다. 인간이 *직립 자세*를 취하고, 말하자면 그가 *땅에서부터 일어서게* 된 것은, 최근의 연구에서 도구의 발명과 연결지어 설명되는데,[42] 바로 여기에서 우리는 인간이 되어가는 과정의 결정적 단계를 볼 수 있다. 이를테면 여성 성기에서 벗어나, 그것을 대신하는 성기화된 외부 세계와의 적응으로 방향을 전환함으로써 출생 외상이 문화적으로 극복되는 과정이다. 그러나 이 이 외부 세계 또한 궁극적으로는 모성적 의미를 지니고 있다.

무기는 그 기원에 있어 도구 또는 기구들과 밀접한 관련이 있다. 원래 그것들은 동일한 것이었으며, 동시에 재료를 가공하는 데에도, 사냥(살해)에도 사용되었다고 추정할 수 있다. 사냥 자체는 다시, 어머니의 양분에 대한 대체물과 직접적으로 연결되며, 우리가 더 과거로 거슬러 올라갈수록 그 연결은 더욱 분명해진다. 죽인 동물의 따듯한 피를 마시는 것은 자궁 내에서의 양분 섭취를 직접적으로 이은 것이며, 날고기를 삼키는 것 역시 그러했다. 그 잔재들은 여전히 '삼키기 신화' 속에 남아 있는데, 거기서 영웅이 동물의 내부에 들어가 그 연한 부분을 먹는다. 최근 로하임Roheim이 그 모성적 의미에 대해 언급한 바와 같이, 동물의 살을 "함입"하는 행위는,[43] 토템적 아버지-희생의 단계에서 *자궁 내* 상태의 의미, 즉 먹힌 존재의 힘을 선물처럼 받는다는 의미로 해석되어야 한다. 이는 헤라클레스Heracles가 사자 가죽을 덮었을 때, 그는 단순히 수컷 동물(아버지)의 힘만 얻은 것이 아니라, 자궁 내에서 보호받는 아이의 무적성invulnerability까지 함께 얻은 것이었다(이와 관련하여 탯줄의 "보호" 하에 이루어지는 아프리카 사냥을 비교하라). 하지만 여기서 우리는 다

42 파울 알스베르크(Paul Alsberg)는 *Das Menschheitsrätsel*. Versuch einer prinzipiellen Lösung (1922)에서 인간 완성을 도구 사용의 결과, 더 정확히는 원래 손으로 돌을 던진 행위에서 시작된 결과라고 주장한다.

43 "Nach dem Tode des Urvaters." 1922년 9월 베를린에서 열린 학회에서 발표된 강연, *Imago*, ix., I, 1923.

음 사실을 상기해야 한다. 결국, 모든 자연적 위험이나 인간의 공격(무기를 사용한)으로부터의 보호 수단, 땅속의 굴이든, 속이 빈 나무든, 이동식 방패든, 전차든, 잠수함이든, 탱크이든, 궁극적으로는 어머니의 보호막으로의 도피를 의미한다는 것이다.[44] 따뜻한 짐승의 가죽(피부)은, 마찬가지로 인간이 추위로부터 자신을 보호하기 위해 사용한 최초의 보호 덮개였으며, 따라서 그것은 신화에 등장하는 동물의 따뜻한 몸속으로 기어들어 가는 행위의 실제 대응물이다.[45] 나중에 동물을 제물로 바치는 제의적 희생이 갖는 양가성의 일부는 "희생"이라는 단어 자체에 이미 내포되어 있으며, 그것은 이러한 모성적 리비도의 의미에서 설명될 수 있다. 이 원초적 상황의 부분적 실현이 어머니를 죽이는 행위(사디즘)와 불가피하게 결부되어 있다는 점에서 슬픔regret으로 표현된다. 어머니의 살해는 이후에 장엄한 토테미즘적 희생, 원초적 아버지의 희생적 죽음으로 대체되며, 이는 앞서 언급한 모성적 리비도 대상이 부성적 자아 이상으로 대체한 것과 완전히 동일한 의미를 지닌다.

이 과도기의 모습은 멕시코의 위대한 봄 축제 오치파니즈틀리(Ochaniztil, 쓸어내기를 뜻함)에서 매우 아름답게 드러난다. 이 축제에서는 여신

44 이것은 고전적 전통에서 보이는데, 그 전통에 따르면 페르시아 여성들은 남편과 아들들이 메디아인들(Medes)을 피해 공포에 질려 도망칠 때, 그 앞에서 수치를 드러내 보임으로써[성기를 노출하여] 그들의 도망을 막았다; *rogantes num in uteros matrium vel uxorum velint refugere* (플루타르코스[Plutarch], *De virt. mulierum*, 5).

45 새로 죽인 동물의 따뜻한 가죽으로 몸을 감싸는 것은 오늘날에도 일부 민족들 사이에서 치료 수단으로 여전히 사용되는데, 이것은 그 행위가 출생 이전의 상태를 재현하기 때문이다. 태아를 둘러싸고 있는 양막은 엠페도클레스(Empedocles)에 의해 "양가죽"이라는 이름으로 불린 바 있다(Schultz, *Dokumente der Gonsis*, 1910년, pp.22 and 128 참조).

동물의 가죽 등 동물성 소재로 만든 옷은 오늘날에도 여전히 널리 사용되는데, 한편으로는(출생 시 경험했던) 추위로부터 신체를 보호하는 역할을 하고, 다른 한편으로는 어머니의 따뜻한 몸으로의 부분적 회귀를 통해 리비도 만족을 제공하는 것으로 드러난다.

틀라소틀테오틀Tlazoteotl[46]을 상징하는 여인이 목이 잘려 희생되었다. "그런 다음 *희생 제물의 피부가 벗겨졌다. 이 피부로 사제는 자신을 덮었고, 이후로 이어지는 의식들 속에서 그는 그 여신을 대표하게 되었다.* 희생 제물의 넓적다리 피부로부터 허벅지 가면Schenkelmaske이 만들어졌고, 여신의 아들이자 옥수수의 신 *신트코틀Cintcotl*이 그 가면을 쓰게 되었다"(Danzel, *Mexico*, i., p.43). 이 이상한 풍습은 또한 탄생(옥수수 신의 탄생)을 나타내는 것으로, 여신의 형상 위에 표현된 *다리를 벌린 자세*는 바로 그것을 상징한다(이는 아들의 머리에 씌어진 허벅지 가면과 연관된 것으로 보인다). 더욱이, 어머니(여신)의 희생에서 아버지(사제)의 희생으로의 전환은 아들을 매개로 해서 이루어진다는 사실이 분명하다. 말하자면, *아들은 이 희생 과정속에서 다시 어머니 안으로 들어간다.* 인간 희생 제물의 원형적 형태는 멕시코의 제의에서 가장 순수한 형태로 보존되어 있으며, 희생된 자가 곧 다시 어머니 안으로 되돌려 보내지는 자와 동일하다는 사실, 그리고 그 희생 행위 자체는 출생의 과정을 무효화하기 위해 수행되었다는 사실은 의심의 여지가 없다.[47] "포로를 제물로 바친다는 사고는 멕시코인들의 관념을 지배한 나머지, 심지어 아이의 출생조차도 포로를 사로잡는 행위에 비유되었다. 아이를 낳은 여자는 포로를 사로잡은 전사이고, 출산 중에 죽은 여자는 적의 손에 넘어가 희생 제단 위에서 죽임을 당한 전사로 여겨졌다"(Danzel, *Mexico*, I., p.29).[48] 따라서 우리는 톡스카틀Toxcatl 축제에서 한 소년의 희생 제물을 발견하게 되는데,

---

46 틀라소틀테오틀(Tlazoteotl)은 아즈텍 신화의 '죄와 정화의 여신'으로 인간의 성적 욕망과 죄책감을 동시에 대표하면서 그것을 정화하는 기능까지 담당하는 상징적 인물이다—역자주.

47 멕시코의 상형문자 그림에서 제물로 바쳐진 자는 *팔다리를 오므리고 머리를 아래로 떨어뜨린* 붕괴하는 인물로 표현된다(Danzel, *Mexico*, vol. i.).

48 이 개념은 정신분석학적으로 엘리스 발린트(Alice Balint)가 설명하였다. "Die mexikanische Kriegshieroglyphe *atltlacjomolli*" (*Imago*, ix., 4, 1923).

그는 1년 동안 신god으로 숭배받았으며, 그 신의 대리자로서 제물로 바쳐져야 하는 존재이다. 이 1년은 앞서 언급한 태아기의 260일과 일치하는 것으로, 이 기간에 그 소년은 여덟 명의 시종들에게 끊임없이 둘러싸여 있으며, 마지막 20일 동안에는 아홉 번째 동반자로 한 소녀가 더해졌다(Fuhrmann, *Mexico*, iii., p.15).

우리는 "상징주의"를 현실에 대한 적응의 가장 중요한 수단으로 이해했다고 생각한다. 문명과 기술적 지식이 끊임없이 증진하려 애쓰는 모든 "편안함"comfort은, 소위 발전이라는 이름으로 점차 멀어져 간 원초적 목표를 내구성 있는 대체물들로 치환하려는 시도일 뿐이라는 것이다. 이러한 사실로부터 상징의 특이한 성격이 설명되며, 인간들이 상징에 대해 보이는 특이한 반응들 역시 이해될 수 있다. 즉, 인간은 특정 관계에서는 상징을 쉽게 인식하지만, 다른 관계에서는 상징에 대해 분노하며 외면하기도 한다. 실제로 인간이 창조한 현실 세계 자체는, 끊임없이 새롭게 갱신되는 상징 형성의 연쇄임이 입증되었다. 이러한 상징 형성은 잃어버린 원초적 실재를 단지 가능한 한 충실하게 모방한 대체물로 나타낼 뿐만 아니라, 동시에 그와 연관된 원초적 외상을 우리에게 되노톡 상기시키지 않으려는 기능도 함께 지닌다. 이것은 무엇보다도 "체펠린 비행선"Zeppelin과 같은 현대의 발명품이 어떻게 무의식적 상징으로 기능할 수 있는지를 설명한다. 왜냐하면, 그것은 *무의식적* 원형에 따라 형성되었기 때문에, 무의식은 그 안에서 '자기 자신'을 알아보기 때문이다. 따라서 모든 실용적 발명은 궁극적으로 생산적 리비도의 만족을 향해 외적 저항을 줄이고, 가능한 한 원초적인 상태에 최대한 가깝게 접근하려는 시도에 불과하다. 이에 대한 분석은 발명에 대한 광기mania를 연구한 키엘홀츠Kielholz의 흥미로운 연구에서 보여진다.[49] 그의 몇몇 사

49 "Zur Genese und Dynamik des Erfinderwahns." 1922년 베를린 회의에서 한 강연.

례들에서는, 환자가 영원히 움직이는 기계나 원의 정사각형화를 발견하려는 집착을 보일 때, 이는 사실상 어머니의 자궁 속에서 영구적으로 거주하고 거기에 적응하려는 문제를 해결하고자 하는 것이 분명하다. 다른 사례들, 예컨대 전기적 발명품들(따뜻하면서도 눈에 보이지 않는 전류가 흐르는 장치 등)의 경우에도, 환자의 망상을 자세히 연구하면 그것들이 출생 외상에 대한 반작용으로서의 의미가 명확히 드러날 것이다.[50]

우리는 이로써 "상징 형성"을 본질적으로 *인간적인* 최초의 현상으로 확인했다. 이것은 인간을 동물과 구분 짓는 특징을 가능하게 한다. 말하자면, 인간은 기린이 먹이를 얻기 위해 자기 몸을 늘려 쓰듯이 자기 몸을 변형시키는 자가형성autoplastic[51] 대신, 외부 세계를 자신의 무의식의 정확한 복제품으로 변화시키거나 형태화시키는 타자형성alloplastic을 수행한다. 그러나 여기서 여전히 고려해야 할 것이 남아 있는데, 그것은 말하기와 그 발달이다. 말하기는 인간이 직립 자세와 함께 동물로부터 근본적으로 구별되는 지적 표현 수단이기 때문이다. 분석의 주목할 만한 발견은 한편으로는, 상징은 소리 없는 보편 언어로서[52] 언어의 경계를 훨씬 넘어서는 유사성을 지닌다는 점이다. 다른 한편으로는, 직접적인 영향이 배제된 것처럼 보이는 민족들 사이에서도 혼란스러울 정도의 음성적 유사음이 발견된다는 점이다. 이러한 발견은 "상징"을 단순히 언어 형성의 부산물로 이해하는 것이 아니라, 오히려 언어 형성 자체

50 정신분열증 환자들이 말하는 "전류"(electric current)가 아마도 신생아가 처음으로 경험하는 신경 및 근육 기능의 감각을 나타내는 것일지도 모른다는 타우스크(Tausk)의 추측을 참조하라(*l.c.*, p.28, note).

51 페렌치는 "Hysterische Materialisationsphänomene" (*Hysterie und Pathoneurosen*, 1919, p.24)에서 "히스테리 속에는 상징이 정신 내에서 형성되는 유기적 토대의 일부가 드러난다"라고 서술한다(p.29).

52 심지어 셸링(Schelling)조차도 그의 젊은 시절 저작에서, "세계의 가장 오래된 언어는 오직 개념을 지시하는 감각적 표상만을 가지고 있었다"고 강조했다. Hans Apfelbach, *Das Denkgefühl. Eine Entersuchung über den emotionellen Charakter der Denkprozesse*, Wien, 1922을 참조하라.

가 원초적 상징의 지속적인 발달임을 이해할 때 비로소 명료해진다. 태아 발육 과정을 거치는 동물들의 꿈은 자궁 속 상황을 재현하는 것으로 추정할 수 있지만, 인간에게 특징적인 언어적 표현 수단은 빠져 있다. 인간이 어떻게 이 능력에 도달했는가는, 고위 중추 기관higher centres과 그 기능들의 계통발생적 발달과 연결되어 있다. 그러나 개체 발달의 특징 단계들에 있어서, 동물의 소리 기원과 기능은 인간 언어의 명확한 원초적 단계와 아주 밀접한 평행관계를 보여준다. 출생 직후의 첫 반응은 울음이다. 이 울음은 호흡 곤란을 격렬하게 해소함으로써 일정한 수준의 불안을 완화시키는 것으로 추정된다.[53] 동일한 울음소리는 이후 어머니에 대한 욕망으로 반복된다. 그리고 유아가 젖을 먹으며 연습하는 입술의 형성은 소원 모티프wish motive로 작용하여 보편적 인간 음절 'ma'의 형성으로 이어진다.[54] 이로써 우리는 상징에서 소리가 *발생하는 과정*[55]을 이해할 수 있다. 왜냐하면 젖을 빨기 위한 입술의 형성은, 말하자면 자가형성적 시도를 통해 어머니를 최초로 대체하는 것이기 때문이다. 만일 젖을 빠는 입술 형성을 일으키는 욕망이 충족되지 않으면, 어머니와의 분리를 최초로 알렸던 그 고통스러운 불안의 울음이 다시 분출된다. 또한 이 개념은 성적 유인 신호sexual alluring call 이론과도 잘 들어맞는다. 말하자면, 성적 차원에서 들려지는 유혹의 부름은 단지 대상과의 재결합에 대한 욕망을 반복하는 것에 불과하다. 언어와 말의 형성은 발달하면서 점차 성적인 성격을 띠게 되며, 그 후기 단계에서도 여전히 원

53 강제된 울음으로부터 직접적인 경로가 성대 형성과 노래로 이어진다는 점은 프파이퍼(Pfeifer)의 계통발생 이론에 따라 입증된다(강연: 베를린, 1922년 9월). 분석적 결론들에 따르면, 음악으로 가는 길은 출생 외상으로부터가 아니라 자궁 내 상황으로부터 직접적으로 갈라져 나오는 것으로 보인다.

54 S. Spielrein, "Die Entstehung der kindlichen Worte Papa und Mama", *Imago*, viii., 1922을 참조하라.

55 미국 행동주의 학파는 언어가 최초로 후두(larynx)에서 형태적으로 형성되었다고 주장한다.

초적 상징성이 상당 부분 살아남아 작동하는 것이 드러난다.[56] 마찬가지로, 단어를 대신하는 다음 단계인 글쓰기 그리고 그 전 단계인 그림(상형문자)에서 여전히 상징은 중요한 부분을 차지한다. 예술가는 이러한 상징을 재발견하고 자신만의 특별한 방식으로 재현함으로써 미적aesthetic 즐거움을 위한 도구로 활용한다. 언어 장애(말더듬과-말막힘)의 분석에서 나타나는 고통스러운 불안 효과들은, 신조어와 정신질환자의 말 왜곡 현상과 마찬가지로, 다시 원초적 상징 의미로의 퇴행을 보여준다.[57]

따라서 우리는 인간 창조의 전체 순환을, 야간의 소원-꿈으로부터 현실 적응에 이르기까지, 원초적 상황을 물질화하려는 시도, 즉 원초적 외상을 무효화하려는 시도로서 살펴보았다. 이러한 고찰로부터 문명 발달의 진보란 사실상 어머니에게서 강제로 분리된 상태에 적응하려는 본능적 경향, 즉 그녀에게 회귀하려는 본능적 경향에 대한 끊임없이 반복되는 시도로 입증되었다. 이제 문화 발전의 궤적을 따라가면서, 우리는 "자연으로 돌아가자!"Back to Nature라는 구호에 담긴 원초적 외상에 대한 분명한 접근 방식을 추적할 것이다. 그러나 인간과 자연의 관계를 더 자세히 들여다보면, 그것은 단지 보다 명백한 형태의 의인화된 동화assimilation임을 알게 된다. 다시 말해, 우주적인 모든 것을 인간의 무의식적 의미로 지각하여, 문화가 재현하고자 했던 것과 똑같은 방식으로 이해하는 것이다. 신화 속에서 우리는 아마도 가장 원시적인 적응의 가장 숭고한 보존을 계통발생학적 의미에서도. 개체발생학적 의미에서도 보게 된다. 왜냐하면. 신생아는 자신에게 가장 가까운 외부 세계의 일부분이, 그리고 궁극적으로는 세계 전체가 즉각적으로 어머니의 대체물로

56 Hans Sperber, "Über den Einfluss sexueller Momente auf Entstehung und Entwicklung der Sprache," *Imago*, i., 1912. 그리고 Berny, "Zur Hypothese des sexuellen Ursprungs der Sprache," *Imago*, ii., 1913을 참조하라.

57 Freud, "The Unconscious," 1915, *Coll. Papers*, vol. iv., p.129 ff. 참조.

전환되지 않는다면 살아남을 수 없기 때문이다. 그 대체물이 산파의 손이든, 따듯한 물이든 혹은 이후의 포대기나, 침대, 방 등이든 말이다. 계통발생학적 대응물은 신화 속에 나타나는데, 처음에는 만질 수 있는 대기가, 그리고 나중에는 도달할 수 없다는 이유로 하늘이, 보호하는 어머니의 덮개로 등장한다. 지상 이전에는, 자궁 내 생명체와 동화되어 물이 최초의 모성의 원초적 원천을 상징했으며, 이러한 의미는 또한 태양에게 따뜻함의 원천으로 부여되었고, 지금까지도 불의 "상징" 속에 살아있다. 산과 그 속의 동굴과 움푹 팬 곳, 그리고 숲(머리카락)은, 특히 보호의 성격을 강조하면서, 거대한 원초적 어머니로 간주되었다. 이러한 모든 주어진 대체물의 불충분함에 대한 인식이 깊어지면서, 우리는 보다 적절한 문화적 형성물을 실제로 창조하게 된다. 그러나 이마저도 불충분할 경우, 우리는 현실적인 유토피아 또는 이상적 욕망의 땅과 같은 낙원과 내세와 같은 소박한 보상적 환상이 다시 형성된다는 것을 볼 수 있다.

그렇다면 인간의 창조물, 즉 가장 좁은 의미에서 넓은 의미까지의 문명에 관해서는, 생물학적 본능에서부터 사회적 의식 행위에 이르기까지 현실에 대한 적응과 보충적인 환상으로 구성된다. 그리고 이것은 *현실을 무의식에 맞추어 조정하는 것이라는 관점에서 볼 때, 인간 발달의 진정한 원리로 간주될 수 있다.*[58] 인간 태아기의 오랜 기간에 걸쳐 형성된 "상징-고리" 안에 자연이 흡수되는 것과 관련하여, 우리는 인간만이 이러한 타고난 원시적 형태 아래 "자연"을 포섭할 수 있는 위치에 있는 신화적 투사의 메커니즘을 다루어야 한다. 이러한 관점에서 우리는 세계-창조와 "세계-부모" 신화들을 설명할 수 있으며, 이 신화들은 우주

58 번(Burn)은 생물학적 초기 단계를 동물 세계에서 보여주며 이를 설명하였다("Selektionstheorie und Lustprinzip," *Internat. Zschr. f. Ps.A.*, ix., 2, 1923). 페렌치는 이에 대한 초기적 진술을 다음에서 제시하였다("Hysterische Materialisationsphänomene," 1919, p.31).

적 동화assimilation의 과정에서 출생 외상을 "취소하고," 어머니와의 분리를 부정하려는 가장 숭고한 시도들을 보존해 온 것이다.[59] 이러한 단절에 대한 최초의 의식적 인식은, 철학적 사유가 "동일성"의 문제에서 자신을 소진한 후, 자아Ego와 비-자아non-Ego의 구분을 통해서 이루어진 인식론적 철학 이론에 의해 이루어졌다. 그리고 이 동일성의 문제는 최종적으로는 어머니와 아이의 생리적 관계 속에 숨겨져 있음을 밝혀낸 것이다.

59 이와 유사하게, 세계 종말에 대한 환상과 신화들(슈레버에 따르면)은, 가장 급진적인 "분리" 속에서 가장 내적인 재결합, 즉 (전체 속으로의 흡수)를 성취하려는 것이다. 새로운 세계를 시작하는 대홍수(The Flood)는 다름 아닌 출생 외상에 대한 "보편적" 반응일 뿐이며, 이는 대지나 바다의 기원에 관한 신화들이 보여주는 것과 같다. 나아가 여기에는 새로운 세계 시대의 전통을 이해하는 데 있어 핵심이 되는 열쇠가 존재하는 듯하다. 나{랑크}는 이에 대해서는 다른 곳에서 다룰 것이다.

영웅적 보상

HEROIC COMPENSATION

6

우리가 새롭게 획득한 관점에서 신화에 관한 정신분석학적 탐구를 회고해 볼 때, 우리는 출생 외상의 중요성을 처음으로 인식하게 된 것이, 신경증이나 정신증의 사례에서보다 소재 자체가 더 보편적인 언어를 구사하는 바로 이 신화의 영역에서였음을 알게 된다. 이미 프로이트가 예리하게 관찰하여 신화 형성의 핵심으로 간주했던 『영웅의 탄생』만 하더라도, 우리가 당시의 분석적 경험을 공유하고 있었다면, 이 문제에 대해 충분한 해명을 제공할 수 있었을 것이다. 왜냐하면 그러한 경험은 이른바 "동화"에 더 큰 가치를 부여하도록 이끌었을 것이며, 프로이트의 지침에[1] 따라 이러한 투사 현상들을 심리학으로 재-번역하는 작업으로 이어졌을 것이기 때문이다. 대신, 원초적 외상의 인식에 지나치게 명확히 접근하려는 시도에 대해 인간이 보이는 보편적인 억압 경향 때문에 이 최초의 명료한 통찰은 증발하고 말았다. 결과적으로 그것[통찰]은 융의 상향적이며 윤리적인 신화 해석으로 이어졌다.

널리 알려진 바와 같이, 영웅의 탄생 신화는 아이가 보호받는 자궁(작은 상자) 안에 있는 상황에서 시작하는데, 아이는 바로 그곳에서부터 이미 아버지에게 박해를 받는다. 이 아버지는 —원초적 소망 성취라는 의미에서— 아이가 세상에 태어나는 것 자체를 원치 않는 존재이다. 영웅의 남은 운명이란 다름 아닌 이 상황을 극복해 나가는 과정이라 하겠

1 *The Psychopathology of Everyday Life* (마지막 장)을 보라.

다. 그것은 유달리 가혹한 출생 외상에 대한 반응이며, 이 외상은 과잉-보상적인 성취를 통해 반드시 극복되어야만 한다. 그리고 이러한 성취들 가운데 가장 두드러지는 것은 단연 어머니를 되찾는 일이다.

영웅의 업적이라 불리는 이러한 성취들은, 신화에서 신경증 및 무의식의 다른 모든 창조물에서와 정확히 같은 방식으로, 어머니 속에 있는 원초적 상황을 다시 쟁취하기 위한 목적으로 사용된다. 그 결과로써, 아버지는 맞서 싸워야 할 저항의 주된 대상이 된다. 우리가 신경증 환자를 출생 외상에서 비롯된 불안의 근원적 정동을 온전히 극복해 내지 못하는 인간으로 인식했듯이, 영웅은 불안으로부터 자유로운 듯 보이며, 표면상 너무도 혹독했던 출생 외상을 자신의 행위를 통해 보상적으로 반복함으로써 극복하고자 하는 유형으로 표상된다. 그리고 후에 형성된 (유년기의) 소망 환상들 속에서 영웅은 규칙적으로 어머니의 자궁에서 절개되어 나온 존재, 처음부터 불안의 외상을 면제받은 존재로 그려진다. 반면, 영웅 탄생 신화의 이 주제는, 영웅이 보호받는 자궁을 떠나는 것이 처음에는 얼마나 어려웠는지를 보여준다. 왜냐하면, 그는 대담한 개혁과 정복의 가면 뒤에서 끊임없이 그곳으로 다시 돌아가려 애쓰기 때문이다. 영웅의 *무적성*invulnerability이라는 주제 또한 일종의 영구적인 자궁으로 설명될 수 있는데, 이것은 영웅이 갑옷, 단단한 피부, 혹은 투구(마법의 두건)[2]와 같은 형태로 세상에 가지고 나온다. 그러나 예를 들어 아킬레스의 발꿈치Achilles' heel와 같이 단 하나의 치명적인 약점을 통해, 영웅조차도 한때는 순전히 육체적으로 어머니에게 얼마나 강하게 결속

---

2 위험에 처한 트로이 영웅들을 보호하기 위해 아테네(Athene)가 드리우는 "구름"이나 "안개"도 여기에 속한다. 때때로 영웅은 완전한 갑옷을 입은 채 태어나기도 하는데, 예를 들어 아즈텍(Aztec)족의 부족 영웅인 우이칠로포치틀리(Uitzilopochtli)가 그렇다.

되어 있었는지를 여전히 보여주고 있다.[3]

그런 까닭에, 어머니에게로의 회귀와 출생 외상(물에 잠기는 행위)을 동시에 표상하는 유기 모티프motive는, 원시적 상황을 환상 속에서 재현함으로써 어머니로부터 덜 고통스러운 두 번째 단절을 시도하는 것이다. 다른 한편, 융이 재탄생의 상징으로 해석하는 두 어머니 모티프는, 그들을 어머니와 유모(동물에게서 젖을 먹는)로 묘사하는 것에서부터, 젖떼기라는 두 번째 외상을 직접적으로 가리킨다. 그러므로 신화의 기저에는, 신경증에서와 마찬가지로, 경험된 두 번의 원초적 외상에 관한 진정한 기억흔적이 자리하고 있다. 이는 헤라클레스 신화를 간략히 살펴봄으로써 예증될 수 있다. 그 신화는 *헤라클레스의 탄생이 얼마나 어려웠는지*를 명시적으로 전한다. 또한 그가 젖먹이 시절 어머니로부터 유기되었을 때, 말하자면 자궁에서 추방되었을 때, 어머니 여신 헤라Hera 자신이 그를 품어 젖을 물렸다고 상세히 묘사된다. 그러나 (그 후의 전승에 따르면) 그 힘센 아이는 그녀에게 너무나 큰 고통을 안겨주었고, 그녀는 분노에 차 아이를 땅에 내던졌다.[4] 임상 분석에서조차 이보다 더 명료한 최초의 외상들에 대한 회상을 기대하기는 어려울 것이다. 물론 신경증적 재현의 형태가 아니라면 말이다. 하지만 영웅의 경우, 그러한 재생산은 영웅적 과잉 보상 속에서 업적으로 드러난다.

---

3 "보호된" 머리(두건, 왕관)는 자궁에서 가장 먼저 나오지만, 마지막에 나오는 발(feet)은 대부분 약한 부분이 된다. 오이디푸스의 부어오른 발은 아킬레스의 발꿈치와 더불어, 자궁에서 마지막으로 나올 때 실제로 어머니의 성기를 접촉한 신체 부위가 문제가 되고 있음을 보여준다. 또한, 이 약점이 나중에 어떻게 "상징적인" 자신의 성기를 표상하는 것으로 될 수 있는지를 설명해 준다(발 = 페니스, 거세 공포).

또한 아들러의 기관 열등감과 그 과잉-보상 이론(아킬레스가 "빠른 발을 가진 자"로 불리는 것)도, 저자가 이를 발생학적 유전으로 입증하려 했음에도 불구하고, 개별적으로는 출생 외상에 대한 반응에 뿌리를 두고 있는 것으로 보인다.

4 이러한 종류의 전승은 『영웅의 탄생』에서도 인용된 바 있다. 또한 아이올리스계 이주자들(Æolian emigrants)의 후일 영웅인 아킬레스(Achilles) 역시, 그의 이름 속에 젖떼기 외상의 흔적을 간직하고 있다. 그는 입술-없는 자(*acheilos*)라 불리는데, 이는 어머니가 그를 불사신의 존재로 만들기 위해 불 속에 넣었을 때, 그의 입술을 태워 버렸기 때문이다.

원초적 외상에 대한 전형적인 반응은 영웅 형성에서 신화적 보상의 흔적이 각인된 것보다, 오히려 아이들의 동화 속에서 더 순진하게 드러난다. 특히 동화에서는 주인공이 아직 어린아이로서 일종의 수동적 영웅으로 묘사되는 경우가 많다. 이미 정신분석적으로 가치가 입증된 "빨간 망토"Little Red Riding Hood라는 출생 동화가 대표적이다. 이 이야기에서는 늑대의 뱃속에서 잘려 나오는 아이의 질식asphyxia과 머리로 몰리는 피(빨간 망토)까지도 잊지 않고 묘사한다(이와 유사한 이야기로 "일곱 마리 새끼 염소" 등도 있다).[5] 여기서 한 가지 더 언급할 만한 동화는 헨젤과 그레텔로, 출생 주제를 가장 명확하게 표상하는 예라 할 수 있다. 이 이야기 역시 아이들을 삼키는 사악한 원초적 어머니(마녀)를 동물로 묘사하고 있으며, 출생 이후 신체적 결핍(배고픔)[6]이라는 상황이 자궁과 그 무한한 음식 공급이라는 새로운 표상들로 지속적으로 대체되는 과정을 보여준다. 이를테면, 유토피아적 모티프인 먹을 수 있는 집, 풍족하게 먹을 수 있지만 결국 탈출해야만 하는 우리cage, 그러나 다시금 돌아가야만 하는 뜨거운 화덕 등이 그러한 상징적 대체물이다.[7]

---

5 Rank, *Psychoanalytische Beiträge zur Mythenforschung*, 2nd edition, p.67을 보라.

6 여기에서 나[랑크]는, 이른바 *빙하기*(Ice Age)라는 원초적 외상이, 대홍수 신화로 표상될 수 있으며, 그것이 *개인*의 원초적 발생론적 외상과 어떤 밀접한 유사성과 해석 가능성을 지니는지를 두고, 일단은 열린 질문으로 남겨두고자 한다. 무의식은 여전히 온도 변화의 급격함, 즉 따뜻함과 차가움의 대립을 출생 외상의 전형적 재현으로 인식하고 있으며, 이는 꿈에서뿐 아니라 특정 신경증 환자에게서 나타나는 혈관 운동성 장애에서도 재현된다. 오한, 얼굴의 화끈거림 등이 그 예이다. 어찌 되었든, 이러한 개인의 체험은 우리가 빙하기에 관한 *관념*에 일정한 영향을 미친 것으로 보이며, 이 빙하기에 대한 과학적 개념 자체는 지금까지도 확증된 바 없다. 아마도 실제로는 한 번의 빙하기가 아니라, 여러 차례에 걸쳐 서서히 진행된 냉각기가 존재했을 것이며, 그것은 개인이 직접 인식할 수 있는 종류의 사건은 아니었을 것이다. 그러나 페렌치의 재앙에 관한 생물분석학 이론에 따르면, 이 두 개념은 계통발생의 토대 위에서 통합될 수 있다.

푸어만은 동화가 본래 겨울 이야기였다고 지적한다. 즉, 동화는 길고 어두운 겨울 동안 위안을 주기 위해 오직 겨울에만 이야기되었다(*Das Tier in der Religion*, Munich, 1912, p.53). 그는 또한 덴마크의 린드부름 왕(King Lindwurm [용]) 전설을 출생의 상징으로 해석한 부분(p.51 ff)도 언급한다.

7 푸어만이 최근에 제시한, 빵과 굽기에 담긴 잘 알려진 출생 상징도 이에 속한다(*Der Sinn im Gegenstand*, p.6을 보라).

두 번째 유형의 동화는 더는 아동이 출생 외상에 직접적으로 반응하는 모습을 보여주지 않는다. 대신, 성숙한 청년이 애정 생활 속에서 경험하는 갈등을 중심으로 전개된다. 순결한 처녀를 구출하고 그녀를 얻기 위해 모든 형제 경쟁자들과 맞서는 성공적인 동화 속 왕자[8]에 관한 대중 서사는, 우리 견해로는 성적 외상, 곧 원초적 리비도가 이성애에 반응하는 방식으로 이해되어야 한다.

탄생 신화에서 영웅이 어머니에 의해 구출되는 것은 —말하자면, 아버지에게서 멀리 떨어져 자궁 속에 숨겨진다[9]— 훗날 그가 사회적·윤리적 개혁자로서, 구세대의 아버지 세력을 상대로 진보적 문명을 실현하는 존재가 된다는 점을 보여준다.[10] 반면, 동화 속 왕자의 가족 로맨스는 악한 폭군의 지배로부터 어머니(혹은 딸로 대체된 여성 인물)를 구출하는 복수revenge의 모티프를 드러낸다. 그러나 전형적인 *구출 동화*는, 영웅이 어떻게 그런 일을 해낼 수 있었는지, 그리고 이 모든 무시무시한 모험을 두려움 없이 극복한 것이 궁극적으로 무엇을 의미하는지를 보여준다. 이 구출의 전형적인 세부 사항들은, *죽음의 잠*에 빠진 여인을 구출하는 행위가 실상 "영웅적 거짓말"을 통해 자신의 출생을 재평가하려는 시도임을 명확하게 드러낸다. 밖으로 나오는 것의 어려움과 위험은, 오히려 안으로 들어가거나 침투하는 어려움으로 대체된다. 예를 들어, 잠자는 숲속의 공주를 둘러싼 가시덤불, 브륀힐데Brunnhilde를 감싸는 불

8 나아가, 영웅 신화의 기저를 형성하고 동화 속에서 아주 순박하게 나타나는 가족 로맨스(Family Romance)는, 의식적으로는 자기를 고귀하게 만들고자 하는 경향을 띠고, 무의식적으로는 아버지에 대한 반감을 포함하지만, 궁극적으로는 자신의 출생을 무효로 하려는 의미를 내포하고 있다.

9 식인(cannibalism) 전설의 유형에 대한 분석 시도는 나의 논문 "Die Don Juan-Gestalt," (*Imago*, viii., 1922)에서 다루었다.

10 '도시의 창건자'로서 그는 원초적 물질적 보호의 상태를 새롭게 구체화하려는 시도를 한다. 지적 개혁자, 말하자면 정신적 영웅의 정신발생에서도 우리는 모든 전통과 관습으로부터의 해방에서 동일한 이탈 경향을 인식하며, 그러한 유형을 가장 분명하게 보여주는 인물로는 니체(Nietzsche)를 들 수 있다.

꽃, 미끄러운 유리산을 오르거나 닫히는 바위를 통과하는 일 등이 그것이다. 최종적으로 보호적 외피를 깨뜨리는 행위는 갑옷을 찢는 것, 관을 여는 것, 여주인공이 그 안에 갇혀 있는 듯 보이는 의복을 찢는 것으로 표현된다. 이러한 모든 행위가 명백히 처녀막 파열의 상징이기도 하다는 사실은, 성교 그 자체가 어머니에게로 돌아가는 과정을 쾌락적인 방식으로 재현하려는 시도임을 더욱 뚜렷이 보여준다. 따라서 처녀성이라는 생리학적 이상은 단순한 금욕의 상징이 아니라, 어머니 이상mother ideal의 직접적인 대체물임이 드러난다.[11] 동화를 이해하는 데 있어 중요한 사실은, 성기적 의미 이면에는 출생 의미 또한 함께 자리 잡고 있다는 점이다.[12] 이것은 출산이 지닌 쾌락과 고통의 이중성을 암시하며, 출생 외상에서 비롯된 불안을 어떻게 구원적 사랑을 통해 극복할 수 있는지를 보여준다. 결국 두려움 없는 영웅이 잠에 빠진 여성을 구출하는 이야기는,[13] 출생 불안의 부정을 그 토대로 한다. 이는 특히, 영웅이 처녀를 구출한 뒤 용을 죽인 후 스스로도 죽음과 같은 잠에 빠지고, 그 사이에 머리가 잘려 나갔다가 다시 거꾸로 붙여지는 이야기들 속에서 뚜렷하게 드러난다—이는 출생 상황의 상징이다.[14] 이처럼 죽음과 같은 잠은 최면, 경직 상태와 마찬가지로, 자궁 내 상태의 전형적인 세부로서 반복 재현을 의미한다.[15]

---

11 삽입 행위는, 그것이 밖으로 나오는 것의 어려움을 더 많이 상기시킬수록, 더 쾌락적이다. 반대로, 처녀성은 원초적 불안을 감소시키는데, 아직 아무도 그 안에 들어간 적이 없고, 따라서 '위협의 흔적'이 존재하지 않기 때문이다: 프로이트의 논문 "The Taboo of Virginity," *Coll. Papers*, vol. iv., 1918와 비교하라.

12 이러한 예로, '계통 발생적' 상징주의는 개구리 왕자라는 동화에서도 입증될 수 있을 것이다. 여기서 개구리는 단지 페니스만이 아니라 태아도 상징한다.

13 바빌로니아의 우주론에서, 세계는 괴물 티아마트(Tiamat)의 몸이 둘로 갈라지는 것으로부터 형성된다.

14 예를 들어, "오누이 모티프 동화"에서 그 예를 찾을 수 있다. 이에 대해서는 Rank, *Psychoanalytische Beiträge zur Mythenforschung*, 2nd edition, chap, vi., p.119 ff.를 보라.

15 여기에는 수면 중의 수정(성교)이라는 주제도 해당하며, 이는 종종 일화나 소설의 형태로 묘사된다.

이로써 왜 항상 막내가 형들보다 우선하여 영웅으로 등장해야만 하는지도 분명해진다. 어머니에 대한 그의 애착은 단순히 다정함과 응석이라는 심리적 동기 자체가 생물학적 기반을 갖추고 있다. 육체적으로 그는 마치 영구히 어머니와 연결된 상태로 남아 있는 셈인데, 왜냐하면 그 이후로는 아무도 어머니 안의 자리를 차지하지 않았기 때문이다(처녀성 모티브). 따라서 자궁으로의 회귀와 그곳에 머무르는 것이 실제로 가능한 유일한 존재는 막내이며, 이는 일종의 상급reward이 된다. 형들은 헛되이 그 자리를 차지하려 애쓰지만, 막내는 특유의 "어리석음"stupidity[16]에도 불구하고 그 자리를 위해 투쟁하고 끝내 지켜낸다. 그의 우월성은 바로 마지막에 태어났다는 사실, 말하자면 앞선 형제들을 밀어내고 그 자리를 차지한다는 점에 있다. 이 점에서 그는 오직 아버지와만 동일시할 수 있으며, 그 모티프 역시 동일하다.

동일한 유형의 구출 신화에 속하는 것이 바로 성서의 *낙원 전설* Legend of Paradise이다. 여기에서는 실제 사건의 정반대가 나타나는데, 말하자면 여자가 남자에게서 잘려 나오고, 남자는 "영웅처럼" 태어난다. 왜냐하면, 남자가 죽음과 같은 잠에 빠지기 때문이다.[17] 이후 이어지는 낙원에서의 추방은, 우리 모두에게 있어 도달 불가능한 축복된 원초 상

---

16 이러한 어리석음은 항상 성 경험이 없는 것으로 묘사되는데(예컨대 파르지팔[Parsifal]은 사랑하는 여인 곁에서 여러 날을 자면서도 그녀를 건드리지 않는다), 이는 리비도 만족의 원초적 상황에 상응하는 것으로 보인다. 이러한 구조는 프로베니우스(Frobenius)가 나일 지구의 하미트족(Hamites)에게서 들은 아프리카 민속 서사에서도 드러난다. 이들 이야기에서 왕의 아들은 공주와 함께 여러 달을 지내며 매일 밤 "다리를 서로 감고 껴안고," "지속적으로 입술을 빠는" 행동을 한다. 몇 달 후, 그들은 발각되었다. 왕자는 거의 죽음에 이르기까지 희생되고, 그 후에야 그의 신분이 밝혀진다. 결혼은 성대히 거행되고, 성혼 역시 이루어진다. 그리고 첫날밤, "그는 뚫리지 않은 홍합 껍데기와 침대 시트 위의 핏자국을 발견한다"(*Das Unbekannte Afrika*, p.77).

17 콧구멍에 숨을 불어넣는 행위는, 신생아가 겪는 동반적 호흡 곤란을 다시금 상기시키는 상징이다. 이후의 그리스 철학과 신약 성경의 프뉴마(*pneuma*: 숨, 호흡, 영, 생명, 성령 등의 의미-역자주) 교리는 바로 이 지점에서 그 기원을 찾을 수 있다.

태의 상징이 되었으며, 이는 다시금 고통스러운 출산의 반복, 아버지에 의해 어머니로부터 분리되는 경험을 반복적으로 재현한다. 이때 남녀 모두 동일하게 그 분리를 겪게 된다. 원죄original sin 이후 내려진 "너는 고통 중에 자식을 낳을 것이다"라는 저주는 이 신화 형성 전체의 저변에 놓인 핵심 모티프, 말하자면 불가피하게 반복되는 원초적 외상을 무효화하려는 시도를 명백히 드러낸다. 이러한 반복성은 열매라는 비유 속에 표현되어 있다. 낙원에 있는 나무의 실과를 먹지 말라는 계명은, 출생 외상의 의미에서 볼 때, 익은 열매를 모체의 줄기에서 떼어내는 것에 대한 비자발성unwillingness을 나타낸다. 이는 영웅 탄생 신화에서, 영웅이 세상에 오는 것 자체에 대한 아버지의 원초적 적대감과 같다. 이 계명을 어긴 데 따른 죽음의 형벌 역시, 여자가 범한 '죄,' 이를테면 *열매를 따는 행위*가 바로 출산을 감행하는 것에 있음을 명백히 보여준다. 그리고 여기서도 마찬가지로, 죽음은 출생 외상에 대한 일종의 소망-반응으로서, 자궁으로의 회귀라는 무의식적 경향을 상징한다.

내가 이미 *Lohengrinsage*(로엔그린 전설)과 『영웅의 탄생』에서 폭넓게 언급하였고, 이후 저술에서 충분히 진술하였듯이, 이 사상은 영웅의 죽음에 관한 모든 신화적 전통에 적용된다. 그리고 이것은 모든 시대와 민족에 걸쳐 그 죽음의 방식과 장례 관습 속에 드러나는데, 우리의 의식에는 종종 낯설게 보일지라도, 무의식에게는 매우 익숙한 양상으로 나타난다.[18] 이 신화적 구조는 융이 외현적 내용으로부터 끌어낸 환생 또는 죽음의 저주를 내포한 재탄생 개념에 의해 결정되는 것이 전혀 아니

18 극지방에서는, 시신을 쪼그리고 앉은 자세로 놓고, 가죽을 덮은 각기둥 모양의 관에 넣는 장례 풍습이 존재한다. 고대 이집트에서도, 미라 처리 이전 시대에는 시신을 웅크린 자세로, 가죽에 싸서 매장하였다(Fuhrmann, *Der Grabbau*). 뉴기니(New Guinea)에서는 여성들의 집 아래에 매장지가 위치하였다. 후기의 문명사회에서는, 남성이 사망하면 그의 아내가 함께 매장되었으며, 미혼의 경우에는 미망인이나 젊은 여성이 희생되었다. 이후, 이 관습은 이른바 '망자의 첩'이라 불리는 벌거벗은 여성 점토상으로 대체되었다(*Hand-wörte der Sex. Wiss.*).

다. 오히려 그것은 무의식이 가진 죽음 개념, 말하자면 자궁으로의 영원한 회귀라는 관점에서 이해되어야 한다. 태어난 모든 존재는, 한때 인간의 행위에 의해 빛의 세계로 불려 나왔던, 그 자궁 속으로 다시 가라앉는다. 고대인들은 망자를 다시 데려가는 이 행위 속에서, 모든 이에게 버림받은 순간에도 변함없이 자녀를 지켜주는 최고의 모성애의 표현으로 보았다(Bachofen).[19] 바호펜Bachofen은 이 점을 매우 아름답게 설명한 바 있다. 그는 죽음을 가져오는 여신 네메시스Nemesis가 (새의) 알에서 태어난다는 신화를 비롯하여,[20] 고대의 지하 세계 및 죽음의 여신들 다수에 이와 같은 모성 회귀의 상징이 내포되어 있음을 밝혀냈다. "이러한 관점은 전반적으로 암나귀(she-ass)와 —오크노스 신화(Oknos myth)에서— 여성적 형태의 티폰(Typhon: 혼돈과 파괴를 상징하는 거대한 괴물, 태풍의 어원이기도 함—역자주)이 필연적으로 요구되었는지를 비로소 이해하게 한다. 우리는 또한, 리키아Lycia의 하피 기념비Harpy monument에 나타난 알 모양의 죽음의 어머니, 왕의 딸을 묻기 위해 특별히 제작된 암소의 몸체(Herod., 2, 131), 불임과 죽음의 힘을 가진 고르곤의 미네르바Gorgonic Minerva, 거대한 무덤의 어머니 형상들, 그리고 데메테르Demeter 신앙에서 죽은 자를 부르는 명명(命名) 의식과 어떻게 긴밀하게 연결되는지 인식하게 된다. 어디에서나 '여성'은 죽음의 법칙을 지닌 존재로 나타나며, 이 동일시 속에서 그녀는 동시에 다정한 존재이자 어둡

---

19 *Oknos der Seilflechter. Erlösungsgedanken antiker Gräbersyrn-bolik*(new edition, Munich, 1923, p.81). 오크노스 모티프는 지하 세계에서 벌어지는 과업 중 하나로, 다음 장에서 설명하겠지만, 원초적 쾌락 상황이 고통스러운 상황으로 전환되는 사례에 속한다. 오크노스는 끊임없이 줄을 꼬고 있는데, 그 줄의 다른 한쪽 끝은 암나귀가 삼키고 있다(탯줄에의 고착).

20 "리키아의 하피 기념비에서는 알 그 자체가 새의 몸을 형성한다. 여기서 알과 암탉은 함께 나타난다. 신화에서는 딸(레다[Leda])과 어머니에 관한 표상을 통해 이를 상징적으로 결합하지만, 조형예술은 이를 보다 완전한 형태로 보여준다"(*Mutterrech*, p.70).

고 위협적인 힘으로, 가장 깊은 연민을 베풀 수 있으면서도 가장 극심한 혹독함을 가할 수 있는 존재로 나타난다. 이는 모성적 형상을 지닌 하피들이나, 모든 물질적 삶의 법칙을 그 자신 안에 품고 있었던 이집트-페니키아의 스핑크스와도 같다"(*Oknos*, p.83). 바호펜에 따르면, 이것은 고대의 애도 의례에서 남성들이 배제된 이유를 설명해 준다(이를테면 헥토르[Hector]의 시신 앞에서 애곡하던 여성들이나, 십자가 아래에서 슬퍼하던 여인들). 그리고 "여성 중심의 죽음 의례"는, 독일 민속 신앙 속에 남아 있는 이해하기 어려운 단편적 의례에서도 여전히 나타난다. 예를 들어, 남부 독일에서 사용되는 시신-받침판corpse-boards은, 망자가 모성의 나무에 닿을 수 있도록 하기 위한 목적 외에는 아무 기능을 가지지 않는다. 또한, 시신을 발부터 집 밖으로 내어 옮기는 관습과 —출생 자세의 반대되는 방향이다— 그 뒤에 물을 붓는 행위(양수) 역시 동일한 상징적 체계 속에 속한다.[21]

이 단순한 신화적 어머니 상징이 어떻게 종교에서 특징적인 영원한 형벌의 이미지로 변형되는지에 대해, 바호펜은 다나이데스 신화Danaïdes Myth에서 특히 아름답게 보여주었다(*Oknos*, p.89 ff). 성서 이야기에서 반복적으로 등장하는 낙원에서의 추방과 그에 따른 죽음의 형벌조차, 결국 무의식의 가장 분명한 소망 성취, 자신이 태어난 곳으로 되돌아가려는 무의식의 실현으로 볼 수 있다. 이는 죽음에 관한 유아기적 개념, 말하자면 자신이 왔던 곳으로의 회귀라는 생각과 완전히 일치한다. 낙원이나 황금시대Golden Age의 전설은, 바로 이 원초적 상태를 묘

---

21 로렌츠(Lorenz)에 따르면, *l.c.*, p.75. 『리그베다』(Rigveda, x., 18, 49, and 50)에 나오는 다음과 같은 문장도 주목할 만하다. 이 문장은 무덤 곁에서 대지에게 바치는 기도문이다: "이제 어머니 대지 속으로, 가장 광활하고 거룩한 그곳으로 기어들어 가라. 희생을 바치는 자에게 대지는 양털처럼 부드럽고, 다음 여정에서 그를 보호해 준다. 오, 너 광활한 자여, 일어서라. *아래로 짓누르지 말고, 그에게 쉽게 접근할 수 있고 쉽게 다가갈 수 있게 하라. 어머니가 아들을* 자신의 옷자락으로 *덮어주듯*, 그를 덮어주어라, 오 대지여."

사하는데, 그중에서도 쾌락적인 측면이 강조된다. 반면, 주요 종교 체계들은 처음부터 이중적 구조로 되어 있는데, 이는 강박-신경증적 양가성에서 비롯된 것이다. 종교는 이 두려운 귀향의 갈망이 터져 나오는 것을 억제하고, 윤리적 반동-형성과 승화를 통해 이를 다루려는 시도를 보여준다.

종교적 승화
RELIGIOUS SUBLIMATION

7

모든 형태의 종교는 궁극적으로 도움을 주고 보호하는 원초적 존재를 창조하는 경향을 지닌다. 그 존재의 품속에서 인간은 모든 고통과 위험으로부터 도망칠 수 있고, 마침내 한때 잃어버린 낙원의 충실하면서도 승화된 형상인 미래의 삶에서 그 존재에게 돌아가게 된다. 이러한 경향은 기독교 신화Christian mythology에서 가장 일관되게 전개되며, 이는 고대 세계관 전체를 종합하고 포괄한다. 풍부한 인격적 존재들로 가득한 천국을 특징으로 하는 기독교 신화는, 고대 오리엔트 신화 속 신계를 재-인간화re-humanizing한 것이며, 억압의 더 나중 단계에서 중세의 *점성술과 출생 천궁도*[1]가 연결되어 마침내 과학적인 천문학으로 등장했지만, 여전히 무의식적인 환상 요소들이 풍부하게 포함되어 있다.

바빌로니아 세계관에서 절정을 이루는 고대의 세계상이 마침내 어떻게 발전했는지는 오직 진정한 심리학적 분석만이 우리에게 가르쳐 줄 수 있다. 전승이 소급될 수 있는 한도 내에서, 그리고 조각상으로 표현된 것들조차도, 우리는 겉으로는 완결된 듯 보이는 순전히 천문적 세계상만을 볼 수 있으며, 그 기원에 대해서는 바빌로니아 전통 자체도 아무런 정보를 제공하지 않는다. 헤르만 슈나이더Hermann Schneider가 시도

---

1 점성술(astrology)은 인간의 출생 외상에 대한 최초의 교리로 묘사할 수도 있다. 인간 존재 전체와 운명은 *그의 탄생 순간*에 (하늘에서) 일어나는 사건에 의해 결정된다.

한 보다 최근의 연구, 이를테면 가장 초기의 바빌로니아 및 이집트[2] 종교 안에서 "신석기 시대"의 태양숭배를 설정하려는 노력은, 나의 관점에서는 학자 자신이 찾고 있는 것을 지나치게 성급히 발견해 버린 나머지, 자료의 의미를 자주 간과한다는 점에서 실패했다고 본다. 그럼에도 불구하고, 그가 제시한 선(先) 바빌로니아 인장 그림에서 나온 자료가 기원전 4000년경에 속한다는 점은 사실이다. 여기서 우리는 이미 하나의 완성된 형태로(*l.c.*, p.11) "북부 지역의 암벽화에서 알려진 신석기 시대 태양 종교의 전체 상징주의"를 눈앞에 보게 된다. 다만 역사적 기원에 대해 기울이는 노력만큼이나 심리적 기원에 대해서도 주의를 기울일 때만, 이 신석기 시대 태양 종교 발전의 전체 문제를 온전히 파악할 수 있다.

이처럼 겉보기에 완성된 형태로 우리 앞에 나타나는 천문적 세계관은 내가 다른 곳에서 자세히 보여주겠지만, 오랜 정신적 투사 과정의 후기 산물이다. 이 과정에 대해서는 이어지는 논증 속에서 어느 정도의 설명이 더해질 것이다. 여기서는 슈나이더의 견해에 따르면, 이 모든 발전은 "하늘에 태양처럼 존재하는" 불이 "인간과 동물의 따뜻한 몸에 존재"하기 때문에, "불에 대한 높은 가치 평가에서 시작되었을 것"이라는 사실을 강조하는 것으로 충분하다(*l.c.*, p.4). 태양숭배의 모성적 기원이 이처럼 분명하므로, 코라 인디언들Cora-Indians과 같은 원시 민족들의 "별의 숭배"를 단순히 병치해 보는 것만으로도, 이러한 "종교적" 관념들이 어떻게 아이와 어머니의 관계에 뿌리를 두고 있는지를 보여줄 수 있다. 별이 빛나는 천국은 지하 세계와 동일시되는데, 이는 밤이 두 곳 모두에서 지배적이기 때문이다. 따라서 지하 세계는 죽음의 장소이다. 여기서 별은 지하 세계로 들어가는 것과 동시에, 밤하늘에 나타나는 죽

---

2 *Die jungsteinliche Sonnenreligion im ältestesten Babylonien und Ägypten*, Leipzig, 1923. (*Mitteilungen der Vorderasiatisch-Ägyptischen Gesellschaft*, 1922, 3, 27, Jahrgang.)

은 조상들이다. 하지만 모든 초목이 지하 세계에서 자라듯이, 지하 세계를 반영하는 밤하늘 역시 비옥한 곳이다.[3] 고대 멕시코 신화에서는 별들을 제물로 지칭하였으며, 이 별들은 지는 태양을 위한 양식 역할을 하였다. 태양은 이 양식을 통해서만 스스로를 새롭게 할 수 있었다. 프로이스Preuss가 주장하듯이, 지상에서 이루어지는 인신 제사 역시 별 신들deities의 희생을 모방한 것뿐이다(*l.c.*, p.35).

이러한 대우주macrocosm에 대한 고대적 투사와는 완전히 다른 발전을 보여주는 고대 오리엔트 종교의 또 다른 큰 줄기가 있다. 이는 바로 인간의 소우주microcosm를 향한 명상에 대한 고대 인도의 신비주의 교리이다. 그리고 영혼의 윤회transmigration 교리 속에서, 그것은 출생 외상을 극복하는 최고 경지에 도달한다. 알렉산더F. Alexander[4]는 최근 하일러Heiler[5]의 발표를 바탕으로 한 탁월한 연구에서, 종교적 색채가 짙은 철학과 윤리인 "요가 수행"의 뚜렷한 "치료적" 특성을 보여주며, 분석적 절차와의 유사성을 암시했다.[6] 이 모든 수행의 목표는 열반Nirvana, 즉 쾌락적인 무Nothing이며, 이는 자궁 상황을 의미하는 것으로, 심지어 쇼펜하우어의 반(半)형이상학적인 의지조차도 오직 그곳(자궁)으로의 회귀만을 갈망했다. 분석에서와 마찬가지로 그 경지에 이르는 길은 꿈꾸는 듯한 명상적 자세를 취하여 태아 상태에 가까워지는 것인데, 알렉산더

---

3 Preuss, *Nayarit Expedition*, pp. xxvii and xxx (Stroch, *l.c.* 인용됨)

4 "Der biologische Sinn psychischer Vorgänge. Eine psychoanalytische Studie über Buddhas Versenkungslehre," *Imago*, ix., I, 1923. 1922년 베를린에서 열린 학회 발표.

5 *Die Buddhistische Versenkung*, Munich, 1922.

6 오스카 A. H. 슈미츠(Oscar A. H. Schmitz)가 시도한 것과 같은 최근의 정신분석학과 요가의 결합 시도는, 두 현상에 대한 심리학적 이해가 모두 불충분하다는 사실만을 보어줄 뿐이다. 왜냐하면, 이 두 체계는 단지 특정한 의미에서만 서로를 대체할 수 있기 때문이다. 고대 시대의 출생 외상을 극복하려는 양식들을 현대화하려는 경향은, 오히려 퇴행 압력의 불멸성을 드러낼 뿐이다. 슈미츠는 자신의 논의에서 정신분석적 관념들을 활용하는 과정에서 그 근원에 어느 정도 접근하고 있다(*Psychoanalyse und Yoga*, Darmstadt, 1923, p.89).

에 따르면 그 결과는 실제로 자궁 내 상황에 대한 광범위한 기억흔적을 가능하게 한다.

최근 출간된 하우어Hauer의 연구 덕분에 우리는 황홀ecstatic 체험에 대한 고대 힌두교의 묘사에 접근할 수 있고, 이를 통해 이러한 모든 준비의 의미를 명확하게 인식할 수 있다. 힌두 전통에서, 존재의 근원적 원인을 의미하는 비밀스러운 마법의 힘을 흡수하려는 신성한 브라만Brahmin의 제자, 브라마차린Brahmacarin은 그의 입문식Upanayana 기간 동안 스승의 자궁에서 3일 동안 최면적인 수면 상태를 경험해야 한다. "제자를 가르치는 선생은 그의 가장 깊은 곳에서 그를 태아로 만든다. 사흘 밤 동안 스승은 그를 자궁에 품는다. 그런 다음 스승은 신들을 만나러 가려는 그를 낳는다"(Atharvaveda, xi., 5, Hauer, p.86). 올덴부르크Oldenburg가 소위 딕샤(Diksa, 거룩한 제사)에 대해 확인한 바와 같이, 입문자는 아마도 이 사흘 동안 움막 안에 앉아 주먹을 꽉 쥐고, 다리를 위로 굽힌 채 태아 자세를 취했으며, 온갖 종류의 덮개들(양막)로 둘러싸여 있었을 것이다(Hauer, p.98). "사제는 딕샤를 완수한 사람을 다시 태아로 전환시킨다. 희생 제의의 움막은 딕시타(Diksita, 제물을 바치는 사람)에게 자궁이다; 따라서 그들은 그를 다시 자궁으로 들어가도록 허용하고 그를 예복으로 덮는다. 그 예복은 딕시타에게 양막이다; 따라서 그들은 그를 양막으로 둘러싼다. 그 위에는 검은 영양 가죽을 덮는데, 양막 바깥에 있는 그것은 융모막(망토 또는 외투)이다; 이와 같이 그들은 융모막으로 그를 덮는다. 그는 주먹을 움켜쥔다. 주먹을 움켜쥔 채 태아는 안에 누워있고, 주먹을 움켜쥔 채로 소년은 태어난다. 검은 영양 가죽을 치워버리고, 그는 지하방Avahrthabad으로 내려간다; 그러므로 태아들은 융모막을 벗은 채 태어난다. 그는 자신의 예복을 두른 채 내려간다; 이런 이유로 소년은 양막을 입고 태어난다."[7] 리그베다(Rigveda: 힌두교의 경전—역자 주)에는 우타나*uttana*라는 자세가 명확히 묘사되어 있으며, 이 자세는 오늘날의 요가 수행에도 그대로 보존되어 있다. 그리고 슈토르흐(*l.c.*, p.78)가 언급하듯이, "이 자세는 특정 배아의 자세와 유사하며, 우리는 그것을 긴장증 환자의 정형화된 자세에서 드물지 않게 볼 수 있다." 리그베다의 다른 곳에서는 머리와 눈을 굴리는 움직임, 흔들리는 동작, 몸의 떨림 및 앞뒤로 흔들리는 움직임이 언급되어 있으며, 이 모든 것 역시 출생 외상과 관련된 것으로 보인다.

우리는 여기서 쾌락적이고-보호적인 원초적 상황의 현상을 마주하고 있다. 이후 이 상황은 어머니로부터의 단절과 아버지로의 전이를 통해 전능하고 전적으로 사랑하지만 동시에 처벌하는 신God의 모습이, 투사를 통한 종교적 승화로 나타난다. 루돌프 오토Rudolph Otto의 견해에 따르면,[8] 악마나 신들의 형태가 명확하게 드러나기 이전에, 모든 역사적 종교의 기원으로 존재하는 것은, 어떤 "희미한 원초적 감정들"이 있었다. 그것은 끔찍한 것 앞에서는 몸서리치고, 신비한 것에는 경탄하는 감정이며, 처음에는 원시인들에게 "악마에 대한 두려움"으로 나타났다.[9] 우리는 이제 프로이트의 설명을[10] 통해 악마란 본래 죽은 자에 대한 두려움에 기원을 두며, 다시 말해 그것은 외부로 투사된 죄책감에 해당한다는 것을 알게 되었다. 반면 아이에게서 나타나는 막연한 불안 자체는 원초적 외상이 지속되는 현상으로 설명되어야 한다. 개인의 발달

7 Oldenburg, *Religion des Veda*, second edition, p.405

8 *Das Heilige. Über das Irrationale in der Idee des Göttlichen und sein Verhältnis zum Rationalen*, 11th edition, Stuttgart, 1923.

9 이 종교적인 원초적 감정의 긍정적인 측면, 즉 모든 인간과 사물 사이에 지속적으로 존재하는 "신비적 연속력"은 *오렌다(Orenda), 와콘다(Wakonda), 마나(Mana)*라는 이름들 아래에서 작용하는 것으로 이해되었으며, 로렌츠(Lorenz)는 이 신비적 연속력을 모자 관계의 투사로 간주하였다.

10 *Totem und Taboo*, 1912, p.13.

을 통해 원초적인 두려움이 죽은 자와 직접적으로 연결된다는 것은 분명하며, 이는 태내기의 상황을 대표한다. 악마에 대한 신앙에서 신에 대한 신앙으로 이어지는 단계는 신화학과 민속학에서 잘 연구되었다. 그러나 이 모든 발전의 심리학적 요인은, 불안이 달라붙어 있는 존재인 어머니(악령)를 점차 아버지의 형상으로 대체하는 데 있다. 아버지는 승화된 불안, 말하자면 죄책감을 불러일으키는 존재이다. 이러한 종교적인 발전 과정은 앞서 설명한 사회적 발전 과정과 절대적으로 평행을 이룬다(pp.96-101). 여기에서도 맨 처음에는 아시아의 대지 모신에 대한 숭배가 나타난다. 그녀는 때로는 야성적이고 관능적인 사랑의 여신이자 자연 일반의 다산의 여신으로서, 또 때로는 하늘의 순결한 여왕, 동정녀 여신으로[11] 여겨졌다. 그녀는 다시 이브와 마리아 안에 나타나며, 이레니우스Irenaeus의 은혜Charis, 시몬 마그누스Simon Magnus의 헬레나Helena, 그리고 소피아(Sophia, 지혜) 등에서 이어진다. 최근 '영지주의 신비'를[12] 연구한 학자가 말하길, "어머니 여신에 대한 신앙 속에는 숭고한 유연성이 드러난다. 그 안에는 어떤 의미로든 종교적인 모든 것이 자리 잡는 곳으로서, 광란 의식orgies에서부터 미학적, 예술적 경향들, 신성한 결합 συνουσία의 신비, 점성술, 그리고 베들레헴의 별에 이르기까지 포함되었다. 어머니 여신은 모든 것이 될 수 있었는데, 세계의 영혼, 세계의 정신, 세계의 발전, 세계의 쾌락, 세계의 고통, 세계의 구원, 세계의 빛, 세계의 씨앗, 세계의 죄, 그리고 존재Being의 반영을 연속적인 단계들 속에서 나타나는 모든 것, 심지어 가장 낮은 식물에 이르기까지 모든 것이 될 수 있었다. 그녀는 웃음과 울음, 정신과 육체, 여신과 악마, 천국과 땅, 지옥이 될 수 있었다." 빈터슈타인이 이미 인식했듯이, 세계가 남성 신에 의

---

11 Bousset in *Realenzyklopädle von Pauly-Wissowa-Kroll*, vii., 1513 ff.를 보라.

12 *Ein Beitrag zur Geschichte des christlichen Gottesdienstes*, Dr. Leonhard Fendt, Munich, 1922, p.41

해 창조되었다는 후대의 종교적, 철학적 관념들은 성경에 나타나는 인간 창조에서 볼 수 있듯이, 원초적 어머니를 포기한 결과[13]일 뿐이다. 이에 상응하여, 유대교와 기독교 신앙 모두에서 이단 분파들은 성적으로 강조된 어머니 여신에게로의 회귀를 특징으로 한다. 따라서 종교 내에서의 이러한 혁명적 운동들은 사회적 운동과 전적으로 동일한 방식, 말하자면 어머니에게로의 퇴행이라는 방식을 따라 진행된다.

따라서 피비온파Phibionites의 영지주의적 성찬Eucharist에서 나타나는 정액sperm 숭배는(A.D. 200~300년경) 수메르인들이 마니Mani라고 불렀

---

13 그러나 기독교 종교 내에서, 하나님은 자궁(uterus)을 가진 존재로 묘사된다. 페타비우스(Petavius), *de Trinitate*(lib. v., chap. 7, 4)에는 다음과 같이 쓰여 있다: "이렇듯 문헌은 말한다. 아들은 아버지로부터 자궁을 통해 나셨다: 하나님 안에는 자궁이 없고, 또한 어떤 육체적인 것도 없지만, 그 안에는 실제 창조, 실제 출생이 있으며, 이는 '자궁'이라는 단어에서도 드러난다"(Winterstein, *l.c.*, p.194 인용).

Wolfgang Schultz, *Dokumente der Gnosis*, Jena, 1910에는 관련된 매우 풍부하고 흥미로운 자료들을 담고 있다.

나는 여기서 "Buch von der Schöpfung des Kindes"의 주요 사상과 몇 문장을 인용하지 않을 수 없다. 이것은 『소(小) 미드라시』(*Kleine Midraschim*)에 수록되어 있다. 그 "책"은 부모의 성교와, 천사가 지키는 "한 방울"(drop)의 최초의 여정으로 시작된다. 그 방울에 "영혼"이 부여된 후, 아침의 천사가 그것을 낙원으로 인도하고, 저녁의 천사는 그것을 "지옥"으로 인도하며, 그 다음에는 지상에서 머물게 될 장소와 죽은 뒤에 묻힐 장소를 보여준다. "하지만 천사는 그것을 다시 어머니의 몸으로 인도하고, 거룩하신 분(the Holy One)이 그것을 위하여 문과 빗장을 만드신다, 찬송을 받으소서! 그리고 거룩하신 분이시여, 찬양 받으소서! 그가 그것에게 이렇게 말한다. '네가 가야 할 곳은 여기까지다. 더는 나아가지 마라.' 그리하여 아이는 어머니의 자궁 속에서 9개월 동안 머문다... 처음 세 달은 자궁의 가장 아랫방에서, 중간 세 달은 중간 방에서, 마지막 세 달은 가장 위쪽 방에서 지낸다. 아이는 어머니가 먹는 모든 것을 먹고, 어머니가 마시는 모든 것을 마시며, 어떤 찌꺼기도 배설하지 않는다; 그렇지 않으면 어머니가 죽을 것이다. 그리고 그 시간이 다 되어 나갈 때가 되면, 첫 번째 천사가 와서 이렇게 말한다. '나가라, 너는 세상으로 나갈 시간이 되었다.' 그러면 아이의 영혼은 이렇게 대답한다. '말씀으로 세상을 창조하신 분 앞에서, 내가 이미 말했습니다. 나는 내가 살았던 세계에 만족합니다.' 천사는 이렇게 말한다. '내가 너를 데려가려는 세상은 아름답다.' 그리고 다시 말한다. '네 의지에 반하여 너는 어머니의 뱃속에서 형성되었고, *네 의지에 반하여* 네가 *태어나* 세상으로 나가게 될 것이다.' 즉시 아이는 *울음을 터뜨린다*. 왜 우는 걸까? 그 아이가 살았던, 그리고 이제 떠나야 할 세상 때문이다. 그리고 아이가 *바깥으로 나올 때, 천사는 그것의 코 밑을 치고*, 머리 위의 불빛을 지운다. 아이는 *자신의 의지에 반하여 끌려 나오고, 아이는 보았던 모든 것을 잊어버린다*. 그리고 나올 때 울음을 터뜨린다."

던 아시아-이집트 지역의 어머니 여신에 대한 제의와 연결되는 것으로 보인다. 이 여신은 바빌론의 이슈타르Ishtar, 마그나 메테르Magna Mater, 사이벨레Cybele, 마Ma, 소아시아의 암마들Ammas, 카르타고의 위대한 어머니Great Mother, 이집트의 이시스Isis, 그리스의 데메테르Demeter, 시리아의 아스타르테Astarte, 페르시아의 아나히타Anahita, 나바테아의 알라트Alilat, 인도의 관음Kawannyin, 일본 불교의 관세음보살Kwannon, 중국 도교의 "원모"Primal Mother라고 불렸다. 비피온파의 식사 의례인 *리비도적 종교*는 "그 안에 담긴 모든 실제적인 이교적 요소들에도 불구하고, 여전히 본질적으로는 초기 기독교의 최후의 만찬Last Supper과 그 파생인 미사Mass에 대한 난해한 주석들이 전제하듯이 이루어졌다."[14] 그리고 펜트Fendt가 올바르게 인식했듯이(*l.c.*, 4), 사람들이 흔히 비난한 것처럼 성행위 자체가 핵심이 아니라,[15] 성적 분비물을 먹는 것(삼키는)이 중심이었다. "여자와 남자는 정액을 손에 받아든다.... 그들은 그것을 먹으며, 그들 자신의 수치disgrace를 서로에게 나누며 말한다: 이것은 그리스도의 몸이다.... 그러나 그들은 또한 여자가 월경할 때 그것을 똑같이 행하며, 함께 먹는다.... 그리고 그들은 말한다: '*이것은 그리스도의 피이나.*'"[16] 펜트는 논리적으로 (*l.c.*, 5) 세 번째 잔치가 "완전한 유월절Pasha"이라고 불리며 앞의 다른 두 잔치를 보충하고 설명하는 것이라고 보았다. 말하자면, 성행위는 단지 정액을 파괴하기 위한 수단일 뿐이며, 정욕의

---

14 Fendt, *Gnostische Mysterien, l.c.*, p.8 참조.

15 특히 근친상간적인 집단 성행위는 아시아권의 어머니 숭배(Rank, *Inzestmot.*, iv., 1912를 보라)와 마찬가지로, 여성이 다시금 숭배되는 악마의 미사에도 똑같이 속한다(Lowenstein, "Zur Psychologie der Schwarzen Messen", *Imago*, ix., 1923 참조).
　미누키우스 펠릭스(Minucius Felix, 200년경)는 피비온파를 다음과 같이 비난한다: "*Post multas epulas, ubi convivium caluit et incestae libidinis ebriatis fervo exarsit*"(풍성한 향연 후에, 연회가 무르익고 술에 취한 근친상간적 리비도의 열기가 타올랐다)(Fendt, *l.c.*, 12).

16 위대한 어머니와 로고스(Logos)인 그리스도를 비교하는 유사한 논의는 Fendt, p.80을 보라.

지배자Archon of Desire의 유일한 도구인 정액을 제거하는 목적만을 가진다. "만일, 그럼에도 불구하고, 아이가 태어난다면, 그 아이는 세 번째 식사의 신성한 음식이 될 것이다! 이렇게 우연히 어머니가 된 모든 여성에게서 태아를 꺼내어 토막 내고, 꿀, 후추, 기름, 향료를 준비하고 모든 사람이 손가락으로 그것을 먹는다.... 그리고 나중에 그들은 감사-제물로서 이렇게 말한다: '욕망의 주인(지배자)은 우리를 속이지 못했다. 아니, 우리는 형제의 범죄를 모아 거두었다." 펜트는 이를 해석하며 다음과 같이 덧붙인다(*l.c.*, 5). "우리는 알렉산드리아의 클레멘스Clement가 안티탁테스Antitaktes와 니콜라이트Nikolaitans에 대해 보고한 바와 같은, [욕망의] 지배자들에 대한 일종의 투쟁을 알게 된다. 그것은 계명의 파괴라는 형태로 이루어진다: *하나님 아버지*가 창조한 모든 것은 선하였다; 그러나 어떤 하위 신이 그 속에 악을 섞었다. 그리고 이 하위 신으로부터 계명이 왔다.... 욕망의 지배자는 아이들이 창조되기를 원한다.... 그러므로 아이들의 출생을 막기 위해 모든 것이 행해지는 것이다."

우리가 이 종파와 그 해설들을 자세히 다룬 이유는, 그 안에 종교적 승화의 전체 메커니즘, 종교의 실제 형성 과정이 숨김없이 드러나 있기 때문이다. 악한 하위 신은 아이들을 세상으로 데려오며, 그렇게 함으로써 그들로 하여금 출생 외상을 끊임없이 견디도록 강요한다. 이 하위 신은 어머니이다; 그리고 영지주의자들의 전적인 (근친상간의) 음행은 단순히 어머니의 자궁으로 다시 돌아가, 출생 외상의 반복을 배제하는 것에 해당한다; 이것이 바로 정액은 입을 통해 (먹음으로써) 동화된다. 그러나 만일 임신이 되면, 외상을 예방하기 위해 태아를 꺼내고, 다시 한번 입을 통해서만 동화한다. 펜트는 이렇게 말한다: "세계의 발전은 하나의 거대한 실패로 이해되며, 구원은 오직 우주 전체에서 모든 효력을 발휘

하는 것(All Effective: 성적 창조력)의 *철회*를 통해서만 온다."[17]

아버지-신은 프로이트적인 "토테미즘"의 의미에서 사회 조직을 창조하고 보장하기 위해, 불안과 욕망으로 가득 찬 원초적 어머니 자리를 대신하여 자리 잡게 되었다. 따라서 성적인 방식으로만 이루어질 수 있는 어머니 숭배에 대한 모든 재발은 반사회적으로 간주되었으며, 이른바 종교적 광신주의의 모든 공포horror 속에서 박해를 받았다.[18] 그러나 이것은 사회 혁명과 마찬가지로, 결국 사회 공동체를 보호하기 위해 아버지-유사 권력을 보존하고 강화하는 결과를 낳는다. 이러한 이유로, 모든 회귀 운동에는 더욱 강화된 청교도적 반작용이 뒤따르며, 이는 유대교 신앙의 역사에서도 확인할 수 있다. 이러한 유형 가운데 가장 잘 알려진 것은 약 300년 전의 "샤브바타이파"Schabbatian라 불리는 가짜 메시아 운동이다. 그 창시자는 스미르나Smyrna 출신의 스페인계 유대인 샤브베타이 제비Schabbethai Z'evi였다.[19] 그는 영지주의자들처럼 계명의 파기를 선포하였고, 그의 제자들은 —특히 그의 사후에는— 유대교의 청교도적 율법으로부터 완전히 벗어났다. 이 운동의 특이성은 *여성이 신적 존재였다*는 사실에 있으며, 특히 근친적인 형태를 포함한, 금지된 성생활의 형태들이 신성한 예배 행위로 여겨졌다는 점이다. 살로니카Salonika 인근의 동굴들에서 그들은 종교적 목적을 위해 가장 격렬한 난

---

17 정액을 잃은 브라만 제자는 역시 이렇게 기도한다: "내게로 다시 돌아오라, 감각의 힘, 생명, 그리고 축복이여, 나의 브라만적 신분이여(Brahmanship), 다시 내 소유로 돌아오라. 오늘 내게서 땅으로 미끄러져 떨어지고, 약초와 물로 흘러간 이 정액을 나는 장수와 찬란함을 위해 *나 자신 안으로 다시 받아들이네*"(Oldenburg, *l.c.*, p.430). 요기(Yogi)에 대해서는 다음과 같이 말한다: "수행을 통해 그는 *여인의 자궁으로 들어가려는 정액 방울이 되돌아가게끔* 강요한다. 그러나 단 한 방울이라도 *이미 떨어졌다면*, 그는 그것이 *자신에게 돌아오게 하고 그것을 간직한다*. 이렇게 그 방울을 지켜내는 요기는 *죽음을 정복*할 것이다. 왜냐하면, 떨어진 정자 방울이 죽음을 의미하듯, 그 보존은 곧 생명을 의미하기 때문이다"(Schmidt, *Fakir und Fakirtum*, 1908).

18 이 주제에 관해서는 다음의 논문을 참고하라: Reik, "Der eigene und der fremde Gott." *Zur Psychoanalyse der religiösen Entwicklung*, 1923.

19 Georg Langer, *Die Erotik der Kabbala*, Prague, 1923.

교orgies를 조직했다. 안식일의 시작에 그들은 벌거벗은 처녀를 그들 가운데에 놓고, 자신들 또한 나체로 그녀 주위를 돌며 춤을 추었다. 난교는 기도를 대신하였다. 비슷한 관습이 세계 거의 모든 유대인 공동체에 퍼져나갔다. 당연히 그들은 랍비들로부터 가장 혹독한 박해를 받았다. 그럼에도 불구하고 랍비들은 200년 동안 이 종파를 근절하는 데 실패했다. 튀르키예에는 오늘날까지도 그 유적이 남아 있다(Langer, *l.c.*, 39). 랑거Langer의 독창적인 설명에 따르면, 직접적인 반작용은 여성을 금욕적으로 배제하는 것에 그치지 않고, 사회적으로 효과적인 동성애의[20] 증가로 이어졌다. 이는 유명한 랍비 이스라엘 벤 엘리에제르Israel ben Elieser, 즉 바알 솀 토브(Baal Schem Tow, 1700-1760)의 이름과 그에 의해 창시된 하시디즘Hasidism과 연결된다. 랑거는 다음과 같은 결론에 이른다. "선택된 민족의 전체 내적 역사는 사실상 두 방향으로의 크고 작은 의식적 투쟁의 연속으로 보인다." 투쟁은 대체로 타협으로 종결되었으며, 이는 선사 시대에 이미 존재하던 것들에 새로운 율법과 새로운 상징들을 추가한 것이었다. 여기서 프로이트가 말한 소위 오이디푸스 콤플렉스와 죽음 개념은 강력한 힘으로 작용하며, 따라서 유대교의 율법 전체는 계시를 통해 신적인 승인을 부여받기 이전에, 실제로는 에로스Eros에 의해 수행되었다"(*l.c.*, 93).

이 훌륭한 정의에 대해 우리는 하나의 방법론적 주석을 덧붙이고자 한다. 이는 종교에 대한 정신분석적 탐구와도 관련이 있다. 이러한 모계적 종파와 숭배에서 우리는 "억압된 것의 귀환"이라는 의미에서 회귀 현상을 다루어야 한다는 것은 의심의 여지가 없다. 그러나 생물학적 영역에서와 마찬가지로, 여기에서도 성급하게 계통발생학적 관점을 도입하는 것과 역사적 근거를 찾거나 재구성하려는 시도에 대해서는 경계

20 신명기(13:6)는 "너의 영혼과 같은 친구"에 대해 말하고, 바로 뒤에 "네 자궁의 여자"에 대해 언급한다. 이는 일반적으로 잘 알려진 것이다(Langer, p.91).

해야 한다. 왜냐하면, 어떤 경우든 그것은 심리학적 근거의 문제이며 분명히 무의식 속에 있기 때문이다. 따라서 현대의 유대교 분파들이 외견상 아시아적 어머니 숭배로 되돌아가는 듯하지만, 실제로는 그들 자신이 그것[고대 전통]을 알거나 이어받아서가 아니라, 단지 자신들이 개별적으로 경험한 무의식적 반응을 재현한 것일 뿐이다. 그러나 직접적인 차용이 이루어졌다고 보이거나 심지어 그 개연성이 높다고 판단되는 경우, 예컨대 "황금 송아지"[21]가 사실상 "갓 태어난 존재," 곧 아들-신Son-God을 상징하는 것으로 이해될 수 있는 경우는, 단순히 과거의 "전승"을 아무런 변형 없이 기계적으로 반복하는 전통적 경우보다 심리학적으로 훨씬 더 중요한 의미를 가지며 더 흥미로운 분석 대상으로 간주될 수 있다. 반면에, 부계-종교 자체의 전통 속에서, 우리가 모계-종교의 억압된 초기 단계의 파편들을 재구성하고 인식할 수 있다고 하더라도, 이는 단지 진정한 의미에서 *종교 형성의 예비적 단계들*일 뿐이며, 또한 프로이트가 지적했듯이,[22] 그것들은 어머니를 지지하거나 반대하는 원초적 투쟁의 *최종 결과*이자, 아버지 권력의 사회적 승리를 보여준다.

이러한 관점에서 볼 때, 프로이트가 묘사한 "형제 무리"의 사회적 발선 이외에도, 우리는 그 종교적 발전을 조금 더 추적할 수 있다. 실제로 사회적 발전(왕-유아)에 대한 가정assumption과 조화를 이루며, 어머니 숭배에서 아버지-종교로의 전환을 아들-신을 매개로 설명할 수 있다. 이러한 아들-신 개념은 기독교에서 가장 순수하게 표현되었다. 더욱이 기독교의 전 세계사적 중요성은 아들-신을 중심에 놓으면서도 동시에 어머니의 본래적인 권리와 아버지의 이차적 권리를 공격하지 않은 최초

---

21 "우상숭배"는 단순히 어머니 여신에 대한 예배를 의미하는 것으로 보인다. 페니키아인과 다른 민족들 사이에서 바알(가나안, 엘)에게 행해진 예배에서는, 어린아이들이 우상의 불타는 입속에 던져지기도 했다.

22 *Totem und Taboo.*

의 종교라는 사실에 있는지도 모른다. 복음서Gospels의 본문에서 그리스도가 아이에게 부여한 높은 가치 평가는 이를 더욱 뒷받침한다. 그리스도 자신은 조각상이 그를 표현하는 것처럼, 죽었을 때도 언제나 유아로 남아 있다(피에타).

고대 신비 의식에서 *모든 신비주의자는 스스로 직접 신이 되었다.* 고백의 형식은 다음과 같다: "나는 금식하였고, 혼합 음료를 마셨으며(*Kikeon*)[23], 그것을 궤box에서 꺼내어, 일을 한 후, 바구니에 넣고 다시 바구니에서 궤로 옮겼다." 이 고백은 우리가 여기서 자궁으로의 퇴행 및 회귀에 관심이 있음을 보여주며, 현재 고고학자들조차 *성스러운 궤*cysta mystica가 자궁을 상징하는 것으로 간주한다. "성스러운 궤Χιογη에서 자궁의 형상을 꺼내 그것을 자신의 몸에 씌움으로써 신비주의자는 대지 어머니의 자궁에서 다시 태어나고, 그녀의 육체적 자녀가 될 것을 확신한다."[24] 이것은 또한 많은 기독교 저자들이 엘레우시스 신비Eleusinian Mysteries의 비밀에 대해 언급한 난해한 암시들을 설명해 준다: "어둠 속으로 내려가는 신관Hierophant과 여사제 사이의 인상적인 동행, 오직 그 둘 사이에만 이루어지는 것, 그리고 수많은 군중이 어둠 속에서 둘 사이에 완성된 것을 거룩하다고 생각하지 않는가?"[25] 여기서 문제가 되는 것은 단순한 성교나, 심지어 "'수많은 군중'이 참여할 수 있는 신성한 행위의 문제가 아니다. 오히려 그것은 어머니와의 합일의 문제이다. 이것을 입증하는 것은 성스러운 궤라는 상징뿐만 아니라, 더 분명하게는 프리기아Phrygian의 현실적인 신비 의례이다. 그 의례에서 신비주의자는 무덤으로 내려가며, '그곳에서 도살된 황소의 *피*를 온몸에 *뒤집어쓴다*. 그

---

23 키케온(Kikeon)은 고대 그리스에서 사용된, 보리, 물, 허브(혹은 와인) 등을 섞어 만든 음료—역자주

24 A. Korte, *in Arch. f. Rel. Wiss.* xviii., 1915.

25 De Jong, *Das antike Mysterienwesen*, 1909, p.22.

후 그는 재탄생을 경험하고, 신 안에서 혹은 자신 안의 신으로서 *아직 아이의 상태에서 젖을 먹는다*. 이후 그는 일어나서, 공동체에 의해 신으로 숭배받는다.'[26] 힌두교 요가 수행 역시 신비로운 명상을 통해 *각 개인이 신이 될 수 있도록*, 즉 자궁에 들어가 태아로 다시 변형됨으로써, 신과 같은 전능함에 참여한다"(Ferenczi, *Stages in the Development of the Sense of Reality* 참조).

그러므로 유아(*infans*: 라틴어로 "아직 말을 하지 못하는"이라는 뜻—역자주)는 —아직 궁극적으로는 태어나지 않은 존재— 왕이든 교황이든 지상의 대리자들처럼, 비록 여전히 더 큰 제약을 받지만, 신God임을 증명한다. 따라서 각 개인은 한때 "신"이었으며, 원초적 상태로 자신을 회복시킬 수 있다면, 다시 신이 될 수 있으며, 이것이 바로 개인 각자가 나중에 "유일신"[27]과 자신을 쉽게 동일시할 수 있는 이유이다. 하지만 누구나 어머니에게로 돌아갈 수 없듯이, 누구나 왕이나 신이 될 수 있는 것은 아니다. 그러므로 무리 중에서 선택된 사제들은 본래 거세된 자들이었다. 말하자면, 그들은 자신이 어머니에게 돌아가는 특권을 포기하고, 대신 아버지의 자리를 실제로 대신할 수 있는 *유일한 사람, 막내*the youngest에게 이 특권을 양도해야 함을 의미한다. 이 막내는 종교적 승화를 통해, 군중이 의심할 여지 없이 그를 처벌하고자 의도하는 가장 쾌락적인

---

26 Reitzenstein, *Hellenistische Mysterienkulte*, 2nd edition, 1920, p.32. 헤르메스적(Hermetic) 재탄생 신비에서, 신비주의 수행자는 다음과 같이 외친다: "나는 하늘에 있고, 나는 땅에 있으며, 나는 물속에 있고, 나는 공기 속에 있으며, 나는 동물 속에, 식물 속에, 자궁 안에, 자궁의, 자궁에서 나온 뒤에도 있으며, 나는 어디에나 존재한다"(ibid, p.29, p.35). 또한 페르시아의 미트라(Mythra) 신비 제의와 그들의 황소 희생재물과도 비교하라(Cumont, *Mithras*; Dietrich, *Eine Mithrasliturgie*).

27 동일한 개념을 『영웅의 탄생』에서 찾아볼 수 있는데, 여기서 각 개인은 "영웅"이며, 출생이야말로 진정한 성취로 간주된다. 예를 들어, 분열증 환자가 그리스도와 자신을 동일시할 때(Storch, p.77), 그녀 또한 마구간에서 태어났으므로, 그녀는 완벽하게 옳다고 여긴다; 왜냐하면 그녀 역시 자연적인 방식으로 태어났으며, 출생 외상을 부정하고 싶어 하기 때문이다.

행동을, 타인들을 위한 자발적인 *희생*으로 전환시켜야만 한다.[28] 이런 식으로 그는 사회 공동체를 파괴로부터 구한다. 따라서 어머니는 부분적으로는 천국의 여왕으로 숭배되며, 동시에 부분적으로는 만물 생산의 악하고 유혹적인 원초적 원리로서 고대 지하 세계의 종교적·윤리적 개념을 형성하는 데 사용된다. 이 개념은 천국(사후 세계)의 신화에서 유래한 것으로, 요한계시록에서 준비된 종교적 승화를 거쳐, 중세 지옥 개념의 반대 극단으로 이어진다.

그 노골적인 물질적 세부 묘사 속에서, 지옥은 자궁 내 낙원과 천국에 대한 환상의 두려운 대응물로 나타난다. 특히 *지옥에서의 영원한 형벌*은 고대 그리스 지하 세계의 형벌에 상응하며, 자궁 내 상황(사슬, 열기 등)의 세부적인 재현을 나타낸다. 그리고 중세의 히스테리 환자들이 동일한 무의식적 경향을 표현하는 데 있어서, 이미 만들어진 이 재료[지옥의 세부 묘사들]를 특별히 선호했다고 해서 놀랄 일은 아니다.[29]

무의식에 대한 분석은 왜 훗날, 이 "지옥"의 지배자가 원초적 아버지의 특성을 띠게 되었는지를 보여준다. 왜냐하면, 바로 그 아버지가 모든 쾌락적 감각의 원초적 장면을 반대로 뒤집은 존재이기 때문이다. 악마의 원래 여성적 의미는 지옥의 입에서도 의인화되며, 그[악마]의 할머니로 상징되는 다소 우스꽝스러운 형상 속에 여전히 보존되어 있을 것이다. 이 형상은 아마도 동화 속의 마녀들witches뿐만 아니라 그녀들 사이에서도 늙고, 사악하며, 위험한 원초적 어머니로서 살아남으면서 말이다. 중세의 마녀에 대한 망상과 종교 재판의 잔인한 박해 속에서 우리는 그 처벌들이 현실로 전이된 지옥 상황임을 보게 된다. 이것은 프로이

---

28 마호메트(Mahomet)는 간질 발작의 전조 상태(Aura)에서, 후리(Houri-이슬람에서 낙원에 등장한 아름다운 여성, 또는 천상의 처녀—역자주)의 축복으로 가득한 이슬람의 낙원을 묘사한 것으로 보인다.

29 Groddeck, "Der Symbolisierungszwang," *Imago*, viii., 1922을 추가로 참조하라.

트가 구두로 언급한 추측과도 연결되는데, 이는 실제 외상에서 비롯된 것일 가능성이 있으며, 나에게 그것은 무의식 속에서 성적 외상과 더불어 출생 외상을 매우 직접적으로 건드린 것으로 보인다.

영원한 형벌을 자궁 내 상태의 부정적 표상으로 해석할 때, 우리는 이미 언급한 주제에 접근하게 된다. 이 주제는 마지막 장에서 출생 외상의 심리학적인 핵심 문제로 인식할 것이다. 여기서는 강박 신경증 연구를 통해 밝혀진 원초적 투사의 복잡한 발전 과정을 다룰 수는 없다. 그 과정은 결국 중요한 반동 형성들로 이어지며, 이는 윤리적 관념에서 절정에 이른다. 우리는 다만 여기서 완성된 하나의 발전적인 진행 과정을 언급하고자 한다. 그 과정은 윤리적 형성의 정신적 기원에 대한 통찰이 점점 깊어짐과 나란히 완결되는데, 그 기원은 궁극적으로 무의식적 죄책감에 놓여 있다. 상벌을 내리는 높은 권력자들, 감히 거역할 수 없는 존재들은 최종적으로 다시 자아 안으로 전이되어 돌아온다. 그것들은 한때 자기애적 전능감으로 투사되어 위와 아래[하늘과 지옥]의 세계 속에서 형상화되었으며, 거기에서 모성적 표상(보호, 도움, 자비) 또는 부성적 표상(자신의 전능감)으로 나타났다. 칸트Kant의 엄격한 윤리 철학은 우리 안에 있는 도덕 법칙을 우리 위에 별이 빛나는 하늘[신]로부터 다시 분리해 내는 거대한 임무를 수행했다. 그러나 칸트는, 그 둘의 동일성을 그렇게 어렵게 단절해 놓고도, 결국 자신의 잘 알려진 표현에서처럼 적어도 은유적 방식으로 그 동일성을 다시 세우는 방식으로만 이 과제를 수행할 수 있었다.

*형벌 개념*의 발전에 있어 중요한 점은, 인류가 환상 속에서 고안한 모든 형벌뿐만 아니라 실제 행위로 전환된 형벌들 역시, 고통스러운 측면에 중점을 둔 자궁 상황의 원초적 상태를 반영한다는 것이다. 그리스 지하 세계의 형벌들에 대한 자세한 해석에 우리가 관여하지 않더라도,

우리는 가장 잘 알려진 형벌들이 전형적인 특성들을 보여준다는 것, 그리고 형벌들이 장소, 지하 세계와 관련하여 볼 때 쉽게 이해된다는 점만 지적하면 된다. 이러한 원초적 범죄자들의 죄는 일반적으로 최고 신에 대한 반역으로 이루어지며, 이는 대개 그의 아내 곧 원초적 어머니에 대한 욕망에서 비롯된다. 익시온Ixion의 경우가 그러한데, 그는 최초의 친족 살해자이다. 그의 형벌은 다음과 같다: 제우스의 명령에 따라 그는 "날개 달린 불타는 네 바퀴를 가진 수레에 뱀으로 묶인 채 끊임없이 회전하며 공중을 굴러다니고, 매질을 당하면서 '은혜 베푼 자를 경배해야 한다'라는 외침을 듣는 것이다. 익시온이 불멸의 존재라는 점에서, 이 형벌은 두 배로 가혹한 것 같다."[30] 이와 유사하게, "풍요와 부의 화신"인 탄탈로스Tantalus는 신들과 동등해지려는 그의 월권적 오만함 때문에 처벌을 받는다. 그의 머리 위에 늘 떨어질 듯 매달린 돌이 위협하는 원래의 전승은 항구적인 불안 상태를 보여준다. 그의 또 다른 형벌인 굶주림

바퀴에 묶인 익시온
(베를린 소장 도기 그림에서 인용)

30 Roscher, *Lexikon der Mythilogie*, ii., I.

과 갈증에 영원히 시달리는 것은, 신들의 호화로운 만찬에 언제나 함께 하던 총애받는 인물과 분명히 관련이 있다. 그는 신들을 시험하기 위해 그들 앞에 인육을 내놓은 데에 대한 징벌임이 분명하다. 더구나 그는 한 석관 위에 묘사된 모습에서(로셔, vol.v., sp.83-84) 아주 사실적인 방식으로 바퀴에 매달려 뒤틀린 모습으로 표현된다. 반면 익시온은 이중 원circle 안에 적절하게 표현된다. 마지막으로, 신들의 "불멸성"을 요구한 시지프스Sisyphos 역시 동일한 방식으로 자신의 소원을 이루게 된다. 말하자면, 산 정상 너머로 돌을 밀어 올리려 시도할 때마다, 그 돌은 자연스럽게 굴러 내려오고, 그는 이를 끊임없이 반복한다: "땀이 그의 사지에서 흘러내리고, 먼지구름이 그의 머리를 뒤덮는다."

그러나 이 모든 형벌과 범죄자들은 그리스 전통 자체와 그리스 문명의 발전에 따르면, 나중에야 타르타로스Tartaros라고 불리는 지하 세계의 장소로 옮겨졌다. 본래 그것들(형벌과 범죄자들)은 실제적인 것으로 여겨졌을 뿐만 아니라, 무의식 속에서도 동일한 의미를 지니고 있었다. 나

탄탈로스
(석관 부조에 묘사됨)

아가, 중세 암흑시대에 다시 물질화되었는데, 이는 헬레니즘Hellenism 자체와 비교해 볼 때, 지옥과 같은 지하 세계를 상징하는 것이었다: 마녀들을 불에 태우거나 수레바퀴에 묶어 부러뜨리는 형벌, 사슬에 묶이고 고문당하며 몸이 뒤틀리고 머리가 거꾸로 매달린 상태, 눈을 멀게 하거나, 물에 던져지는 형벌, 자루에 꿰매 넣어 바다에 가라앉혔던 존속살해범parricide에게 주어졌던 전형적인 형벌:[31] 이 모든 것이 프로이트가 인정했듯이, 무의식이 지닌 파괴되지 않는 소망-성격을 아주 분명하게 보여준다. 인간이 상상할 수 있는 가장 끔찍한 형태의 형벌들조차도, 그리고 그것을 신경증의 신체적 증상 속에서 자신에게로 향하게 하는 것들조차도, 결국은 자궁 내 생활의 최초이자 가장 강력한 쾌락 경험의 형태로 표현되는 것이다. 따라서 이러한 종류의 형벌이 견딜 수 있을 뿐만 아니라, 동시에 쾌락적으로 경험되었을 사실은 충분히 가능하고도 이해할 만하다. 이는 또한 실제로 마조히스트의 습관에서 매일 드러난다. 이것은 일정한 신경증적 증상들이 지니는 쾌락적 성격을 대부분 설명해준다. 그 증상들 속에서 환자는 자신의 방에 틀어박히고, 방문을 잠그는 방식으로, 혹은 온 세상을 감옥으로 환상하면서 그 안에서 무의식적으로 편안함을 느끼는 방식으로, 스스로를 [죄수처럼] 감옥에 가둔다.[32] 그를 오래전에 강타했고, 그가 자기 처벌 환상들을 통해 탈출하고 싶어 하는 것처럼 보이는 실질적인 형벌은 본래 자궁이라는 원초적 낙원으로부터의 추방이었다. 그 낙원은 꺼지지 않는 갈망 속에서 가능한 모든 형태로 다시금 끊임없이 추구되는 것이다.

아버지 신에 대한 반역의 형벌로서 그리스도 신화의 중심에 서 있는 십자가 처형은 자궁 내 상황의 전환과 동화assimilation라는 점에서 익

---

31 Storfer, *Zur Sonderstellung des Vatermordes*, 1911를 보라.

32 오직 이 점으로부터 이른바 "수감 정신병"(Prison Psychosis)의 심층 심리학이 이해되어야 한다.

시온이 수레바퀴에 묶이는 형벌과 상응한다. 다만, 바퀴의 바큇살들이 제거됨으로써 그것은 곧 십자가가 된다.[33] 결과적으로, 십자가 처형 역시 고통스럽게 강조된 자궁으로의 회귀를 의미하며, 그 뒤를 이어 지극히 일관되게 부활이 뒤따른다. 즉, 재탄생이 아니라 탄생이다. 왜냐하면, 여기서 문제가 되는 것은, 단지 출생 과정의 반복[34]과 재현일 뿐이며, 이것은 원초적 외상을 신경증적으로 극복하려는 의미에서 윤리적이고 종교적으로 승화된 것이다. 그러므로 기독교 구원의 신비가 신경증자뿐만 아니라, 정신증자의 환상적 삶 속에서 큰 비중을 차지하는 것은 쾌락적인 고통을 통해 자궁으로의 회귀에 성공한 수동적 영웅과의 동일시로 설명된다. 이러한 동일시는 고대 세계의 파멸로부터 인류를 구원한, 회복을 향한 숭고한 시도이며, 이는 그리스도의 전통적인 기적들 속에서 분명하게 드러난다. 그는 자신의 모범example을 통해 맹인과 절름발이를 건강하게 만든다. 즉, 그는 그들로 하여금 자신과 동일시하도록 자극한다. 왜냐하면 그들은 그에게서, 출생 외상을 극복한 자를 볼 수 있었기 때문이다.

원죄 없는 잉태Immaculate Conception에 대한 유아기적 이론은 출생 외상에 대한 교리적dogmatic 개념으로서, 그리스도 전승에 대한 이러한 설명과 무리 없이 들어맞는다. 이는 영웅 신화의 의미에서, 가장 극단적인 전개가 그리스도 인물 안에서 나타난다, 출생 외상의 숙달에 큰 성공을 거둔 이 부정적negative 영웅은 자연적인 방식으로 태어나지 않았으

33 따라서 십자가 자체는 여전히 "내적인" 무엇을 상징한다. 이를테면, 가장자리의 고정에서 풀려난 바큇살을 뜻한다. 또한 갈고리 모양의 십자가 역시 이 맥락에 속한다: 바큇살 형태의 십자가가 다시 바퀴의 가장자리 속으로 자라는 형상은 자연스럽게 "생명과 승리의 상징"이 된다(Schneider, *l.c.*, p.8, note 2).

34 복음서에서 그리스도 자신은, 사람들이 자신을 반대하는 것(적대적 태도)을 강박적 반복의 결과라고 설명한다: "예언자들의 말씀이 성취되기 위함이니라."

며, 사실상 자연스러운 방식으로 어머니에게 들어가지도 않았다.[35] 심각한 출생 외상의 이러한 인간적 불완전성은, 신경증 증상의 결정에 대한 우리의 견해와 조화를 이루어, 성인의 후기 삶에서 그가 겪는 신체적 및 정신적 고통을 통해 일정 부분 보상된다. 이러한 방식으로, 외현적 처벌은, 그 잠재적 내용에 따라, 이상적 소원의 성취, 말하자면 어머니에게로의 회귀를 의미한다. 반면에, 십자가에 달린 구세주의 예술적 이상화는, 그 잠재적 의미에 따라, 지하 세계의 실제 처벌, 말하자면 태아 위치의 방해를 표현한다.

35 그리스도의 탄생으로 시작되는 새 시대는 심리학적으로 태아기 시기와 그것의 영원한 반복에 해당한다(멕시코의 유비, p.75 note 참조).

루카스 크라나흐. 십자가형.

루카스 크라나흐. 십자가형(1502년 작).

예술적 이상화 8

ARTISTIC IDEALIZATION

그리스도 신화Christ myth의 지극히 인간적인 이해를 가장 정확하게 보여주는 예시는 루카스 크라나흐Lukas Cranach의 십자가 처형에 관한 사실적 표현에서 찾아볼 수 있다.[1] 이 작품에서 구세주는 우리가 익히 아는 바와 같이, 신체를 활짝 펼친 자세로 십자가에 매달려 있지만, 그의 양옆에 있는 죄인들은 특징적인 태아 자세로 나무 기둥에 못 박힌 모습으로 나타난다. 이러한 점에서, 예술 작품 속에서 이상화된 형태로 표현된 그리스도의 십자가형 자세는, 마치 히스테리 환자의 활 모양 자세*arc de cercle*의 그것과 유사한, 방어 혹은 처벌의 메커니즘을 시사한다. 그리하여 루카스 크라나흐의 사실적인 인물상들과의 대비는 예술적 재현의 이상화 경향을 보여준다. 이를테면, 이러한 경향은 출생의 원초적 상태에 지나치게 근접하는 것을 미학적으로 완화하려는 목적을 지닌 것으로 보이며,[2] 동시에 그 표현에 '처벌의 성격'을 부여하려는 의미도 드러낸다.

---

1 우르스 그라프(Urs Graf) 등 여러 화가들에 의해 더욱 사실적인 죄수들의 묘사들이 존재한다.

2 흥미로운 것은, 쇼펜하우어에게 있어 미학적 성취의 본질이란 "의지"로부터의 해방에 있었다는 점이다. 니체는 그 이면에 작동하는 "성적 억압"을 명확히 인식하였으며(*Genealogy of Morals*, 6), 이와 관련해 잘 알려진 문장을 인용한다(*Die Welt als Wille und Vorstellung*, i, 231): "그것은 고통 없는 상태이며, 에피쿠로스(Epicurus)가 최고의 선이자 신들의 상태라고 찬양했던 것이다. 우리는 그 순간 의지의 비열한 압박으로부터 자유로워지고, 마치 의지 작용의 형벌-노동으로부터 안식일을 보내는 것처럼, 익시온의 바퀴가 멈춰서는 순간을 맞이하게 된다." 이에 대해 니체는 다음과 같이 덧붙인다: "이 얼마나 격렬한 언사인가! 얼마나 고통과 지속적 피로의 이미지인가! '그 순간'과 영원한 '익시온의 수레바퀴' 사이에 존재하는 거의 병리적인 시간적 대립은 또 얼마나 인상적인가!"

예술적 이상화의 과정은, 자연을 충실히 재현하는 가운데에서도 미학적 유사성, 비현실성, 심지어 "자연" 자체에 대한 노골적인 부정을 지향하는데, 그 절정은 그리스 문명에서 분명히 드러난다. 니체는 처음으로 이것을 심리학적으로 통찰력 있게 분석하였다. 그는 자신의 첫 저작에서, 우리가 그리스 문화의 본질적 요소로 여기는 조화로운 특성을 "아폴론적"Apollonian이라고 명명하며, 이것을 "디오니소스적"Dionysian이라 부르는 일종의 신경증적 장애에 대한 반작용으로 파악하였다. 그리고 그는 인류 정신사에서 유례없는 이 이상화 과정의 척도이자 규범으로, 죽음에 대한 급격한 변화를 예시한다. 실레노스Silenus의 지혜,[3] 말하자면 '태어나지 않았음이 최고의 복'이라는 지혜와, 호메로스 시대 영웅들의 삶에 대한 태도 사이에는 큰 차이가 있다. 이제 우리는 이러한 실레노스의 지혜를 뒤집어 "그들[호메로스 영웅들]에게 있어 최악은 일찍 죽는 것이고, 그리고 그 차악은 언젠가 죽을 수밖에 없다는 사실"이라고 말할 수도 있을 것이다. "아폴론적" 발달 단계에서의 의지는 존재 그 자체를 그토록 격렬히 갈망하고, 호메로스적 인간은 그 속에서 완전한 일체감을 느꼈기에 애도조차 삶을 찬양하는 노래로 바뀌어 버린다. 여기서 우리가 주목해야 할 점은, 현대인이 열망해 마지않는 이 조화는 결코 단순하고 자연스럽게 생겨나는 결과는 아니라는 것이다. 쉴러Schiller가 인간과 자연 사이의 이 일체성oneness을 표현하기 위해 '순진한'naïve이라는 기술적 용어를 도입했지만, 이 상태는 모든 문화의 시작점에서 반드시 존재하는 것도, 또한 인간을 낙원으로 인도하는 필연적 조건도 아니라는 점이다... 오히려 예술 속에서 '순진한' 상태를 만나는 곳마다, 우리는 그것이 아폴론적 문화의 가장 높은 성취임을 인정해야 한다. 즉, 아폴론적 문화는 언제나 먼저 거대한 제국을 무너뜨리고 괴물을 죽여야만 했

3 *The Birth of Tragedy*, pp.34-35; ibid., pp.36-37.

다. 그리고 강력하고 눈부신 표상들과 즐거운 착각들을 통해서만, 세계에 대한 끔찍한 심연과 고통에 대한 극도로 예민한 감수성을 극복할 수 있었다."

"그리스인들은 존재의 공포와 전율을 알았고, 또 그것을 느꼈다. *살아가기 위해서는*, 그는 자신과 공포 사이에 찬란하게 빛나는 올림포스 세계Olympian world라는 꿈-같은 탄생을 개입시켜야만 했다. 자연의 거대한 힘에 대한 지나친 불신, 모든 지식 위에 무자비하게 군림하는 운명Moira, 위대한 박애주의자 프로메테우스Prometheus의 간을 쪼는 독수리, 현명한 오이디푸스의 끔찍한 운명; 오레스테스Orestes에게 모친 살해를 강요한 아트레우스Atridæ 가문의 저주. 말하자면, 저 숲의 신(sylvan god: 문학적으로 야만적이고 원초적 공포와 고통을 드러내는 자연신—역자주)의 철학과 그 신화적 전형들은 슬픔 가득한 에트루리아인들Etruscans을 파멸로 몰아넣었다. 그러나 그리스인들은 이 모든 것을 올림포스의 신들이라는 예술적 중간 세계를 통해 끊임없이 새롭게 극복하거나, 적어도 그것들을 보이지 않게 가리고 시야로부터 멀어지게 하였다."[4]

이 문장들 속에서 니체는, 지금까지 유례가 없을 만큼 대담하게, 그리스 문화 발전의 문제를 그 뿌리에서부터 포착해 냈다. 우리는 "디오니소스적"인 것에 대한 심리적 이해에서 단지 한 걸음만 더 나아가기만 하면, 그 전체 발달을 길러낸 근원적 원천, 즉 불안 앞에 서게 된다, 그러나 이제 불안에서 예술로 향하는 길을 추적하고, 동시에 그리스인들이 어떻게 예술적 이상화의 궁극적 완성에 도달할 수 있었는지를 이해하기 위해, 우리는 다시 출생 외상으로부터 비롯되는 원초적 불안의 핵심 상징으로 돌아가야만 한다. 그것은 다름 아닌, 스핑크스이다.

루트비히 라이스트너Ludwig Laistner는 그의 시사적인 저서 *Das*

4 랑크의 이탤릭.

Rätsel der Sphinx(스핑크스의 수수께끼, 1884)에서, 인간을 질식시키는 괴물에 대한 그리스 민속 전설과 독일 전통 속 도깨비goblin 전설을 연결시켰으며, 이 둘을 모두 인간이 경험하는 '악몽'으로까지 추적하였다. 불안 꿈anxiety dream 자체가 원초적 출생 불안을 재현한다는 사실은, 이제 정신분석적으로 명확해졌다. 그와 동시에, 스핑크스의 혼합적 형상 역시 불안 경험 그 자체를 상징하며, 정신분석학은 이 스핑크스를 어머니 상징으로 인식해 왔다. 특히 스핑크스의 "질식시키는 자"로서의 성격은 출생 불안과의 직접적인 연관성을 분명하게 해준다. 이러한 의미에서 오이디푸스 신화에서의 스핑크스 역할은, 영웅이 어머니에게로 돌아가는 여정에서 반드시 출생 불안이라는 장벽을 극복해야 함을 잘 보여준다. 이 불안은, 신경증 환자가 퇴행하려는 모든 시도에서 반복적으로 마주치는 바로 그 장벽이기도 하다. 라이크Reik[5]는 사실 스핑크스의 일화가 사실상 오이디푸스 신화 전체의 복제duplicate임을 매우 재치 있게 해석하였다. 다만, 그가 이집트 스핑크스의 남성적 형태에 미혹되어, 정신분석에서 원래 설정한 어머니 상이라는 특성을 부차적인 것으로 간주하려 하였다. 하지만 이러한 주장은 여기서 전개된 맥락에서뿐만 아니라, 다른 여러 측면에서도 성립 불가능함이 드러난다. 이집트형 스핑크스가 역사적으로는 앞서 있을지 몰라도, 신화적 구조에서는 원초적 모성상이 우선임이 분명하다. 오히려 오이디푸스 신화는 분명히 스핑크스 일화의 복제인 것이 분명하다. 심리학적으로 볼 때, 오이디푸스 신화는 원초적 외상이 성적 단계에서 반복된 것이고(오이디푸스 콤플렉스), 스핑크스는 바로 그 원초적 외상 자체를 상징한다. 스핑크스가 사람을 집어삼킨다는 설정은, 아이가 지닌 동물에 대한 유아기적 공포와 직접적으로 연결되며, 이는 우리가 이미 서술한 바와 같이, 출생 외상에서 비롯된 양가

5 "Œdipus und die Sphinx," *Imago*, vi., 1920.

감정에 뿌리를 둔다. 영웅은 스핑크스에게 삼켜지지 않음으로써, 불안을 극복하고, 그로 인해 어머니와의 성적 결합이라는 무의식적 소망을 쾌락적 형태로 반복할 수 있게 된다.[6] 하지만 스핑크스는 질식시키는 존재라는 본래의 성격에 따라, 잠재적 내용으로서 어머니에게 되돌아가려는 소망, 즉 삼켜질 위험만을 나타내는 것이 아니다. 동시에, 그 외현적 형태는 출산 그 자체와 그것에 맞선 투쟁을 표현한다. 스핑크스의 형상은, 인간의 상반신이 동물-같은(모성적) 하반신에서 자라 나오면서도 결코 완전히 거기서 벗어나지 못하는 출생의 장면을 구현하고 있다.[7] 이

---

6 헤시오도스(Hesiod)의 *Theogony*(신들의 계보)에서 문헌상 최초로 언급되는 스핑크스는, 아리미(Arimi) 지역에 있는 지하 동굴에 거주하는 에키드나(Echidna)와 그녀의 아들 사이의 결합으로부터 기원한다. 유리피데스(Euripides)는 스핑크스를 "저승의 에키드나의 자식"이라 부르기도 한다(Roscher's *Lexicon*).

7 이와 관련된 명백한 심리학적 예비단계(preliminary)는 테노스(Tenos)의 유명한 테라코타 부조(Terra-cotta Relief)에서 볼 수 있는데, 이 작품은 스핑크스를 죽음의 여신으로 묘사하며, 젊음의 꽃을 낚아채는 장면을 담고 있다(Roscher, iv., sp. I,370). 이와 유사한 사례로는 "Harpie des Grabmals von Xantos"(Roscher, i., p.2, sp. I,846)를 보라. 스핑크스와 죽음의 연결은, 이집트 기자(Gizeh)의 대형 스핑크스 또한 무덤임을 상기할 때 이해하기 쉬워진다. 이 무덤은 중국 명나라 왕조 무덤의 코끼리 조각 행렬(Elephant-avenues)과 같은 "동물 형태의 관들"과는 다르게, 인간과 동물이 결합된 특수한 형태를 통해 구별된다. 일종의 영웅 신화의 의미에서, 이것은 인간의 기원이 동물 같은 몸체에서 유래되었다는 사실을 강조하기 위한 구조이다. 스핑크스 몸체의 순수한 성기적 의미(자궁으로서)는 결국 후기 그리스 시대에 이르러 명시적으로 드러나는데, 여성들이 사용하는 에로틱한 연고 용기들(salve receptacle)이 스핑크스 형상으로 제작되었기 때문이다. 일베르크(Ilberg)는 이러한 것들에 관하여 기술하고 있다(Roscher's *Lexicon*, iv., sp. 1,384). 예를 들어, 산타 마리아 디 카푸아

스핑크스
(테노스 출토 테라코타 부조)

것이 바로 스핑크스 형상의 수수께끼이며, 이 수수께끼의 해답이 그리스 예술과 문화 전체의 발전을 이해하는 열쇠가 놓여 있다.

그리스 예술의 고전기를 그에 선행하는 오리엔트 예술과 피상적으로나마 비교해 보면, 우리는 다음과 같이 말할 수 있다. 이를테면, 그리스인들은 예술의 전체 발달 속에서 일관되게 자궁으로부터의 해방이라는 경향을 추구해 왔으며, 이러한 경향은 스핑크스와 켄타우로스 형태들에서 극적으로 표현되었다. 그들은 아시아 세계의 동물-같은 신들을 인간 형태로 대체하였고, 실제로 호메로스의 묘사에서는 지나치게 인간적인 형상으로 바꾸어 놓았다. 그리스 신화에 그토록 풍부하게 나타나는, 혼합된 형태의 모든 환상적 존재는 어머니로부터 자유로워지려는 이 투쟁의 고통과 고뇌를 다시금 반영하는 것으로 보인다. 그 투쟁의 결

(San Maria di Capua)에서 출토되어 현재 대영박물관에 소장된, 아름다운 스핑크스형 화병이 있으며, 머레이(Murray)는 그 제작 시기를 기원전 440년으로 추정한다.

우리는 이와 같은 현상을 페루의 고대 도자기 예술에서도 확인된다. 이 역시 스핑크스 형상이 본래 일종의 용기였다는 사실, 말하자면 인간이 그 속에서 보존되어 있었으며 또한 거기로부터 나오는 그릇이었음을 입증해 준다. 따라서 주목할 만한 표현이 나타나는데, *달팽이 껍질 아래에* 맹수의 이빨을 가진 "스핑크스-같은" 인간이 묘사되어 있으며, 눈에서 더듬이가 뻗어 나오고 있다(푸어만에 따르면, Peru, ii., 1922, Table 57); 또한 푸어만은 함부르크 민족학 박물관 소장품인 도판 31에 대해 다음과 같이 언급한다: "동물의 등에서 자라나는 것처럼 보이는 인간 머리를 지닌 매우 이례적인 형상으로, 매우 곡선적으로 부풀어 있는 배는 여전히 그 안에 숨어 있는 인간의 몸을 의미할 수도 있다." 비엔나 자연사박물관 소장의 도판 30은, 이미 인간 형상이 더 뚜렷해진 상태에서의 켄타우로스(Centaur) 유형에 접근하는데, 이에 대해 푸어만은 다음과 같은 정신분석적 통찰을 덧붙인다: "페루에는 승마용 동물이 존재하지 않았음에도 불구하고, 이 형상이 등장한 기저는 아직 설명되지 않았다." 하지만 어쨌든 여기에서 우리는 말 타는 기수의 "기원"을 파악할 수 있게 되며, 이는 결국 어머니와 합일된 존재, 그러므로 더 강하고, 더 고귀하며, 더 강력하며, 선호 받는 자(왕, 지도자, 지배자)로 상징된다(멕시코의 원주민들이 스페인 정복자들이 말을 타고 나타났을 때, 말과 기수가 하나의 분리 불가능한 전체라고 생각하였다). 어린이들이 타는 흔들 목마나 장난감 목마는, 거의 정신병적 퇴행이라 할 만한 동물적 몸으로의 회귀를 보여주는 유아기의 한 예다. 그러나 이보다 더 뚜렷한 사례는 아이들이 하는 이른바 "말놀이"에서 볼 수 있다. 이때 아이는 다리와 하체를 말처럼 튕기며 움직이고, 상체는 말 위에 올라탄 사람을 연기한다. 이러한 상태에 원초적으로 고착된 모습은, 베르치인거(Bertschinger)가 정신분열 환자의 "삽화적 환각"(Illustrated Hallucinations)에서도 매우 인상적으로 상징화되어 있다(*Jahrbuch f. Psa.t* iii,, 1911).

과는, 모든 지상적인 것에서 해방되었으면서도 여전히 지극히 인간적인, 고귀하게 형상화된 그들의 신체 조각 속에서 우리가 감탄하는 바로 그것이다.

그리스 예술 발전의 심오한 문화적, 역사적 중요성은, 그것이 인간되기becoming human의 생물학적, 선사 시대적 행위, 말하자면 어머니로부터의 단절과 대지에서의 직립을 인간 신체의 미학적 이상의 창조와 완성 속에서 다시금 반복하고 있다는 점이다.[8] 박공형식gable composition의 전형적인 구성, 말하자면 땅에 쓰러진 부상병들로부터 똑바로 직립한 신의 모습까지 이어지는 다양한 중간 연결 고리들을 ―그중에는 켄타우로스도 포함해서― 통해, 나는 이 생물학적 발달 원리의 반영을 보고자 한다. 더욱이, 좌상 형태(왕좌에 앉은 상태 등)는 아시아 예술 전반에 나타나는 지배적인 유형이었는데, 다리를 교차시킨 부처상이나 중국 조형예술의 인물상 등은 인간 형상을 모방하려 한 모든 표현에서 공통적으로 나타나는 특징이다. 이에 비해, 이집트 예술은 처음으로 직립하거나 보행하는 신체 형태를 전면에 부각시켰으며(비록 동물 머리를 가진 경우도 있었지만), 이러한 형상은 그리스 예술에 와서 동물의 혼합체에서 벗어나 출생의 찌꺼기가 제거된 정화된 미학적 이상으로 마침내 모습을 드러낸다. 이집트의 조형예술과 고대 중국의 암각화에서는, 인물 형상이 점차적으로 돌에서 자라나는 듯한 석재 탄생Stone Birth 묘사가 나타난다. 예를 들어, 베를린 박물관에 소장된 공주를 안고 있는 세넨무트(Senmut, 기원전 약 1470년경)의 화강암 조각상에서는, 거대한 화강암 덩어리에서 머리 부분만이 튀어나온 형태를 볼 수 있다. 이미 출생이라는 예술적 상징에서 더 멀어진 형태이긴 하지만, 이와 유사한 조각상

---

8 *Laokoön*에서 레싱(Lessing)은 고대인들 사이에서는 “아름다운 인간이 조각을 창조했고, 국가는 그 아름다운 조각 덕분에 다시금 아름다운 인간을 갖게 되었다”라고 언급한다.

이 카이로에서도 발견되며 같은 모티프를 보여준다. 헤드비히 페히하이머Hedwig Fechheimer는 이집트 조형예술에 관한 탁월한 연구에서,[9] 이집트 예술의 본성상 오직 고요함 속에서 완전히 정지된 형태만을 수용할 수밖에 없었다고 진술한다. 따라서 앉아 있거나, 굳건히 서 있거나, 쪼그리고 앉거나, 무릎을 꿇은 형태가 가장 빈번한 모티프로 나타난다. 세넨무트의 화강암 석상처럼, 인간 형상이 머리만 드러낸 채 하나의 단단한 덩어리block 속에 완전히 묶여 있는 모습으로 되어 있다. 이러한 거칠고도 전형적인 형식은 건축적 상상력과 맞닿은 일종의 공간적 환상을 가장 일관되게 표현한 예라 할 수 있다(pp.25-26). 이 시기로부터 조형예술과 건축은 본래는 뚜렷이 하나였던 것처럼 그들의 심리적 연관을 되찾은 것처럼 보인다. 건축은 문자 그대로의 의미에서 "공간의 예술"이며 따라서 소극적 조형예술이라면, 조형예술은 "공간을-채우는" 예술이라 할 수 있다. "큐브 형상들cube figures은, 그 엄격하고 일관된 입방체적 구상 속에서, 모든 조형예술을 능가한다. 이는 밀레토스의 디디마이온Didymaion의 거대한 기념비적 조각상들 또한 마찬가지다. 무릎을 높이 끌어올리고, 양팔을 가슴에 포갠 채 쪼그리고 앉아 있는 복잡한 자세를 간단한 도식scheme으로 환원한 이 구상은, 조각에서 완전히 실현되었다. 두 조각상 모두는 하나의 입방체에 의해 완전히 둘러싸여 있다"(p.39).

이집트인들의 사고에 있어 인간을 원초적 형태로부터 분리해 내는 행위가 출생의 행위와 얼마나 밀접한 관련을 가지는가는, 그들의 언어 속에서도 분명히 드러난다; "*창조하다*는 *곧 생명을 불어넣다*와 같은 의미를 가진다. 따라서 조각가가 조각상을 만들 때, 그의 작업은 바로 이 '살다'라는 동사의 사역형으로 표현된다[살게하다]. 이러한 언어적 표현은

---

9 *Die Kunst des Ostens*, Bd. i., Berlin.

단순한 발음의 유사성의 문제가 아니라, 내적인 유사성을 반영하고 있다. 이는 조각상에 고유한 이름들이 부여되어 하나의 개체들로 격상되는 사실에서도 확인된다.... 신화를 바탕으로 한 사고 체계는 다음과 같이 발전하였다: 태초의 신 프타Ptah는 자기 자신을 포함해, 모든 신과 만물을 창조한 존재이며, 예술과 작업장workshop의 창조자이기도 하다. 프타의 대제사장은 '모든 예술 작품의 감독자'라는 칭호를 가지고 있으며, 프타의 이름 자체 또한 '형태를 만들다'라는 드물게 쓰이는 동사와 매우 긴밀하게 연결되어 있는 것으로 보인다"(p.13).

이중-형태의 스핑크스 형상은, 고대 이집트인들의 불멸 신앙에 있어 재탄생을 표현하는 가장 완전한 예술적-건축적 상징이었다. 그것은 그리스인들에게 이르러, 이러한 모계 종교를 극복해 나가는 과정의 출발점이 되었고, 결국에는 가장 숭고한 남성적 예술 이상의 창조로 이어졌다. 이 발전의 궤적은 그리스 문화사 안에서 비교적 쉽게 따라갈 수 있다. 그리스인들이 받아들인 스핑크스라는 존재와 나란히, 그리스의 대기는 수많은 유령으로 가득 차는데, 이들은 우리에게 "헬레니즘화" 과정이 어떠한 토대 위에 세워졌는지를 명백히 보여준다. 그 기반이란 곧 어머니 원리mother principle에 대한 가장 강렬한 억압이다. 일베르크는 로데Rohde와 라이스트너Laistner를 인용하며(Roscher's *Lexicon* 참조) 스핑크스는 그리스가 외래에서 수용한 전설적 존재였다고 주장한다. 그럼에도 불구하고, 스핑크스는 그리스 대중들의 환상 속에서 유사한 형상의 자국산 존재들과 융합되어 버린다. 이러한 그리스적 형상들은 지극히 고대 신앙에서 유래한 여성적 괴물들의 유령 군대spectral army로 이루어져 있으며, 헥카테Hecate, 고르곤Gorgon, 모르모Mormo, 라미아Lamia, 겔로Gello, 엠푸사Empusa, 케레스Keres, 퓨리이Furies, 하피Harpies, 세이렌Sirens, 그리고 유사한 지옥의 영들과 죽음의 악령들의 모습으로, 오직 그리스 전설 세계에서만 유난히 풍부하게 나타난다. 그것들은 모두 원초적 어머니의 표상이며, 출생 불안을 묘사한다. 이 점에서 그리스 문화와 아시아 문화 사이의 근본적 차이를 드러낸다. 아시아 문화에서 위대한 원초적 어머니는 신적인 숭배를 향유하는 반면(아스타르테-키벨레[Astarte-Kybele]), 헬레니즘에서는 상황이 달랐다. 그녀[원초적 어머니]는 불안의 재활성화를 통해 억압되었고, 남성 신들의 천상계로 대체되었으며, 이는 지상에서의 남성 지배 국가와 상응하는 것이었다.[10] 스핑크스 형상이 그리스로 수용되기도 했던 이집트 문화는, 이러한 두 극단적인 세계관 사이의 과도기를 형성하는 것으로 보인다.

이집트 문화는 세 가지 주요 요인에 의해 형성된 것으로 보이며, 이들 모두는 아시아의 세계관에서 나타나는 원초적 어머니에 대한 긍정적 태도를 억제하려는 시도와 긴밀하게 연결된다. 아시아의 세계관에서 이러한 태도는 원초적 어머니에 대한 성적인 높은 평가로 나타나며, 기독교의 신격화된 성모의 승화된 형태로 재등장한다. 첫째, *종교적* 요인으로, 죽은 자의 제의에서 독특하게 나타난다. 특히 시신 보존에 대한 집착 등 세부 요소들 모두가, 자궁 내에서의 삶의 연장과 등가를 이룬다.[11] 둘째, *예술적* 요인으로 동물의 몸에 대한 과장된 평가에서 나타난다(동물 숭배). 셋째, *사회적* 요인으로서, 여성에 대한 높은 사회적 평가가 해당된다("모권"). 이들은 모두 원래 "모성적" *모티프*에 뿌리를 두며, 수천

---

10 그러나 이러한 여성 원리의 억압이 완전히 성공적이지는 못했다는 사실은, 신들의 아버지 제우스와 어머니 여신 헤라 사이의 부부 싸움 속에서도 드러난다. 심지어 호메로스 작품 안에서조차, 이 부부의 갈등은 코믹하게 그려지는 경우가 적지 않으며, 이에 따라 오펜바흐(Offenbach)가 제우스를 신-같은 공처가(henpecked husband)로 풍자하고, 또한 호색을 즐기는 남편으로 형상화한 것도 납득이 간다. 기독교 문화에서 이에 해당하는 것은 논쟁의 여지 없는 지하 세계의 여주인으로 군림하는 마귀의 할머니이며, 인도 문화에서 그에 상응하는 존재는 바로 무시무시한 두르가(Durga)이다.

11 프로이트는 인간 형태의 관 속에 미라를 안치하는 것이 자궁으로의 회귀를 시사함을 보여주었다 (Tausk, *l.c.*, p.24, note 인용).

년에 걸친 발전 과정을 통해 출생 외상을 극복하는 데 기여하며 점차 남성화되었다. 말하자면 이 모티프들은 아버지 리비도에 대한 적응의 의미에서 재구성되었다. 어머니 원리의 이 세 가지 형식과 이를 극복하려는 초기의 시도는, 달의 여신 이시스Isis에 대한 숭배와 그와 동시에 점차 강화되는 오시리스Osiris의 중요성에서 전형적으로 드러난다. 오시리스는 이시스의 오빠이자 아들이며, 동시에 남편이라는 삼중적 관계 속에 위치한다. 동일한 현상이 *태양 숭배*의 점진적 발달 속에도 반영된다. 태양 숭배는 융의 이해에서 재탄생 환상과 결합될 수 있을 뿐만 아니라, 보다 더 원초적인 달 숭배의 의미에서는 어머니 리비도의 표현이기도 하다. 영웅이 태양과 자신을 동일시하는 것은 단지 태양이 떠오르기 때문만이 아니라, 그것이 매일 새롭게 지하 세계로 사라짐으로써 어머니=밤과의 합일에 대한 원초적 소망에 부응하기 때문이다. 이는 의심의 여지 없이, 수많은 그림으로 표상되는 고대 이집트의 태양 숭배 사상에 의해 명확히 입증된다. 이 그림들은 지하 세계로의 밤 여행을 묘사한 태양선sun-ship이 자주 등장하며, 『사자의 서』Book of the Dead와 같은 사후세계 관련 문헌들에서도 동일한 사상을 확인할 수 있다: “대지는 원반으로 여겨졌으며, 그 밑에는 또 다른 세계가 놓여 있는데, 그것은 죽은 자들에게 속한다. 태양신이 이들과 조우하면 죽은 자들은 팔을 들어 그를 찬미한다. 태양신은 관 속에 누워 있는 자들의 기도를 듣고, 다시 그들의 콧구멍에 숨결을 불어넣는다. ‘태초의 신들의 노래’는 태양신을 향해 외친다. ‘그대가 어둠의 시간(?)에 지하 세계로 들어갈 때, 그대는 그대의 광선으로 오시리스를 깨우는구나. 그대가 땅 속의 거주자들(죽은 자들)의 머리 위로 떠오를 때, 그들은 그대에게 외친다,... 그대가 밤에 지하 세계로 뚫고 들어갈 때, 옆으로 누운 자들이 일어나게 하소서!’ 특별한 특권들이 부여된 죽은 자들의 영혼이 태양선에 올라 그와 함께 여행하도록 허락한다. 죽은 자들은 노래로 태양신을 찬미하며, 그 찬가는 오늘날 테베 왕들의 무덤에서 우리에게 전해진다.... 죽은 자들이 태양에 강하게 의존하게 됨으로써, 신왕조 말기에는 왕들의 무덤 안에서도 태양신이 묘사되며, 그 속에서 죽은 자는 태양신을 동등한 자로 만난다"(Roscher, *Sonne*, vol. iv.).

이집트 우주론에서 태양의 기원에 대한 개념은 태양신이 스스로 자신을 낳았다는 사상에 철저히 근거하고 있다. 고대 신들의 노래에서는 다음과 같이 기도한다: "그의 기원의 형태는 비밀스럽도다.... 레(Re: 태양신의 이름—역자주)로서 솟아오르는 자.... 스스로부터 기원하였고.... 자신의 몸으로부터 자신을 창조하였으며, 자신을 낳았다; 그는 *어머니의 자궁에서 나오지 않았으니*, 그가 나온 곳은 무한infinity이다." 또 다른 '태초의 신들의 노래'에서는 이렇게 말한다: "그에게는 아버지가 없으며, 그의 남근phallus이 그를 낳았다; 그에게는 어머니가 없으며, 그의 씨가 그를 낳았다.... 아버지들의 아버지요, 어머니들의 어머니이시다"(*l. c.*, col. 1191). 이 탄생 신화의 또 다른 개념은 태아적 원초 상황에 더욱 근접하는데, 이에 따르면 태양신은 하나의 알을 창조하였고, 그 알에서 자신이 나왔다고 한다. 『사자의 서』에는 다음과 같이 기록되어 있다: "대양으로부터 솟아오른 레Re는 말하노라. '나는 대양이 창조한 영혼이니라.... 나의 둥지는 보이지 않으며, 나의 알은 깨지지 않았노라.... 나는 천상의 끝자락에 나의 둥지를 틀었노라.'" 그리고 잘 알려진 (뢰더[Roeder]가 Roscher's *Lexicon*를 언급하면서 인용한) "풍뎅이 도상들"은 풍뎅이가 공(말하자면, 자신의 알?)을 굴려 (도상 7, *l.c.*) *하늘 여신의 몸 안으로 밀어 넣고, 거기서 다시 태어난다*는 상징을 보여준다. 이는 곧 자궁으로의 원초적 회귀를 의미하며, 이와 같은 상징 체계가 이집트와 페루처럼 지리적으로 멀리 떨어진 지역들에서조차 태양 숭배의 공통적 근간을 이루고 있었음을 명확히 보여준다.

그러나 태양 숭배의 발전은 언제나 어머니-문화에서 아버지-문화로의 결정적인 전환과 병행하여 이루어진다. 이는 특히 갓 태어난 왕(아기, *infans*)이 태양과 최종적으로 동일시되는 것에서 나타난다. 사회적 영역(부권의 확립)과 종교적 영역 모두에서 여성의 지배에 대한 이러한 빈대는, 이집트에서 그리스로 이어지는 과도기적 과정에서 지속되며, 마침내 그리스에서는 심지어 에로틱한 삶으로부터도 완전히 억압된다. 이 억압을 통해 남성 중심 문명의 가장 풍요로운 개화가 이루어지고, 이에 상응하는 예술적 이상화가 실현되었다.

연꽃 위의 태양신
(베를린)

서구 문명 발달사에서 결정적인 위기의 전환점이자 핵심은 크레타 Crete에서 나타난다. 이곳은 잘 알려진 대로 이집트의 영향력이 처음으로 그리스와 융합되어 미케네Mycenaean 문화를 형성한 지역이다. 이러한 영향은, 예를 들어, 그리핀griffin과 유사한 형상에서 분명히 드러나는데, 푸르트벵글러Furtwängler에 따르면 이는 신왕조 시기의 스핑크스 유형과 뚜렷하게 일치한다. 이와 함께 이집트적 기원이 유력한 미노타우로스Minotaur도 마찬가지다. 미노타우로스는 몸은 완전한 인간의 모습이지만, 머리는 황소의 것으로 묘사된다. 이 괴물의 감금 장소인 미궁Labyrinth은 바이트너Weidner의 중대한 발견 이후 정신분석적 해석을 통해 접근 가능한 대상이 되었다(프로이트 교수의 구두 전언에 의거). 바이트너는[12] 고대 비문 판독을 통해, 이 복잡하고 어두운 미궁이 실제로는 인간의 장기intestines를 상징하고 있음을 밝혀냈다. 그 비문 속에는 이 장소를 "내장의 궁전"Palace of the Intestines이라고 부르고 있다. 이것을 분석적으로 보면, 미궁은 출구를 찾지 못하는 기형적 존재(태아)의 감옥이라는 의미를 가지며, 이는 무의식적 소망-충족의 관점에서 명확히 이해된다. 나는 이 개념이 크레타-미케네 시대뿐 아니라 북유럽 문화와 예술 전반(미궁 춤, 장식 문양 등)에까지 미치는 거시적 함의를 다룬 좀 더 긴 장문의 논문을 통해 상세히 논증할 예정이지만,[13] 여기에서는 이와 대립적 인물로서 테세우스Theseus를 주목하고자 한다. 그는 아리아드네Ariadne가 던져준 실(탯줄)을 따라 미궁으로부터의 출구를 찾는 데 성공하거나 혹은 다른 전승에 따르면 그녀를 그곳에서 구출한다. 이와 같은 해방 서사는 신화적 보상의 어법 속에서 '사슬에 묶인 처녀를 구하는 영웅'으로 표상되며, 이는 곧 그리스의 이상적 인간(영웅)의 탄생과 고대의 원초적 어머니로부터의 분리를 상징한다.

---

12 E. F. Weidner, "Zur babylonischen Eingeweideschau. Zugleich ein Beitrag zur Geschichte des Labyrinths" (*Orient. Studien.*, Fritz Hommel zum 60 Geburtstag, I. Band, Leipzig, 1917, P. 191).

13 이미 *Mikrokosmos und Makrokosmos*에서 언급되었다. F. Adama van Scheltema, *Die altnordische Kunst*, Berlin, 1923, P.115 ff를 참조하라; "Der Kreis als Mutterform der Bronzezeitomamentik." 위에 제시된 스케치는 (크라우제[Krause]에 따르면) 그 실례로 이해될 수 있다. 또한, 트라글리아텔라(Tragliatella)의 유명한 도자기 그림은, 트로이 요새(= 미궁)에서 말을 타고 나오는 전사들을 묘사한 장면인데, 말의 꼬리가 여전히 미궁의 나선형 통로 안에 남아 있다(Krause, *Die nordische Herkunft der Trojasage*, Glogau, 1893을 보라).

트로이 성에서 나오는 기마병들
(트랄리아텔라 출토 주전자 그림에서 인용)

이 지점에서 우리는 근동 지역의 세계관이 본래는 순전히 모계 중심이었던 가운데, 어떻게 이집트 문화에서 남성화를 거쳐 그리스(스파르타)의 남성-지배적 사회 조직으로 이어졌는지를 역추적할 수 있다. 그리고 이러한 과정이 인간을 예술적으로 창조하는 순수 남성 중심 문화의 이상화로 완성되었는지를 이해할 수 있다. 이러한 발전 과정의 가장 완전한 표현은 프로메테우스의 신화 속에서 발견된다. 프로메테우스는 대담한 불의 전달자이자 인간의 창조자로서, 비할 데 없는 그리스 조각가라는 인간적 원형에 따라, 흙으로 사람을 빚어내고 그들에게 생명의 불을 불어넣었다."[14] 그뿐만 아니라 최초의 여자 판도라(Pandora)의 창조도 특히 그의 업적으로 전해지며, 그는 구약 성경 속 하나님과 같은 동일한 위치에 놓인다. 그리스인들은 해방을 갈망했기 때문에, 프로메테우스를

14 밥(Bapp)이 이미 밝혔듯이(Roscher's *Lexicon*), 프로메테우스가 훔친 것은 천상의 불(번개)이 아니라, *대지*(어머니)로부터 온 불이었다. 이것은 후에 다리가 불구였던 대장장이 신 헤파이스토스(Hephaistos)-신화와도 밀접하게 연결되어 있다. 헤파이스토스는 하늘에서 추락한 결과로 절름발이가 된 존재로서(출생 외상의 상징), 더는 더러운 흙(Lehm = loam)으로 인간을 만들지 않고, 고귀하고 순수한 금속으로 인간을 형상화한다. 이와 관련하여 다음의 자료를 참고하라: McCurdy, "Die Allmacht der Gedanken und die Mutterleibsphantasie in den Mythen von Hephästos und einem Roman von Bulwer Lytton"(*Imago*, iii, 1914).

친구이자 구원자로서 숭배했지만, 그의 행위는 동시에 제우스의 입장에서는 중범죄로 간주되어 처벌받는다. 그의 처벌 속에는, 그가 저지른 범죄에 상응하는 무의식의 소망 충족이 반영되어 있다고 볼 수 있다. 그는 홀로 서 있는 바위에 단단히 묶여 있으며 —후기 전승에서는 십자가형으로 묘사되기도 한다— 맹금류가 그의 간을 끊임없이 쪼아 먹는다. 그러나 그의 간은 밤이 되면 다시 재생되어 그의 고통을 —그리고 그 무의식적 쾌락 또한— 영원화시키는 것이다. 따라서 헤시오도스의 고대 전승에는 그의 구출 사건이 언급되지 않으며, 이는 후대에 와서야 헤라클레스에게 귀속된다. 그러나 헤라클레스 역시 여인(옴팔레[Omphale])의 소유물로 영원히 묶여 있으며, 그로부터 끊임없이 그러나 헛되이 자신을 해방시키려 시도하는 바로 그러한 영웅을 표상한다.[15]

15 후대에 등장한 "불운한 아내"(Misfortune as a wife: 아내가 불행의 근원이라고 보는 고대 신화적 사고방식—역자주)라는 풍자적 개념은 —이 상자에 대해 프렐러(Preller)는 여성의 생식기를 뜻하는 성스러운 궤(*cysta mystica*)으로 해석한 바 있다— 헤시오도스(Hesiod)의 오래된 신화 전통과도 밀접하게 연결된다. 그 전통에 따르면, 제우스는 인간에게 불을 훔쳐준 프로메테우스를 벌하고자, 헤파이스토스에게 인간 여성을 창조하도록 허락하고, 그 결과 세상에 판도라(Pandora)를 보낸다. 헤시오도스의 신화는 다음과 같은 문장으로 끝맺는다: "이리하여 구원자 프로메테우스조차 제우스의 분노를 피할 수 없었다. 그는 *강력한 사슬에 얽매여 감금되고, 아무리 간교할지라도 끝내 제압당하고 말았다.*" 이 문장의 깊은 의미는, "여성적인 함정"이 의도된 상징임을 가리킨다. 이것은 영국 박물관에 소장된 소위 "섬돌"(Island-stones) 가운데 하나에 새겨진 프로메테우스의 형벌 장면 중 가장 오래된 시각적 표현에서 드러난다. 이 보석은 또한 크레타로 기원을 거슬러 올라가며, 그곳은 "펠라스기아(Pelasgian) 전통이라 불릴 만한 예술의 중심지였다"(Roscher, iii., 2, col. 3,087).

독수리에게 고문당하는 프로메테우스
(대영박물관 소장 석조 부조)

그러나 예술가 역시 프로메테우스처럼 자기 형상에 따라 인간을 창조한다는 점에서 동일한 행위를 반복한다. 말하자면, 그는 영원히 새롭고, 끊임없이 반복되는 출산의 행위 속에서 자신의 작품을 낳으며, 그 창조의 모성적 고통 속에서 동시에 자기 자신을 출산한다. 이와 같이, 여성을 단지 아이-출산의 기관으로만 인식하고, 소년에 대한 사랑pederasty을 찬미하였던 유명한 그리스 예술가는, 스스로를 어머니와 동일시하며 인간 창조자를 자처하였다. 그의 예술 작품은 어머니로부터 점진적으로, 그리고 자신의 내부에서의 큰 저항을 딛고 분리되어 나가기 위한 시도였으며, 이는 스핑크스와 같은 신화적 혼합 존재들이 이를 설득력 있게 증명한다. 저 짐승 같은 자궁으로부터의 해방을 갈망하면서도 동시에 절대로 원하지 않는 그 "순간," 말하자면 출생 속의 영원한 고착 상태로부터, 그리고 신경증 환자가 원초적 상황의 불안으로서 끊임없이 새롭게 경험하는 바로 그 상태로부터, 그리스 예술가는, 나아가 그 민족 전체는 마침내 이상화에 이르는 길을 발견하였다. 그것은 메두사의 머리가 그 모든 끔찍한 의미 속에 고스란히 간직해 온, 바로 이 폭풍 같은 순간을, 단단한 돌 속에 영원히 아로새기는 것이었다.[16]

그렇다면, 그리스 예술은 움직임movement에 관한 최초의 표상을 구성한다. 그것은 아시아 및 이집트 조형물의 둔탁하고 경직된 형상들을 깨뜨리고 운동감을 불어넣었지만, 자신 역시 다시금 경직성으로 귀결될 수밖에 없는 운명이었다Lessing's *Laokoön*. 최초의 스포츠맨이기도 했던 그리스인들은 신체 문화, 운동경기들, 경연대회, 무용 등에서 운동성을

16 이상화의 과정은, 무시무시한 고르곤의 괴형적 협곡(Gorgonic gorge)에서 출발하여 메두사 론다니니(Medusa Rondanini)를 거쳐, 궁극적으로는 그리스의 마돈나 상으로의 전환 과정에서 명확히 드러난다(비교할 실례들은 Roscher, i., 2, col. 1716-17, 1723를 보라). 페렌치의 논문 "Zur Symbolik des Medusenhauptes"(*Int. Zschr. f. Ps.A.*, ix., 1, 1923, p.69)와 프로이트의 보충적 논평 "The Infantile Genital Organization of the Libido," *Coll Papers*, vol. ii., p.247, note 2가 있다.

추구하였다. 우리가 여기서 깊게 다루지는 않겠지만, 이것들이 지닌 중요성은 무의식의 경련 혹은 발작이 이상화된 육체의 율동적이고 격렬한 표현이라는 점이다.[17]

결국 우리는, 모든 예술의 기원을 탐색할 때, 그 출발점을 조형예술에서 찾아야 할지도 모른다. 그런데 원시인이, 프로메테우스처럼 흙으로 인간을 빚기에 앞서, 아마도 둥지를 만드는 본능의 유추에 따라, 먼저 보호와 수용을 위한 그릇vessel을 창조했을 것이다. 이는 명백히 자궁을 모방하려는 시도였다고 볼 수 있다.[18] 고대 바빌로니아의 전승에서 나타나는, 신이 옹기장이의 물레 위에서 —룩소르Luxor의 신전에서 신 크눔Chnum이 묘사된 것처럼— 인간을 만들어내는 이야기는 이와 동일한 맥락으로 해석된다. 『영웅의 탄생』에서 언급되었듯이 최초의 그릇이란 자궁이며, 인간은 이를 모방하면서 창조를 시작한 것이다. 그릇은 원초적 내용물, 말하자면 소형 인간, 아이, 혹은 그것의 머리(*Kopf*, *Topf*, pot)를 표상하는 방향으로 한층 더 명료한 발달을 겪는다. 이때 등장하는 그릇에는 배, 귀, 부리 등이 표현되었다(원시인의 얼굴 항아리, 얼굴 문양의 주전자 등).[19] 이는 그릇에서 아이로 성장하는 생물학적 발달 과정을 예술적으

17 이와 관련해 크라우제(Krause)의 "미궁 춤"(Labyrinth dances)의 역사와 묘사를 참고하라. 오늘날 우리의 경기장에서도 그 명맥을 잇고 있는 로마의 원형 경기들의 형태는 마치 미궁과 같은 길을 원심 구조 반복 회전하며 전개된다.

18 푸어만은 (*Der Sinn im Gegenstand*, p.2 f.) 그릇을 두 가지 유형으로 구별한다: 액체용으로 제작되지 않은 그릇은 동물의 내장들을 본떠 만들어지며, 예를 들어 뉴기니(New Guinea)에서처럼, 도자기 예술의 감아올리는 형태(roll-shaped) 기술로 이어졌다. "복부 형태의 항아리는, 근본적으로 인간의 하체를 끝없는 나선형으로 배열된 장의 연속으로 충실하게 재현한다. 바깥쪽은 피부로 덮여 있으며, 내부에는 위장을 포함하고, 영양분을 저장하는 역할을 한다. … 반면 액체 보관용 그릇은 동물의 젖꼭지나 여성의 젖가슴을 본떠 위쪽으로 향하게 만든다(*Schlauch-outre = uterus; Bocksbeutel, Beutel-bouteille-bottle*)."

19 후대 그릇의 장식은 마치 기저부에 젖꼭지를 가진 유방처럼 서 있는 형상을 하게 되는데, 이러한 특징은 그릇이 원래 담고 있던 내용물을 대체한다. 이 점은 페루의 치무(Chimu) 도예 문화의 복부 모양, 신체 형태의 그릇들, 그 위에 표현된 동물 및 인간 형상을 가진 도기에서 매우 뚜렷하게 드러난다(푸어만, Peru, 도상 6 ff). 유사하

로 재현한 것이다. 프로메테우스나 그리스 조각가들처럼 후대의 진정한 예술이 인간을 그릇으로부터 완전히 해방시켜 완성된 인간 형상을 창조해 내는 시대로 진입할 때, 우리는 그 안에서 출생 외상, 고통스러운 분만을 회피하려는 무의식적 경향을 이해할 수 있다.

여기에서 우리는 예술의 진정한 뿌리를 볼 수 있다. 그것은 바로 자기 자신의 성장과 어머니의 그릇으로부터의 기원을 스스로 모방하는 자기조형적autoplastic 모사에 있다.[20] 이때 그릇 자체를 모방하는 행위는 아마도 실용적인 필요에 종속되었을지 모르지만, 자신의 신체에 따라 형태를 만드는 것은 예술의 특유한 성취(명백한 목적성은 없어 보이나 어딘가 깊은 의미를 갖는)를 의미한다. 이런 의미에서 예술은 원래 "응용 예술"의 한 분야로서 발전해 왔으며, 그 본래적 특성 덕분에 실제 문화에서 매우 중요한 역할을 한다. 더욱이, 남성적 신체를 무엇보다 이상화했던 그리스인들이, 그들의 화병vases 속에서 어머니 그릇의 구성과 정제에 있어 완벽한 최고의 단계에 도달했다는 것은 결코 우연이 아니다.

빙하기 시기의 자연주의적 동물 표현들은 회화의 시작에 해당한다. 이 동굴 벽화들에서 인간은 동물의 몸을, 자신에게 따뜻함과 보호를 주는 안식처인 동굴의 상징으로 재현한 듯하다. 이러한 관점이 아니면, 왜 "깊은 곳(채플, 벽감)에 그려진 한 마리의 동물 혹은 동물 무리는, 상당히 어렵고 위험한 장애물을 극복한 뒤에야(심지어 생명의 위협을 초래할 수 있

게 트라글리아텔라(Tragliatella)의 유명한 주전자 장식 역시 내부의 내용을 표면에 재현한 것으로 이해될 수 있다.... 힌두교의 *Bhagavad Gita*(바가바드 기타)에서는 신체들을 크셰트라(Kscheta), 이를테면 그릇, 열매를 맺는 땅, 자궁을 의미한다(Winterstein, *l.c.*, p.8).

20 페르본(Verworn)은 홍적세 자연주의(diluvial naturalism: 노아의 홍수 이후-역자 수)가 완성도는 높지만 발전이 이루어지지 않은 점을 근거로, 원시예술의 성격을 "생리조형적"(physioplastic)이라고 추론했다(Zur Psychologie der primitiven Kunst, 1908). 레이나흐(Reinach)는 이에 대해 적절히 중의적인 문구를 만들어냈는데, 그것은 "*Proles sine matre creata, mater sine prole defuncta*"(어미 없는 자식이 태어나고, 자식 없는 어머니가 죽는다) 표현이다(Scheltema, l.c., p.8).

음), 종종 손과 무릎으로 기어서만 접근할 수 있는 곳에 있는지" 이해하기 어렵다(Schneider, *l.e.*, p.5).[21] 이 구상은 단순히 당시 지배적이던 마술적 설명과 모순되지 않을뿐더러, 심리학적으로도 (무의식 차원에서) 이해할 수 있게 만든다. 그것은 여전히 동물들에 관한 문제인데, 이 동물들은 한때 어머니가 그러했듯이, 인간을 따뜻하게 해주고, 보호하며, 양육한다.

후대의 그림, 예를 들어 기독교 미술에서는 문맹인들에게 예수의 탄생부터 죽음까지의 일생 전체가 시각적으로 표현되어, 사람들이 쉽게 동일시할 수 있게 되어 있다. 이탈리아 미술에서는 마리아와 아기가 모성의 복됨, 즉 어머니와 자녀가 연합되어 누리는 복됨의 상징으로 마침내 발전한다. 이로써 한 명의 구원자는 다시 분리된 신적인 개별 아이들 속으로 해체된다. 십자가 상에서 죽었다가 "다시 태어난" 그리스도는 여기에서 어머니의 품에서 젖을 먹는 평범한 아이로 묘사된다.

수많은 원시적 특성을 드러내는 현대 예술 사조들은 결국 "심리화하는"psychologizing 예술학파의 최종적 투사라고 할 수 있다. 이 학파는 의식적으로 인간의 "내면," 곧 그것의 무의식을 표현하고, 그 표현은 주로 "태아적" 형태들 속에서 이루어진다.[22]

우리는 이제 예술 문제의 가장 근원, 궁극적으로 *형태form의 문제*에 이르게 되었다. 우리가 보기에 모든 "형태"는 어머니 그릇의 원시적 형태로 소급되며, 상당 부분 예술의 내용이 되었다. 그리고 실로 이 형태를 통해 이상화되고 승화된 방식으로, 이를테면 억압당한 원초적 형태를 다시금 표상 가능케 하고, 동시에 "아름다움"으로 표상되고 느껴질

---

21 R. Schmidt, *Die Kunst der Eiszeit*, 1922 그리고 Herb. Kühn, *Die Malerei der Eiszeit*, 1922.

22 Hermann Bahr, *Expressionismus*, 1916, Oskar Pfister, *Der psychol. ü. biolog. Untergrund d. Expressionismus*, 1920 그리고 마지막으로 Prinzhorn, *Die Bildnerei der Geisteskranken*, 1922을 보라.

수 있게 된다.

우리는 그리스인들이 출생 외상의 이상화를 그렇게 광범위하게 이룩할 수 있었던 이유를 묻는다면, 고대 그리스 역사가 이 놀라운 발전을 이해하는 실마리를 제공해 준다. 특히 나는 도리아인의 이주Doric migration를 주목하는데, 이는 고대 초기 그리스인의 일부가 본래 거주하던 고향을 떠나 이오니아 제도와 소아시아 해안에 새로운 모국motherland을 찾아 나서도록 강제된 사건이다. 고국으로부터의 강제적 분리, 이를테면 어머니로부터의 폭력적인 단절은, 출생 외상을 반복하는 차원에서 볼 때, 그 이후의 모든 그리스 문화 발전을 결정지은 요인으로 작용한 것으로 보인다. 특히, 호메로스의 서사시 중에서도 『일리아스』는 이 대규모 민족 이동, 말하자면 그리스 정착민들에 의한 소아시아 해안의 식민화가 종결된 것에 대한 최초의 예술적 반응을 표상한다는 점은 거의 확실하다. 트로이 요새를 둘러싼 전쟁과, 고향에서 납치되어 그곳으로 끌려온 영원히 젊은 헬레네Helen의 이야기는, 다시 한번 그리스 이민자들이 새로운 땅에 정착하고자 했던 절박한 시도의 반복을 반영한다. 반면, 호메로스 서사에 등장하는 신들의 전쟁은, 제우스에 이해 힘겹게 구축된 올림포스적 지배 체계와 여전히 소아시아에서 지배적이었던 어머니 우상(아테나) 사이의 갈등을 반복적으로 나타내는 듯하다. 언젠가 나는 이러한 서사적 환상의 내용 분석을 통해, 무의식적 정교화의 풍부한 생성물들 속에서 실제 역사적 진실을 벗겨내어, 고대 그리스의 역사가 어떻게 재구성될 수 있는지를 보여주고자 한다. 이 작업은 오래전 프로이트 교수도 나에게 제안한 바 있으며, 호메로스의 시 속에 내재된 정신분석적으로 인정된 서사 형태의 메커니즘을 추적할 것을 권유하였다.[23] 현재로서는 단지 한 가지 사실만을 강조하고자 한다. 그것

23 랑크의 예비 작업인 “Psychologische Beiträge zur Entstehung des Volksepos I Homer의 첫 번째 부분과 Dichterische Phantasiebildung의 두 번째 부분을 참고하

은, 아시아의 어머니 신들과 관련된 그리스 데메테르(Γή-μήτηρ=대지의 어머니) 숭배가, 헤로도토스에 따르면 도리아인들의 이주 이전에 펠로폰네소스 제도에 이미 확립되었다는 점이다. 이러한 점은 도리아인 침략자들에게 쫓겨난 인구가 대지의 어머니에 깊이 고착되어 있었다는 우리의 가정을 지지해 준다. 반면, 이는 또한 도리아인들이 지나치게 모성적 애착으로부터 벗어나기 위한 반동으로 소년애에 피난처를 구했다는 가능성을 시사한다. 빌라모비츠Wilamowitz에 따르면, 헤라클레스는 펠로폰네소스 도리아인의 용맹하고 고귀한 기질을 충실히 반영하는 인물로 이해될 수 있으며, 그는 이 어머니로부터의 단절이라는 어려움을 영웅적으로 만드는 의미에서 보존했을 것이다. 실제로 호메로스 이전의 전통에서 헤라클레스는 트로이의 정복자로 등장한다.

호메로스적 표상은, 시인이 고통스러운 역사적 사건을 기억하려 애쓸 때 어떻게 자신의 무의식적 소망-환상으로 되돌아가게 되는지를 잘 보여주는 전형적인 예시다. 『일리아스』에서는 트로이를 향한 성과없는 전투만을 묘사하지만, 『오디세이아』에서는 이 10년에 걸친 싸움의 결말이 회상적으로 서술된다. 영리한 영웅은, 그 복부 안에 숨겨진 아카이아Achaean 영웅들이 가장 깊숙한 요새에 도달하게 되는, 저 유명한 목마 이야기를 전한다. 이와 같이 인간적이면서도 깊이 있는 시적인 전승은, 고향에서 강제로 쫓겨난 이주민들이[24] 결국 이국땅에서 영원히 젊

라(p.137 각주에는 본 연구의 구성 개요가 수록되어 있으며, 지금으로서는 아직 준비 단계를 벗어나지 않은 상태이다).

24 유사하게 이스라엘인들이 이집트에서 추방된 사건도 그들의 역사에서 가장 중요한 외상으로서, 이후 모든 운명을 결정하며 낙원에서의 최초 추방이라는 원초적 외상과 정확히 대응한다. 그때부터 유대인들은 젖과 꿀이 흐르는 약속의 땅을 찾아 헤매지만 끝내 그것을 발견하지 못한다(아하수에루스). 더욱이, 금단의 열매(어머니의 젖가슴)를 향유한 죄로 인한 낙원 추방은 젖떼기 외상이 지닌 엄격한 필연성을 반영하며, 인간은 현실에 대한 적응을 통해 이를 보상하고자 땅으로부터 인공적인 양육 자원을 획득하는것(농경)의 형태로 이를 보충하려 한다.

고 아름다운 모성의 이상형(헬레네)을 되찾는 것을 최종 목표로 삼았음을 분명히 보여준다.[25] 그리고 무의식에 있어 유일하게 가능한 성취 형태는, 동물-같은 자궁으로의 회귀였다. 만약 우리가 영웅적 특성 자체가 출생 외상의 어려움과 공포에 대한 보상에서 비롯된다는 것을 알지 못했다면, 그 회귀는 두려움 없는 영웅들에게 피난처이자 보호처로서 부적합했을 것이다. 따라서 트로이 목마는, 훗날 어머니로부터의 해방이라는 숭고한 과정을 개시하고 수행하게 될 저 토착적인 켄타우로스들과 스핑크스들에 대한, 직접적인 무의식적 대응물이다. 그러나 또한 트로이 그 자체, 말하자면 오직 계략을 통해서만 그 가장 깊은 곳에 도달할 수 있는 저 난공불락의 요새는, 모든 요새가 그러하듯이, 어머니의 상징이다.[26] 따라서 신화학자들이 트로이를 *지하 세계의 의미*로 해석하는 것도 이런 이유에서이다. 에른스트 크라우제Ernst Krause는 자신의 저서에서Carus Sterne, 비록 종종 역사적·신화적 사고가 지나치다는 비평을 받기도 하지만, 트로이와 크레타 및 북유럽의 미궁들과의 긴밀한 연관성을 밝혀낸 그의 업적은 탁월하다.[27]

오디세우스 특유의 교활함은, 나아가 그리스 신화 속 모든 "천상의 무모한 자들"celestial hotspurs에게도 나타나는 특징으로, 결국 이들을 지하 세계 타르타로스Tartaros로 몰아넣고 영원한 형벌을 받게 한다. 이러

25 잘 알려진 대로, 오디세우스와 디오메데스(Diomedes)가 트로이 도시를 장악하기 이전에 아테나 여신을 수호하던 상(statue)을 훔쳤다는 전승이 있다. 이 상은 여신의 성소 내 본전(cella) 아래에 위치한 내성(Adytum)에 안치되어 있었으며, 그들은 지하수로 혹은 시내의 협곡을 통해 이 상을 운반해 나왔다고 전해진다.

26 Rank, "Urn Städte werben," *Int. Zschr. f. Ps.A.*, i,, 1913를 참조하라.

27 *Die Trojaburgen Nordeuropas*. Ihr Zusammenhang mit der indogermanischen Trojasage von der entfuhrten und gefangenen Sonnenfrau, den Trojaspielen, Schwert- und Labyrinthtänzen zur Feier ihrer Lenzbefreiung. 본문에 26개의 그림들이 제시되어 있는 Glogau, 1893.

한 묘사는 시인의 심리학을 이해하는 데 중요한 빛을 던져준다.[28] 오디세우스는, 자궁으로의 귀환을 노래하는 이 모든 허구적인 동화의 이야기꾼narrator으로서, 사실상 시인 자신을 대리하는 인물이며, 더 나아가 모든 서사 시인의 대표자이자 원형적 아버지로 간주할 수 있다. 서사 시인의 기능은 원초적 외상을 허구적 과장을 통해 경감시키고, 그럼으로써 원초적 환상의 배후에 여전히 실재하는 원초적 현실의 환상을 유지하는 데 있다. 이러한 이야기 유형을 따르는 최신 작가들, 예를 들어 이제는 잘 알려진 뮌하우젠 남작Baron von Münchhausen을 들 수 있다. 그는 자신을 머리카락만으로 물에서 끌어 올리는 것처럼, 아예 자연을 정면으로 거스르는 불가능마저 지극히 쉬운 일로 묘사하려 한다. 따라서 불가능한 상황 자체가 오히려 무의식에게는 가장 편안하고 만족스러운 요소를 표상하게 된다.[29]

이처럼 끊임없이 충족되지 못한 소망을 허구적 이야기들 속에서 그럴듯하게 실현되게 해주는, 자연법칙과 신적인 법칙을 교묘하게 깨트리는 영리한 인물과는 대조적으로, 놀라운 방식으로 가장 불가능한 과업들을 유희적으로 수행하는 전형적인 바보simpleton가 서 있다. 그러나 그 바보스러움이란 사실 그의 유아성infantilism의 표현에 다름 아니다. 그는 또한, 입에 손가락을 물고 있는 모습으로 표상되는, 갓 태어난 호루스

28 나[랑크]는 시인과 영웅의 심리적 관계를 언급한 바 있다: "Die Don Juan-Gestalt," *Imago*,, viii., 1922, p.193.

29 비정상적(unnatural) 상황은 종종 자궁 상황의 실현 실패와 그것의 표상과 연결되어 나타난다. 예를 들어, 『맥베스』(Macbeth)에서는, 그가 숲으로 들어가는 대신 버남 숲(Birnam wood)이 그에게로 움직여 올 때 그가 몰락할 것이라는 위협적 경고가 있다. 이 경고는, 어머니의 몸에서 잘려 나온, 즉 태어나지 않은 자, 맥더프(Macduff)만이 그를 정복할 것이라는 다른 경고와 상응한다(맥베스에게 나타나는 태어나지 않은 아이의 머리와 피 묻은 머리 또한 참조하라). 프로이트에 따르면 자식 없음이라는 주제 위에 놓여 있는, 이 희곡 전체의 핵심 지점으로부터, 수수께끼 같았던 많은 것들이 이해 가능하게 된다. 이러한 구조는 프로이트가 "섬뜩함"(*Imago*, v., 1917-19)에 대한 시적 분석과도 일맥상통하는데, 이는 결국 자궁 상황에 대한 은유로 귀결된다(*l.c.*, p.261 ff.).

Horus 신처럼 미숙한 *아기*다. 그는 더 어리석을수록, 그리하여 더 어린 아이 같을수록, 원초적 소망을 실현하는 데 더 수월하게 성공한다. 그리고 만약, 동화 속 톰 썸Tom Thumb처럼 배아 단계의 작은 키로 있다면, 그는 거의 전능에 가까워진다. 이로써 그는 신경증 환자들이 여전히 자주 꿈꾸는,[30] 그리고 신화적 영웅들의 탄생 모습을 통해 반복적으로 상징되는, 아주 작으면서도 동시에 어른의 모든 이점을 누리는 이상적 상태를 이미 성취한 셈이 된다.[31]

반면, 비극tragedy은 (이것 또한 그리스인들에 의해 최고의 완성에 도달했으며, 니체에 따르면 미학적 소크라테스주의, 말하자면 의식의 비대로 인해 소멸한 장르) 신화적 의례들의 모방적 재현에서 성장했고, 신화적 영웅의[32] "비극적 죄책"으로 인한 고난과 처벌을 상징화하였다. 이것이 지니는 무의식적 의미는 신화적 전승에 대한 분석적 해석을 통해 우리가 알게 된 내용이다. 비극이 희생 제의에 참여한 자들이 염소 가죽을 뒤집어쓰고 참여하며 부르던 춤과 노래에서 기원했다는 점은, 이 장르에서 무엇이 중요한 의미였는지를 명확히 보여준다. 희생된 동물의 내장을 꺼낸 뒤, 참여자들이 스스로 뒤집어쓰는 가죽은 다름 아닌 보호해 주는 자궁의 대체물에 지나지 않는다. 이렇게 부분적으로 실현된 어머니에로의 회귀는, 그리스 신화[33]와 조각에서 등장하는 염소 다리와 염소 머리를 지닌 파

---

30 프로이트의 환자 중 한 명이 사용한 표현에 따르면(『꿈의 해석』), 그는 어린 시절 자신의 유모의 젖가슴을 더 능숙하게 활용하였다고 한다.

31 페렌치는 이러한 "현명한 젖먹이의 꿈"에 최초로 주목했다(*Int. Zschr.f. Ps.A.*, ix., p.70).

32 Winterstein, "Zur Entstehungsgeschichte der griechischen Tragödie," *Imago*, viii., 1922을 보라.

33 철저한 정신분석학적 연구인 "Panik und Pan-Komplex," (*Imago*, vi., 1920)에서 펠시지(B. Felszeghy) 박사는 페렌치의 현실감 발달에 관한 연구와 연관하여 공황(panic)이라는 공포 정동을 출생 불안의 반복으로 소급했으며, 판(Pan)이라는 주목할 만한 신화적 형상을 이러한 의미로부터 완벽하게 이해 가능하게 만들었다. 펠시지의 연구에는 이미 많은 핵심적 논점이 포함되어 있으며, 본 작업에서는 이를 다른 관점에서 재조명함으로써 새로운 조명과 통찰을 더할 수 있었다.

우누스fauns과 사튀로스satyrs 속에서도 지속적인 시각적 표현으로 남아 있다. 춤과 마찬가지로 살아 있는 인간 그 자체를 예술 대상으로 삼는 비극은, 억압된 원초적 소망의 끔찍하고 원시적인 성격이 보다 온화하고 중화된 형태인 비극적 죄책 속에서 계속 살아 숨 쉬게 하고, 이를 각각의 유한한 개별 관객들이 반복적으로 재경험하며 재현하게 하는 역할을 한다. 이에 비해, 서사시에서는 이러한 원초적 소망을 허구적 변형을 통해 극복하려는 시도가 등장한다. 조형예술에서 이루어진 출생 외상의 가장 숭고한 이상화는, 연민을 자아내는 비극 속에서 배출이 가능하고 해소 가능한 불안 정동의 원초적 요소로 다시 환원해 버린다. 반면, 영웅 서사나 풍자시에서는 지나치게 고조된 이상화가 허풍스러운 비진실성으로 터져 나온다.

예술은 현실의 재현이자 동시에 부정이라는 점에서, 아이가 놀이를 통해 진지하지 않음을 자각함으로써 원초적 외상을 경시하려는 시도와 유사하다. 여기서 우리는 유머를 이해하는 길로 나아간다. 유머는 억압을 극복하는 가장 높은 심리적 단계로서, 자아가 자신의 무의식과 맺는 특정한 태도에 의해 성취된다. 그러나 이 자리에서는 유머의 기원을 구체적으로 추적할 수는 없다. 왜냐하면, 이는 다시금 신경증 이론과 자아심리학에 기반한 치료 이론으로 깊이 들어가야 하기 때문이다.

철학적 사유 9
PHILOSOPHIC SPECULATION

그리스 철학은 비로소 철학이라는 이름에 걸맞은 최초의 것이었으며, 후에는 물리학과도 연결되었다. 아리스토텔레스가 그의 선배들을 필로미토스(Philomythos, 신화를 사랑하는 자)의 가까운 친척이라고 부른 것은 옳은 일이었지만, 그리스 철학의 기원은 이오니아 자연 철학자들에게서 나타난다. 여기에서는, 그리스 예술과 신화에서 극단적으로 발달한 이상화 경향에 대한 순진한 대응물을 보여준다. 탈레스Thales에서 소크라테스Socrates에 이르는 초기 서양 사상가들은, 고대 근동의 우주적 세계관과 우리의 자연과학적 관점 사이의 과도기적 단계를 형성하는 것처럼 보이며, 따라서 오늘날 서유럽 정신성의 선구자라 할 수 있다.

오리엔트 세계관은 고상한 우주적 투사를 통해 지상의 운명을 천상의 우주적 형상[1]에서 끌어내고자 했던 반면, 이오니아 사상가들은 소박한 관점으로 이 두 영역[천상과 지상]의 분리를 이룩하였다. 그들은 원초적 어머니인 자연으로 돌아감으로써, 그들의 지상 삶을 초자연적 영향으로부터 벗어난 것으로 이해하려고 하였다. 이러한 시도가 성공할 수 있었던 것은, 그리스인들이 동시에 오리엔트적 천상의 신화 전체를 문자 그대로 지하 세계로 추방했기 때문이라는 점을 우리는 이미 앞 장에서 언급했다. 우주론적 환상으로부터 대기를 정화한 결과, 그리스인들

---

1 바빌로니아인들 사이에서는 점성술(astrology)이 동물 제물의 내장들을 이용한 점술과 나란히 작용하였다. 인간 존재와 그의 내장 기관들이 하늘에 투사되었다 (*Mikrokosmos und Makrokosmus* 참조).

은 자연법칙을 가장 단순하고 순수한 형태 그대로 보고 이해할 수 있는 지점에 도달했다. 그런데 같은 자리에서, 오리엔트 세계관은 오직 하늘의 법칙만을 인정했고, 그 법칙이 지상에서 구체적으로 작용한다고만 보았다.

그리스 철학은 잘 알려져 있듯이 탈레스의 명제, 곧 "물은 만물의 근원이며 자궁이다"[2]라는 주장으로 시작한다. 이 압축된 공식으로부터 그리스 사상의 전개를 추적하기에 앞서,[3] 우리는 이 명제를 통해 인간 개체의 기원이 어머니에게서 비롯되었다는 최초의 희미한 개념이 보편적 자연법칙으로 확장되었다는 사실을 명확히 해야 한다. 이 인식의 메커니즘은 생물학적으로 의심의 여지 없이 타당한 것이며,[4] 천상의 물(은하수)과 지하 세계의 강(죽은 자들의 강)에 대한 우주적이고 신화적인 투사와는 구별된다. 그것은 실제로 하나의 발견, 곧 커튼을 젖히는 행위, 달리 말해 지금까지 모든 생명의 기원이 물이라는 사실을 발견하는 것을 방해해 온 억압을 제거하는 행위이기 때문이다. 왜냐하면 인간 자신이 한때 양수로부터 나왔기 때문이다. 그러므로 진리 발견을 위한 전제 조건은, 내면의 억압을 제거함으로써 외부 세계에서 무의식을 인식하는 것인데, 이는 철학의 발전이 분명히 보여주듯이, 원초적 억압에서 직접적으로 출발한다.

고대인들 가운데 최초의 철학적 저술가였던 밀레토스의 아낙시만드로스(Anaximander of Miletus)는 탈레스의 뒤를 이어, 다음과 같이 말함으

---

2 Martin Ninck, "Die Bedeutung des Wassers im Kult und Leben der Alten, Eine symbolgeschichtliche Untersuchung," (*Philologue Suppl.*, Bd. xiv., Heft 2, Leipzig, 1921)

3 Nietzsche, *Die Philisiphie im tragischen Zeitalter der Griechen* (1873)에서 인용. 이후의 모든 인용은 이 책에서 취해진 것이다. *Works*, edited Levy, p.73ff.

4 다음의 책에서 개체 발달에 대한 계통발생적 유비를 참조하라: Ferenczi, *Versuch einer Genitaltheorie*, 1924.

로써 이에 대한 반응을 이미 보여준다: "만물이 생겨난 곳으로, 거기로, 필연적으로 되돌아가 소멸해야만 한다. 왜냐하면 만물은 시간의 질서에 따라, 존재하는 동안 저지른 불의[불균형]에 대한 형벌을 치르고 심판을 받아야 하기 때문이다."[5] 니체는 이 신탁적 말에서 철학 역사상 최초로 드러난 비관주의의 목소리를 보았고, 이를 고전적 비관주의자 쇼펜하우어의 발언과 비교한다. 이러한 비교를 통해, 쇼펜하우어가 왜 삶과 세계를 근본적으로 고통과 소멸의 관점에서 보았는지가 드러난다: "모든 인간을 판단할 수 있는 올바른 척도는, 인간이 본래 존재해서는 안 될 존재라는 것이다. 그러나 그는 다양한 형태의 고통과 죽음을 통해 자신의 존재를 속죄하고 있다: 그런 존재에게 무엇을 기대할 수 있겠는가? 우리 모두는 죽음을 선고받은 죄인이지 않은가? 우리는 먼저 삶을 통해, 그리고 다시 죽음을 통해 우리의 탄생을 속죄한다."[6] 이렇게 해서 탈레스의 인식에 '모든 존재는 결국 기원으로 되돌아간다'는 강조를 덧붙이고, 심리적 직관intuition을 통해 자연의 제2법칙을 드러낸다. 이 법칙은 다만 다소 변형된 형태로만 우리의 과학적 사고 속에 받아들여졌다.[7]

---

5 Nietzsche, "Philosophy during the Tragic Age of the Greeks," *Early Greek Philosophy*, p.92.

6 *Ibid.*, pp.92-93.

7 니체가 무심코 말한 인간유사적(anthropomorphic) "관념," 즉 "모든 무기물은 유기물에서 생겨났다; 그것은 죽은 유기물, 시체와 인간이다"라는 발상이 언젠가 자연과학을 "재평가"하게 만들지 누가 알겠는가. S. 라도(S. Rado)는 최근에 심지어 엄밀한 자연과학조차도 무의식적으로 결정된다는 점을 보여주려 시도했다: "*Die Wege der Naturforschung im Lichte der Psychoanalyse*," (*Imago*, viii., 1922). 화학의 최초 단계인 연금술(alchemy)에 대해, 융은 궁극적으로 어머니 없이 자녀를 낳으려는 시도라는 포괄적인 공식을 내린 바 있다(H. Silberer, "Der Homunkulus," *Imago*, iii., 1914; *Probleme der Mystik und iher Symbolik*, 1914를 비교하라). 현대 화학과 연결하여 읽어야 할 흥미로운 저술로는 Dr. Alfred Robitsek, "Symbolisches Denken in der chemischen Forschung"(*Imago*, i., 1912)이 있다. 더욱이 심리학적으로 주목할 만한 사실은, 연금술을 실제로 무너뜨리고 최초의 자연과학적 화학자가 된 유스투스 리비히(Justus Liebig)가 인공 비료와 육즙 추출물의 발명자였다는 사실이다. 그는 이렇게 연금술의 소망-꿈을 상징적으로나마 현실적인 방식으로 충족시킨 셈이다.

그리스 사상가는 지상의 모든 것들이 사라진다는 사실에서 출발해, 필연적으로 "무한한 것"indefinite, 곧 만물의 자궁이요 근원적 존재를 가정하게 된다. 니체는 이러한 가정의 전개 과정을 보여줌으로써, 우리가 그로부터 플라톤의 "이데아"를 넘어 칸트의 "물자체"things-in-itself에 이르는 길을 엿보게 해준다. 쇼펜하우어는 바로 이 물자체 속에서 다시금 "의지"를 발견했으나, 여전히 철학적 위장 속에 있었다. 기원과 소멸 사이의 이 갈등은, 원초적 외상의 억압에서 직접적으로 발생하는 것인데, 이에 대해 헤라클레이토스Heraclitus는 자신의 영원한 생성의 법칙을 통해 스스로를 구원하려 했다. 그는, 원초적 억압의 의미 안에서, "모든 생성과 소멸의 고유한 과정을 양극성이라는 형태, 말하자면 *하나*의 힘이 질적으로 다른 두 개의 대립 작용으로 갈라졌다 다시 결합하는 과정으로 파악"했던 것이다.[8] 만일 여기서 지칭되는 것이 생성(탄생) 행위와 연결된 원초적 양가성이라면, 이 상태의 질적인 토대는 결코 결핍되지 않는다. 아낙시만드로스는 이미 물(차가움)의 이론을 발전시켜, 그것이 최초 단계에서는 "따뜻함"과 "습함"에서 기원한다고 주장하였다. 이어서 "자연철학자" 헤라클레이토스는 "이 아낙시만드로스적 '따뜻함'을 호흡, 따뜻한 숨결, 건조한 증기, 한마디로 불의 원소로 새롭게 재해석하였다." 그는 이제 이 불에 대해 탈레스와 아낙시만드로스가 물에 대해 진술했던 것과 동일한 것을 선언한다: "그것[불]은 무수한 변형을 거쳐 생성의 길을 걸어간다는 것이며, 특히 온기, 습기, 고체라는 세 가지 주요 응집 형태의 단계에서 그러하다."[9] 이와 같은 방식으로 헤라클레이토스는 주기성을 가진 대기 순환을 발견했으며, 아낙시만드로스와는 대조적으로 이것을 이해했다. 말하자면, 모든 것을 파괴하는 우주적 대

---

8 Nietzsche, "Philosophy during the Tragic Age of the Greeks," *Early Greek Philosophy*, p.101.

9 *Ibid.*, p.105

화재 속에서 끊임없이 반복되는 소멸이 "요구이자 필요로 규정된다; 그리고 불 속에 완전히 삼켜지는 상태는 '충족'으로 이해된다."[10] 이렇게 해서 무nothingness로 돌아가는 것이 일종의 쾌락적 인식으로 보이지만, 그로 인해 생성 자체의 의미는 풀리지 않는 문제가 되고, 철학은 억압 없는 단순한 관상contemplation에서 다시 억압에 의해 추상적 사유로 전환된다.

헤라클레이토스가 "나는 나 자신을 탐구하고 연구했다"라고 정당하게 말할 수 있었던 반면, 그의 후계자 파르메니데스Parmenides는 이러한 현실에 대한 면밀한 관상으로부터 벗어나, "존재"being와 "비존재"not being라는 논리적 추상화로 나아갔다. 그는 이러한 것들을 본래 지극히 현실적이고 인간적인 사실들, 이를테면 있음과 없음이라는 경험에서 출발했으나, 그것을 점차 세계에 적용된 인간유사적 개념으로 추상화했다. 그런데 언어학적으로도 추적해 보면 그 뿌리를 확인할 수 있다. "*esse*(있다, 존재하다)는 근본적으로 '숨쉬다'"를 의미하기 때문이다(니체). 논리적 추론을 통해 파르메니데스는, 우리가 가진 인식 도구로는 단지 현상만을 알 수 있을 뿐이라는 최초의 비판에 도달했다. 그리고 이것이 곧 "마음mind과 육체body"의 철학적 분리로 이어졌으며, 이 분리는 여전히 우리의 과학적 사고 속에 남아 있다. 여기서 처음으로 이상주의적 세계관을 논리적으로 확립하려는 시도가 이루어졌다. 그 세계관은 플라톤에게서, 그리고 그보다 앞선 인도의 힌두 철학자들에게서 더 뚜렷이 드러나는데, 그들은 신비적 명상을 통해 현실에서 물러나 원초적 상태로 돌아가려 했다.

아낙사고라스Anaxagoras는 자연과학과 인식론에서 한 걸음 더 나아갔다. 그는 하나의 원초적 요소, 즉 생성의 자궁으로부터 다양한 성질

10 *Ibid.*, p.105

들이 나올 수 있다는 가능성을 부정하였다. 그에 따르면 태초부터 수많은 실체substances가 존재했으며, 그것들은 오직 운동을 통해서만 세계의 다양성과 다수성을 만들어낸다. "아낙사고라스는 파르메니데스와 달리, 운동은 현상이 아니라 진리라는 점을 강조했다. 그는 이것을 사고 속에서 개념들이 필연적으로 이어지는 연속성으로 증명했다." 그러나 관념ideas의 운동을 설명하기 위해, 그는 "정신 자체," 누스(Nous: 이성 혹은 로고스—역자주) 속에서, "태초의 어느 시기에 최초의 운동이 일어났다고 가정했다. 그는 이것을 모든 생성과 변화의 *배아*Chalaza라고 간주하였다."[11] 그리하여 그는 논리적 연역이라는 우회를 거쳐, 오늘날 잘 알려진 원초적 상태, 카오스(Chaos, 혼돈)에 도달하였다. 이 상태에서 누스는 아직 물질 위에서 작용하지 않았고, 따라서 움직이지 않은 채, "만물의 씨앗"이라 불린 축복된 혼합 상태로 머물러 있었다. 이 사상가는 누스가 카오스를 움직여 우주를 형성한다고 상상한 방식은 (니체가 이미 보여준 것처럼) 비록 그 속에 원시적이고 인간의 생식에 빗댄 표현을 포함하고 있긴 하지만, 놀랍게도 2천 년 후에 칸트가 천체의 자연사에 대해 감동적으로 천명한 역학 법칙laws of mechanics에 근접하고 있었다.

따라서 초기 그리스 철학자들은 생성이라는 근본 문제, 만물의 기원에 관한 문제에서 벗어나지 못했다. 그들은 각기 다른 길을 걸었고, 뒤이어 나온 철학자들이 그 길을 따랐지만, 점점 더 원초적 억압 뒤에 놓여 있는 인간 기원에 대한 실제 문제로부터 멀어졌다. 이 문제를 전환시킨 것은 플라톤의 천재성에 의한 것으로, 그는 자신의 에로스 학설을 통해 이를 새롭게 다루었다. 그리고 철학의 영역에서도, 플라톤은 인간을 만물의 척도로 다시 발견하였는데, 이는 거의 동시에 그리스 예술이 인간을 발견한 바와 같은 것이었다. 플라톤의 에로스 철학은 이미 정

11 *Ibid.*, p.145.

신분석학적 관점에서 충분히 평가된 바 있는데,[12] 그는 인간의 생식 본능을 중심에 놓고, 세계를 설명하는 데 있어 에로스의 여러 단계를 제시했다. 그것은 감각적, 정신적, 철학적, 그리고 종교적(신비적) 태도 속에 나타난다. 여기서 비로소 철학적 문제가 그 뿌리에서 파악되었으며, 따라서 플라톤이 자신의 이론을 제시하기 위해 생물학적 사실에 매우 근접한 직유similes를 사용한 것도 놀랄 일은 아니다. 그는 에로스를 상실된 상태, 더 정확히는 상실된 합일을 향한 갈망으로 보았다. 그는 또한 유명한 '둘로 잘려 나간 원초적 존재'의 비유를 통해 성적 충동의 본질을 설명했는데, 이는 재결합을 향한 추구로 이해된다. 이것은 지금까지 인간 정신사에서 이루어진 가장 의식적인 접근으로서, 아이가 어머니와 재결합하려는 욕망에 가장 가까운 것이며, 프로이트가 자신의 리비도 이론을 연결시킬 수 있었던 지점이다.[13] 실제로 플라톤은 오르페우스-디오니소스Orphic-Dionysia 종교와 조화를 이루며, 궁극적인 생물학적 지식에 가장 가까이 접근한다: "에로스란, *자신에게도 알 수 없는 죄책으로 인해, 출생 속으로 추락한 다이몬(Demon: 고대 그리스에서 신과 인간의 중간에 위치하는 영적 존재를 통칭—역자주)이, 자신의 순수하고 본래적인 존재가 지녔던 상실된 낙원을 되찾으려 할 때 그를 사로잡는 고통이다.*"[14]

그러나 플라톤은 어떤 비범한 직관을 통해 자기 내면에서 이 강렬한 갈망을 느끼고 그것을 표현하였기 때문에, 그는 이제 그것을 피할 수 없

12 다음의 논문을 참조하라: Winterstein, "Psychoanalytische Anmerkungen zur Geschichte der Philosophie," (*Imago*, ii., 1913); Nachmannsohn, "Freud's Libidotheorie verglichen mit der Eroslehre Platos," (Int. Zschr. f. Ps.A., iii., 1915); Pfister, "Plato als Vorläufer der Psychoanalyse" (ibid., vii., 1921).

13 Freud, *Jenseits des Lustprinzips*, 1921.

14 출생 속으로 추락(plunge)이라는 표현은 오르피즘뿐만 아니라, 불교에서도 발견된다 (Winterstein, *l.c.*, p.184).

는 원초적 억압에 따라 바깥 세계 전체로 투사하였다. 그리하여 그는 모든 존재 속에서 초월에 대한 갈망, 완전성을 향한 추구, 그리고 "이데아"라는 원초적 형상을 향한 상승 의지를 발견하는 데 성공한다. 이 개념이 심리학적으로 원초적 존재로부터의 기원이라는 개념과 얼마나 밀접한지는, 다른 민족들의 원시적 사고로 설명할 필요가 없다.[15] 왜냐하면 그 무의식적 의미가 너무도 명확하기 때문이다. 이 개념 속에 나타나는 플라톤의 이데아론, 이를테면 물질적 세계와의 단절은, 플라톤이 내적 세계에 대한 통찰을 얻기 위해 지불해야 했던 대가처럼 보인다. 그리고 그것은 인간 존재를 지하의 동굴에 비유한 그 유명한 설명 속에서 하나의 소원-성취적 표상을 발견한다. 그 동굴의 벽 위에 비치는 것은 실제 과정들의 그림자에 불과하다는 비유는 플라톤의 통찰이 어디에서 비롯되었는지, 말하자면 그의 주관적 근원을 뚜렷하게 드러내 준다. 빈터슈타인(*l.c.*)이 이미 가정했듯이, 그 비유는 단순히 "자궁 환상"이 아니라, 모든 것을 앞으로 몰아가는 힘으로서의 에로스를 원초적 상태로의 회귀에 대한 갈망으로서 경험했던, 철학자의 정신세계 속을 깊이 들여다보게 해 준다. 동시에 그는 그것을 이데아론 속에서 가장 고차원적인 철학적 승화의 표현으로 창조해 냈다.[16]

만약 인간의 철학적 인식이 플라톤에게서 절정에 이르렀다면, 이제 남는 문제는 그 이후 2천 년 동안의 사상가들이 왜 초기 그리스 철학 전개의 이 숭고한 종합과 이상화를 외면하고, 대신 억압과 지적 전치의 험난한 길을 추구하게 되었는가 하는 점이다. 플라톤이 그토록 갈망하던 원초적 지식에 너무 가까이 다가갔기 때문에, 그에 대한 강력한 반작용

15 Winterstein (*l.c.*, p.193).

16 니체의 사상에 따르면, 이에 대한 계통발생적 보완은 피타고라스의 영혼 윤회설이다. 이것은 우리가 어떻게 이데아에 대해 알 수 있는지를 설명하는데, 그 답은 이전의 존재를 기억한다는 것이다. 그러나 이를 생물학적으로 표현한다면, 그것이 의미할 수 있는 것은 오직 배아적 상태뿐이다.

은 불가피했다. 그리고 우리는 그의 직계 제자이자 후계자인 아리스토텔레스 안에서 이 반동의 담지자를 확인할 수 있다. 아리스토텔레스는 철학적으로 형상화된 원초적 외상에서 벗어남으로써, 현실의 새로운 한 부분을 자연과학적으로 정복하는 데 성공하였고, 그 결과 모든 자연과학과 정신과학의 아버지가 되었다. 그러나 이를 위해 아리스토텔레스는 자기 안의 충동urge에 다시 눈을 감아야 했고, 억압된 원초적 리비도를 사고 과정으로 강박적으로 전치함으로써, 이후 서양 철학 전체가 쇼펜하우어에 이르기까지 양분을 삼아온 논리적, 변증법적 사유의 찬란한 개화를 이끌어냈다. 쇼펜하우어야말로 최초로, 힌두 철학의 원초적 지혜와 그것이 플라톤 속에서 철학적으로 표명된 형태로 되돌아간 사상가였다. 아리스토텔레스 사상이 어떻게 전개되었는지, 그것이 유럽의 지적 역사에 얼마나 막대한 영향을 끼쳤는지를 비록 개략적으로라도 추적하는 것은 여기서 너무 멀리 나아가는 일이 될 것이다. 다만 분명한 것은, 아리스토텔레스 철학이 인류를 점점 더 깊숙이 스콜라적 사변 속으로 이끌었고, 그 결과 겉보기에 억압으로부터 점점 더 멀어지게 했다는 점이다. 그러나 내가 '겉보기에'라고 말하는 이유는, 아리스토텔레스 학파의 가장 논리적인 추상적 사유 속에서도 원초적 억압의 뚜렷한 흔적들이[17] 여전히 감지되기 때문이다. 사실 이러한 흔적만으로도, 철학적 사변이 지속적으로 반복될 수밖에 없었던 경향을 충분히 설명할 수 있다. 다른 한편, 사변적 논리학자와 그와 심리적으로 유사한 신비가mystic가 지닌 일반적으로 내향적인 지적 성향은, 억압이 사유 차원에서 제거되면서 그의 전체 정신적 태도가 점차 명상과 자기-포기라는 원초적 상황

17 E. 뢰더(Roeder)가 *Imago* 편집부에 제출한 논문 "Das Ding an sich"에서는 생물학적 물자체, 말하자면 자궁 속의 배아에 대해서 상세히 보여준다. 특히 바로 이 배아의 관념에서 아리스토텔레스의 전체적인 (기하학적) 공간 개념이 유래했다고 그는 설명한다.

에 더 가까이 접근해 가고 있음을 보여준다. 그러나 그는 그 사유의 내용 속에서는 바로 그 원초적 상황을 피하려고 애쓰면서도, 실제 태도는 오히려 그 상태로 다가가는 것이다.

따라서 철학적 신비가들은 곧바로 종교적 신비주의의 직접적 연속성을 형성하는데, 그것은 자기 내면의 명상 속으로 침잠해 들어가는 데에 있다. 그들은 이제 자신의 내면에서 찾고자 하는 그 신을 지식Knowledge이라고 부르지만, 그 목표는 동일하다: 신비적 합일*unio mystica*, 만물All과 하나가 되는 것이다. 이 신비적 체험이 성적으로 강하게 채색되어 있다는 것, 말하자면 신성과의 합일이 성적 결합[18](알다[to know] = *교합하다*[coire])의 유사성 속에서 느껴지고 경험된다는 사실은, 이 근원적 지향의 리비도적 토대, 원초적 상태로의 회귀를 잘 보여준다. 우파니샤드Upanishads에 이렇게 기록되어 있다: "사람이 사랑하는 사람에게 안겨 있을 때, 그가 *외부와 내부*에 대해 더 이상 *의식하지 못하는* 것처럼, 원초적 자기에 사로잡힌 마음 역시 외부나 내부에 대해 의식하지 못한다." 그리고 플로티노스Plotinus는 신비적 황홀경에 대해 이렇게 말한다: "거기에는 더 이상 중간에 개입된 공간이 없고, 그 둘은 더 이상 둘이 아니라 하나이고, 그 하나가 거기에 있는 한, 그들은 서로 분리되어 있지 않다. *이 합일은 이 세상에서 연인과 그가 사랑하는 이에 의해 모방되는데*, 그들은 서로 하나의 존재로 융합되기를 욕망한다."[19] 이

18 Pfister, *Hysterie und Mystik bei Margareta Ebner* (1291-1351), 1901 (*Zum Kampf um die Psychoanalyse*, 제5장, 1920 참조); *Die Frömmigkeit des Grafen Ludwig von Zinzendorf. Ein psa. Beitrag z. Kenntnis der relig. Sublimierungsprozesse und zur Erklärung des Pietismus*, 1910; A. Kielholz), Jakob Boehme. *Ein pathographischer Beitrag zur Psychologie der Mystik*, 1919; G. Hahn, *Die Probleme der Hysterie und die Offenbarungen der Heiligen Therese*, 1906 등을 참조하라.

19 플로티노스 자신도 *Enneads* (iv., 8, 1)에서 보고하듯이, 이러한 환시적인 영혼의 황홀 상태를 겪었다. 이러한 영혼의 해방 즉, 필연적 숙명과 재탄생의 강제력으로부터 해방시키는 이러한 가르침은 신성한 주술사들, 마술사들, 그리고 영지주의자들에게서도 발견된다. 신플라톤주의자들과 같은 진정한 신비주의자들은, 궁극적인 것

미 힌두교의 *tat twam asi*(그것이 곧 너 자신이다)라는 명제가 보여주듯, 여기서 문제는 자아Ego와 비-자아non-Ego 사이의 경계를 소멸시키는 것이다; 기도에서 이것은 곧 신과 하나가 됨으로써 이루어진다(이에 대해서는 메히틸트[Mechthild]의 시구와 비교하라: "나는 당신 안에 있고, 당신은 내 안에 있습니다," *Heiler, Das Gebt*). 그리고 한 이슬람 신비가는 황홀경 속에서 이렇게 외친다: "우리 사이에 자아와 그대는 존재하지 않는다. 나는 내가 아니고 그대는 그대가 아니다. 또한 그대는 내가 아니다; 나는 동시에 나이자 그대이고, 그대는 동시에 그대이자 나이다. 나는 그대가 나인지 혹은 내가 그대인지 혼란스럽다"(*l.c.*).

앞서 살펴본 바와 같이, 신플라톤주의자들과 그 후계자들은 비록 철학적 통찰을 일부분 희생하면서까지도, 그들의 창시자가 에로스 철학 속에서 시적으로 공식화한 바 있는 근원과의 합일을 추구하는 그 열망을 완전히 실현하는 데 성공하였다. 이에 대한 반작용으로 등장한 것이 근대 철학이다. 그것은 그리스 철학처럼 인간을 자연의 일부로서 발견한 데서 출발하여, 인간이 자연과 분리되어 있다는 사실을 지적으로 부정하고 폐지하려고 노력했다. 이 사유는 더 높은 정신적 발달 단계에서, 데카르트의 *자아 발견*으로 시작된다. 그는 자아를 비-자아와 구별되는 무엇으로 규정하였다. 그리고 이것은 궁극적으로 칸트 체계 속에서 자아의 독창적 확장으로 절정을 이룬다. 반면 피히테Fichte와 같은 과도하게 비대해진 자아 체계는, 신화적 세계관에서 자아를 외부 세계로 투사하는 현상의 대응물이라 할 수 있다. 그러나 칸트조차도 공간과 시간의 선험적 관념을 선천적 범주로서 인식하고 이론화하는 데 그쳤다. 여기

들에 대해 명상하고 숙고하며, 또한 지속적인 단식이나 각종 자학적 수행과 같은 신체적 준비를 통해, 이러한 해방을 스스로에게서 이루어냈다(Th. Hopfner, "Über die Geheimlehren von Jamblichus," *Qullenschr. d. Griech. Mystik*, Bd. I., Leipzig, 1922).

서 말하는 선천성은 곧 자궁 내 상태의 직접성으로부터 비롯된 것이다. 칸트는 한편으로는 우주 법칙에 대한 숭고한 인식이라는 보상적 성취를 통해, 다른 한편으로는 병리적으로 편향된 자신의 기이한 존재 방식 속에서, 자기 무의식의 초월적 충동을 충족시켰다. 그러나 칸트가 유일하게 초월적 실재로 인정했던 "물자체"는, 그가 뚫고 들어갈 수 없는, 따라서 필연적으로 그에게서 자연스럽게 벗어나고 말았다.

철학적 사유의 이러한 전개는 우리에게, 단지 "물자체"가 다시금 우리 존재의 신비롭고 강하게 억압된 원초적 근거, 말하자면 어머니의 자궁과 동일한 것임을 드러낸다. 쇼펜하우어가 이 개념[물자체]을 "의지"라는 철학적 변형을 통해 다시 인간화하고, 그것을 우리 내면의 자기self로 옮겨 놓았다. 니체는 그것을 자기중심적 권력의지로 보려 했으며, 정신분석은 새롭게 발견한 "자기-인식"의 경로를 통해, 그것을 무의식적으로 작동하는 원초적 리비도로 심리학적으로 이해할 수 있게 했다.

"너 자신을 알라"라는 명령은, 정신분석에서 처음으로 진지하게 받아들였던 것으로, 이는 우리를 다시 소크라테스에게로 이끈다. 그는 델포이의 아폴론 신탁이 내린 이 명령을 자신의 학설의 토대로 삼았다. 지금까지 우리는 플라톤의 직접적인 선행자였던 이 인물을 언급하지 않았는데, 사실 그 없이는 플라톤 자신은 물론, 그리고 그 이후의 모든 사상가도 심리학적으로는 이해 불가능하다. 왜냐하면, 니체가 말하듯, 친구이자 제자였던 플라톤은 소크라테스가 의식적이고 두려움없이 죽음을 맞이하는 모습을 눈앞에서 보았을 때, "열렬하고 열정적인 헌신으로 몸을 던졌으며," 자신의 삶 전체를 스승의 기억을 기리고 보존하는 데 헌정했기 때문이다. 그러나 소크라테스의 철학은 단지 원초적 외상의 구체적인 토대를 보여줄 뿐이며, 그의 제자 플라톤과 그의 후계자인 아리스토텔레스는 이에 대해 훨씬 더 광범위한 방식으로 반응했다. 철학사에서 전후의 사상가들과 구분되는 독특한 유형으로 나타나는 소크라테스의 등장은, 그리스 사유 속에 내적 자기를 향한 결정적 전환을 불러왔다. 이러한 전환은 플라톤을 통해 철학적 체계로 고정되었으며, 이미 소크라테스가 크세노폰Xenophon이 *Memorabilia*(회상록)에서 전하듯, 세계의 기원과 그와 관련된 문제들에 대한 명상을 쓸모없는 것이라 하며 명시적으로 거부했다는 사실 속에서 잘 드러나고 있다.

소크라테스의 중요성을 온전히 이해하기 위해서는, 니체가 『비극의 탄생』에서 자신의 가장 큰 적으로 다룬 이 인물에 대한 그의 예리한 정신분석적 설명으로 다시 돌아가야 한다. 니체는 소크라테스를 "소위 세계사의 전환점이자 정점"이라고 보았다. 그는 이렇게 쓴다. "'오직 본능에 의해서만': 이 말 속에서 우리는 소크라테스적 경향의 핵심에 도달한다. 소크라테스주의Socratism는 당시 존재하고 있는 예술과 존재하고 있는 윤리 전체를 단죄한다.... 바로 이 지점부터 소크라테스는 자신이 '실존existence을 교정시키는 소명'을 받았다고 믿는다. 그리고 완전히 다른 문화, 예술 및 도덕의 선구자로서 경멸과 우월감의 분위기로 홀로 세상 속으로 들어간다.... 여기에서 우리는 언제나 소크라테스를 대할 때 느끼는 특별한 주저함, 그리고 고대의 가장 의문스러운 현상인 이 인물이 지닌 의미와 목적을 다시금 물어보게 만드는 그 불가피한 망설임에 사로잡히게 된다. 그는 도대체 누구이기에 혼자서 그리스적 성격을 부정하는 모험을 감행하는 것일까?"[20]

"소크라테스의 성격을 이해하는 열쇠는 그의 '다이모니온'daimonion이라 불리는 놀라운 현상 속에서 찾아볼 수 있다. 특정한 상황에서, 그의 거대한 지성이 비틀거리기 시작할 때, 그는 자신에게 말을 걸어오는 신적인 음성의 계시 속에서 확고한 지지를 얻었다. 이 목소리는 나타날

20 Nietzsche, *Birth of Tragedy*, pp.103-4(*Works*, edited by Dr. Oscar Levy).

때마다 항상 그를 *만류*하는 역할을 했다. 이 완전히 비정상적인 성격 안에서, 본능적 지혜는 오직 의식적 지각의 진전을 저지하기 위해서만 나타난다. 생산적인 모든 인간에게서는 본능이 창조적으로 긍정적인 힘이고, 의식은 비판적이고 억제하는 역할만 하는 반면, 소크라테스의 경우에는 그 정반대가 된다. 말하자면, 본능이 비판자가 되고, 의식이 창조자가 되는 것이다. 이것은 결핍*per defectum*에 의한 완전한 기형이다."[21]

니체는 이 진단에 대해 거의 20년 후, 인간 소크라테스에 대한 분석을 추가하였다. 그의 분석은 지나치게 인간적인 것 앞에서 멈추지 않을 뿐 아니라, 오히려 바로 거기에 적용되는 냉혹함을 지녔다: "그의 출신으로 판단하건대, 소크라테스는 최하층 계층에 속했다: 소크라테스는 평민mob이었다. 당신들도 알다시피, 그리고 지금도 직접 눈으로 확인할 수 있듯이, 그는 흉측하게 못생겼다. 추함은 그 자체로 결점이며, 그리스인들에게는 거의 소크라테스가 훌륭할 수 없다는 판단 근거가 되었다. 과연 소크라테스는 진정한 그리스인이었는가? 추함은 종종 좌절된 발달의 표현이거나 혼혈crossing로 인한 발달이 정지된 경우의 표현이다. 또 다른 경우에 추함은 타락적 발달의 징후로 나타난다. 범죄 전문 인류학자들은 전형적인 범죄자가 못생겼다고 말한다; *이마에 괴물, 영혼에도 괴물(monstrum in fronte, monstrum in animo)*.... 소크라테스의 본능에서 확인되는 공공연한 야만성과 무질서만이 아니라, 논리적 능력의 과도한 우세와 그에게 특별히 나타나는 기형적 악랄함 또한 타락의 징후이다. 우리는 또한 종교적으로 '소크라테스의 다이몬'으로 해석되었던 청각적 망상을 잊지 말아야 한다."[22]

"어느 날 한 인상학자physiognomist가 소크라테스를 간파하여, 그가

---

21 Nietzsche, *Birth of Tragedy*, pp.104-5(*Works*, edited by Dr. Oscar Levy).

22 "The problem of Socrates," *The Twilight of the Idols* (Götzendämmerung, 1888), p.11, vol., 번역본.

무엇인지를 ―악한 욕망들로 가득 찬 분화구― 폭로했을 때, 그 위대한 아이러니의 대가Master of Irony였던 소크라테스는 자신의 본성을 드러내는 한두 마디 말을 흘렸다. '그건 사실이다,' 그가 말했다. '그러나 나는 그것들을 모두 극복했다.' 그렇다면 소크라테스는 어떻게 그 자신을 숙달하는 데 성공했는가? 그의 경우는 근본적으로, 당시 일반화되기 시작하던 어떤 곤경의 가장 극단적이고 가장 눈에 띄는 사례였을 뿐이다. 그 곤경이란 아무도 자기 자신을 통제할 수 없고, 본능들이 서로를 향해 맞서 싸우는 상태 말이다. 소크라테스는 바로 이러한 상태의 극단적 사례였기에 사람들을 매혹시켰다―그의 섬뜩한 추함은 모든 이들의 눈길을 사로잡았으며, 동시에 그는 그 상태에 대한 하나의 응답으로서, 하나의 해결로서, 그리고 겉보기에는 하나의 치유책으로서 더욱 강하게 사람들을 매혹시킨 것이 분명하다."[23]

"이성-덕-행복이란 단순히 의미한다: 우리는 소크라테스를 모방해야 하며, 어두운 정념passion을 낮의 빛-이성의 빛으로 영원히 맞서야 한다. 우리는 어떠한 대가를 치르더라도 영리하고, 정확하며, 명료해야 한다: 본능에, 무의식에 굴복하는 것은 타락으로의 길로 이어진다...."[24]

니체는 소크라테스에게서 "*이론적 인간*의 전형"을 보았다. 그는 흔들리지 않는 낙관주의 속에서 "사유가 인과성의 단서를 따라 존재의 가장 깊은 심연에까지 닿으며, 사유는 존재를 인식할 수 있을 뿐만 아니라, 심지어 그것을 *바로잡을* 수 있다"고 생각했다. 소크라테스는 잘 알려져 있듯이 어떠한 문헌적 저작도 남기지 않았고, 오직 "단순한 말"을 통해 제자들과 문하생들에게 영향을 미치는 것으로 만족했다. 이 기법, 말하자면 자기 인식을 목표로 하고, 통찰이 덕으로 이어진다는 직관, 그

23 *Ibid.*, p.14

24 *Ibid.*, p.15

리고 무엇보다도 전체적인 치료 효과에서, 우리는 마땅히 소크라테스를 분석 기법의 원초적 아버지라 불러야 할 것이다. 이 분석 기법은 플라톤 안에서 그 합당한 이론가를 발견했다. 이 비교는 깊은 정당성을 담고 있다. 왜냐하면 소크라테스 자신이 그의 변증법적 치료, 즉 생각들을 끌어내는 과정을 *산파술의 실천*에 비유했기 때문이다. 그는 산파였던 자신의 어머니를 모방하여 그것을 수행했다. 이 일화는, 그의 악처 크산티페 Xanthippe에 대한 전승과 더불어, 그에게서 순전히 개인적인 동기들에서 비롯된, 그러나 원초적 외상에 대한 강력한 반작용이 일어났음을 보여준다. 바로 이 점이 그를 니체가 묘사한 *퇴행적 인간 유형*type dégénéré으로 만든 것이다. 생물학적 결과들, 말하자면 그의 추함, 기형, 환청, 그리고 니체가 묘사한 바와 같은 억제되지 않은 본능적 삶의 성격 등은 단번에 이해할 수 있게 된다. 그의 정신적 반응들 또한 마찬가지였는데, 그는 분명히, 어머니와의 동일시를 통해, 그녀에 대한 지나치게 강하게 고착된 관계로부터 자신을 분리해내야 했고, 그 분리를 이루기 위해 소년들을 사랑하는 쪽으로 기울 수밖에 없었다. 그 관계 속에서 그는 상실된 어머니-아이 관계를 끊임없이 반복할 수 있었다. 마침내 그는 출생 외상을 세 번째 방식으로 극복하는 데 성공했으니, 곧 죽음의 공포를 극복하는 것이었다. 니체가 정확히 보았듯, 소크라테스는 자발적으로 자기 죽음을 자처했다. 왜냐하면 그의 범죄 유형에 대해서는 통상 추방이 관례였기 때문이다. 그는 그것[죽음]을 원했고willed, 또한 그것을 *원할 수 있었다*could will; "우리는 그를 단지 학문적 본능의 인도 아래에서 살 수 있었던 첫 번째 인물로서가 아니라 —더 중요한 것은— 죽을 수도 있었던 첫 번째 인물로 본다. 그리고 바로 그 때문에, 지식과 이성에 의해 죽음의 공포에서 해방된 인간으로서의 *죽어가는* 소크라테스의 형상은 학문의 문지방 위에 새겨진 문장이 되어, 모든 이에게 그 학문의 목적을 환기시킨다. 이를테면, 학문은 존재를 이해할 수 있고 정당화된 것으로 보이게 만드는 것이다."

따라서 소크라테스는 —비록 여러 부분적으로 신경증적인 보상적 만족을 활용하였고, 독배를 마시는 대가를 치르기는 했지만— 출생 외상을 지적으로 극복하는 데 성공한 최초의 인물이었다. 그리하여 그는 정신분석의 선구자로서의 자격을 확립한 것이다.

정신분석적 지식 10

PSYCHOANALYTICAL KNOWLEDGE

우리는 분석 상황과 환자의 무의식적 표상을 통해 출생 외상의 근본적 중요성을 인식하게 된다. 그리고 이 출생 외상은 억압되고, 그것의 신경증적 재현, 상징적 적응, 영웅적 보상, 윤리적 반동 형성, 미학적 이상화, 그리고 철학적 사유 등의 반복과 귀환으로 드러난다. 우리는 인류문명의 본질적 성취와 발전을 조감하는 방식으로, 사회적으로 가치 있고 심지어 과대 평가된 모든 인간의 창조물뿐만 아니라, 인간이 되어간다는 사실 자체가, 출생 외상에 대한 특정한 반응에서 비롯된다는 것을 보여주었다고 믿는다. 그리고 마지막으로, 정신분석적 방법을 통해 이러한 인식에 도달할 수 있었던 것은, 불안이라는 원초적 저항을 극복함으로써 무의식 속의 원초적 억압을 가장 완전하게 제거할 수 있는 길을 열었기 때문이라고 생각한다.

정신분석학적 지식 자체의 전개는 이 원초적 저항의 힘, 그리고 그것을 극복해 낸 프로이트의 경이로운 성취를 교훈적으로 보여준다. 프로이트가 누차 강조하듯, 정신분석학의 진정한 발견자는 그 자신이 아니라, 1881년에 앞서 언급한 히스테리 환자를 치료했던 비엔나의 고(故) 요제프 브로이어Josef Breuer 박사였다. 그는 그 치료를 통해 환자에 의해, 이른바 굴뚝 청소로 일컬어지는, 말하기 치료라는 개념에 이르게 되었다. 프로이트가 사석에서 브로이어의 정신분석적 공헌에 대해 언급할 때, 그는 대단히 깊은 이해를 드러냈는데, 그것은 그의 가장 사적인 저작인 *The History of the Psychoanalytic Movement*(정신분석 운동의 역사, 1914)에서도 마찬가지로 나타난다. 그곳에서 프로이트는 브로이어가 결국 이 발견의 결과를, 마치 원치 않는 사건처럼 피해 달아났다고 서술한다. 그 이유는 브로이어가 성적 요인을 인정하길 원치 않았기 때문이며, 바로 이 성적 요인에 대한 용기 있는 인정이 훗날 프로이트 자신으로 하여금 스승의 반응을 이해하는데 크게 기여했다고 밝힌다. 이후 정신분석학 내부에서 일어난 분리와 이탈 역시, 관찰에 근거하지 않고 반대에서 비롯된 새로운 이론들로 이어졌으며, 프로이트는 이를 같은 저작에서 "정신분석에서 벗어나기 위해 분투하는 퇴행적 운동"이라고 규정했다. 프로이트 자신도 충분히 경험하였듯, 인간은 본래 정신분석학의 진실을 감당하기 위해 만들어진 것 같지는 않으며, 그는 종종 제자 중 누군가가 더 이상 자신을 따르지 않겠다고 할 때, "무의식의 어두운 협곡을 끝없이 탐색하면서, 가끔 햇빛을 흘끗 바라보는 일은 누구에게나 가능한 일이 아니다"라고 말하곤 했다. 우리는 무엇을 더 크게 감탄해야 할지 모른다. 프로이트의 발견에 대한 용기인가, 아니면 전 세계가 보여준 저항에 맞서 자신의 발견을 지켜낸 그의 투쟁적 끈기인가? 브로이어가 그랬던 것처럼, 그와 가까웠던 동료들은 무의식의 진실 앞에서 공포를 느끼고, 세상의 평안한 잠을 흔들어 놓는 이 사상으로부터 도피하고자 다양한 길로 흩어져 갔다. 그는 특히 그들에게 더욱 강하게 자신의 견해를 방어했다. 동료들이 후퇴 과정에서 제시한 유의미한 학문적 성과를 지닌 요소들이 발견되기도 하였으나, 프로이트는 그것들을 불완전하게 파악된 진리의 왜곡이나 부인을 구별하여 객관적으로 평가하였다. 그러나 동시에 그는 그러한 시도들 가운데 "정신분석적"이라 부르기 어려운 요소들은 자신의 이론 체계로부터 단호히 배제시켰다.

프로이트에게 충실하게 남아 있으면서도, 각자의 방식대로 스승의 가르침을 지나치게 문자 그대로 해석한 제자들의 과장과 오해 속에서, 정신분석 운동의 역사는 진리를 어느 결정적인 지점에서 드러내는 모든 지적 운동에서와 마찬가지로, 동요하는 양상을 드러낸다. 그 결정적인 지점이란 실상 브로이어의 발견이었다. 그러나 이로부터 실천적, 이론적 결론을 일관되게 끌어낸 사람은 의심할 바 없이 프로이트가 최초였다. 따라서 지금 우리가 브로이어의 발견과 직접적인 연결을 확립하려는 것은, 한편으로는 프로이트의 모든 견해가 얼마나 논리적으로 일관된 것인지를 조명하려는 것이며, 다른 한편으로는 여기서 제시된 개념이 브로이어의 발견 자체를 논리적으로 완성할 뿐 아니라, 그것을 프로이트가 이해하고 발전시킨 방식 또한 함께 완결짓는다는 점을 드러내려는 것이다.

브로이어의 출발점은 다음과 같은 "근본적 사실"이었다. "히스테리 환자의 증상은 그들의 삶에서 인상적이지만 망각된 장면들(외상)에 의존한다는 것이며, 이 이론에 기초한 치료는 최면상태에서 이 경험들을 기억하고 재현하게 하여(정화), 그 결과 다음과 같은 이론적 단편에 이르게 된다는 것이다. 말하자면, 이러한 증상들은 방출되지 못한 흥분량의 비정상적 사용(전환)에 상응한다." 브로이어의 원초적 발견의 핵심에 관한 이 프로이트적 정의 속에,[1] 치료 과정에서 반복되고 해소되는 출생 외상을 삽입한다면, "전환"(프로이트)이라는 문제에서 비롯된 분석의 정신-생리학적 출발점은 마찬가지로 정신-신체적 요인인 출생 외상과 연결된다. 이 양자 사이를 메우는 것은 오직 프로이트 홀로 창조한 무의식의 심리학이다. 철학적 사변에서 유래한 학문적 심리학이 점차 의학의 영역(감각 철학, 신경학, 뇌 해부학)으로 잠식해 들어간 이래, 실로 독립된 이름을 부여받을 만한 최초의 심리학이다. 이제 우리는 브로이어의 생리

1 "The History of the Psychoanalytic Movement," *Coll. Papers*, vol. i., p.289.

학적 개념인 "최면 이론hypnoid theory"과 프로이트의 순수 심리학적인 개념인 "방어이론" 사이에 어떻게 최초의 차이가 발생했는지 더 잘 이해하게 된다. 이 차이는 곧 억압의 발견으로 이어지고, 나아가 억압된 것(전의식-무의식)에 대한 탐구로 확장되었으며, 마침내 자아의 억압적 힘(그리고 그 파생물인 양심, 죄책감, 이상 형성 등)에 관한 연구로 이어졌다.

학문사적 관점에서뿐만 아니라 인간적 관점에서도 흥미로운 사실은, 프로이트가 브로이어와 결별하게 된 핵심이 바로 전환의 정신-신체적 경계 문제와 관련되어 있다는 점이다. 전환이란 용어 자체는 실제로 프로이트에게서 비롯된 것이지만, 그 자신이 말했듯이 그 개념은 두 연구자에게 "동시에, 그리고 공동으로" 발견된 결과였다. 마치 제자와 스승이 갈라서게 된 이 분열의 지점이 그 뒤로 금기taboo가 된 것처럼 보인다. 왜냐하면 전환 문제는 오늘날까지도 해결되지 않은 채 남아 있고, 거의 어떤 제자도 감히 그 주제에 접근하지 않았기 때문이다.[2] 만약 우리가 일관되게 프로이트의 방법을 따른 결과로 이 분석의 원초적 문제로 되돌아오게 된다면, 그것을 해결하려는 시도가 지니는 무거운 책임을 충분히 인식하고 있다. 그러나 동시에 우리는 이 문제에 대해 우리가 제시하는 관점이 충분히 정당화된다고 믿는다. 왜냐하면 그것이 지니는 보편적 중요성을 이미 보여주었기 때문이다.

논의 과정에서 우리는 한 가지 질문을 유보해 왔다. 말하자면, 태아가 자궁 속에서 누렸던 원초적이고 쾌락적인 상태를 되찾으려는 충동이 리비도의 근원적 경향으로 인식되고, 최고의 쾌락 가능성을 표현하는 것으로 간주되는데, 어떻게 해서 이러한 충동이 원초적 불안과 그렇게도 불가분하게 결합하게 되었는가 하는 문제이다. 이는 불안 꿈, 신경증

---

2 페렌치는 예외인데(*Hysterie und Pathoneurosen*, 1919), 그는 전환이 우리의 의미와 유사한 의미, 즉 "원형-정신(proto-psyche)으로의 퇴행"을 갖는다고 생각한다(*l.c.*, p.24),

적 증상들, 그리고 이와 파생되고 관련된 모든 형성물 속에서 드러난다. 우리는 이것을 이해하기 위해 다음 사실을 기억해야 한다. 쾌락적 원초 상태는 출생 행위를 통해 —아마도 출생 직전, 태아의 위치 이동과 압박(태아의 움직임)에 의해서— 원치 않는 방식으로 중단된다는 점을 유념해야 한다. 그리고 이후의 삶 전체는 이 상실된 낙원을 되찾기 위한 시도들로 이루어지는데, 이는 리비도의 지극히 복잡하고 우회적인 경로를 통해서만 가능하다. 그러나 원초적 상태 자체는 실제로 더 이상 도달할 수 없다.

출생 시 경험되는 원초적 불안-정동은, 생애 전반에 걸쳐 작동하며 마침내 외적 세계(점차적으로 제2의 어머니가 된다)로부터의 최종적 분리에 이르는 죽음까지 영향을 미친다고 볼 수 있다. 이 불안은 단지 신생아의 생리적 손상(호흡곤란-조임-불안)의 표현일 뿐 아니라, 극한의 쾌락적 상태에서 극도의 고통스러운 상태로의 변화라는 결과로, 처음부터 감정의 "정신적" 특질을 획득하게 된다. 이렇게 *경험된* 불안은 지각perception의 최초 내용이자, 말하자면, 최초의 정신적 작용인 장벽을 설정하는 행위가 된다. 그리고 바로 이 장벽 속에서 우리는 갓 떠나온 쾌락적 상태로 회귀하려는 이미 강력한 충동에 맞서 발생하는 원초적 억압의 기초를 확인할 수 있다. 따라서 프로이트가 감정의 신체적 표현으로서 정상적 형태를 인식했던, 전환은 신체적 신경 흥분으로부터 정신적인 것이 출현하는 과정, 말하자면 지각된 원초적 불안의 의식적 인상과 동일한 것임이 입증된다. 만약 이것이 순전히 생리적인 것이라면, 아마 언젠가는 완전히 제거될 수도 있을 것이다. 그러나 그것은 리비도가 과거로 퇴행하려는 충동을 차단하기 위해 정신적으로 고정되어 있다. 따라서 이후 삶에서 불안이 발생하는 모든 상황에서, 리비도의 힘은 이 원초적 억압의 장벽에 부딪혀 좌절되게 된다. 말하자면, 원초적 불안의 지각된 심리적 인상이 이전의 쾌락적 상태에 대한 기억을 지워버림으로써, 우리를 삶에 부적합하게 만들 퇴행을 방지하는 것이다. 그러나 이 장벽을 역행하여 넘어서는 경우가 있는데, "용감한" 자살 사례에서 드러난다. 인간은 원초적 대상과 고통스러운 분리를 제대로 견디지 못한다. 또한, 원초적 불안의 위협적인 반복에 의해 강제로 제지되지 않는다면 현실에 대한 보상적 적응 역시 결코 이루어낼 수 없는 것처럼 보인다. 잠(꿈)에서든 깨어 있는 삶(무의식적 환상)에서든 이 장벽에 접근하자마자 즉각적으로 불안이 발생한다. 이것이 모든 신경증 증상들이 무의식적으로는 쾌락적이고, 의식적으로는 고통스러운 특징을 띠는 이유를 설명한다. 이 원초적 쾌락 상태를 근사치로나마 회복할 수 있는 유일한 현실적 기회는 바로 성적 결합, 이를테면 부분적이고 순수하게 신체적인 자궁 회귀에서만 주어진다. 그러나 최고의 쾌락 감각이 결부된 이 부분적 만족조차 모든 개인을 충족시키지는 못한다. 좀 더 정확히 표현하자면, 일부 개인들은 생식원형germ plasm으로부터 유래한 출생 외상의 보다 강한 영향과, 그에 따른 더욱 강력한 원초적 억압(반응)으로 인해, 대상과의 이러한 부분적인 신체적 관계조차 불만족스러운 방식으로만 형성할 수 있다. 그들의 무의식은 완전한 회귀를 재현하려 시도하는데, 때로는 성적 파트너와의 관계 속에서 어머니와 아이의 완전한 신체적 동일성을 구현하려는 방식(자위, 동성애)[3]을 통해서이고, 때로는 신경증 증상 속에서 방어 메커니즘인 동일시를 통해서다. 이는 성행위의 완성 및 새로운 탄생을 통한 동일시를 통해 달성해야 하는 것을 대신하는 것이다. 여기에서 남성과 여성의 전반적인 정신 발달을 가르는 근본적 차이가 나타난다. 여성은 임신과 출산이라는 원초적 상황의 실제 반복을 통해, 자신에게 가장 근접한 형태의 원초적 만족에 도달할 수 있다. 이에

3 마르티알(Martial)은 동성애에 대해 다음과 같이 말한 바 있다: *pars est una patris cetera matris habent*(그의 일부는 아버지의 것이며, 나머지는 어머니의 것이다).

비해 남성은, 무의식적 동일시에 의존하여, 이러한 재현을 위한 대체물을 스스로 만들어야 한다. 남성은 어머니와 동일시하면서, 그 과정에서 생겨나는 문화적, 예술적 창작 활동을 통해 간접적으로 원초적 만족을 경험하게 된다. 그래서 여성이 문화 발달 과정에서 상대적으로 미약한 역할을 수행하게 되는 이유를 설명해 주며, 그에 따른 사회적 저평가는 이차적인 결과로 나타난다. 반면, 사실상 문명 전체의 창조는 남성의 모성적 원초 대상에게 리비도의 과도한 투영과 근원적 억압을 통한 그것의 제거로부터 비롯되었을 뿐이다.[4] 따라서 정상적인 사회적 적응은 원초적 리비도를 부성적인 것과 창조적인 것으로 광범위하게 전이하는 것에 상응한다. 반면 모든 병리적인 것(그러나 초정상적인[super normal]것 또한)은 지나치게 강한 어머니 고착이나 그것에 대한 방어 반응에 근거한다고 말할 수 있다. 그 둘 사이에는 자녀를 낳고자 하는 소망까지 포함하는 완전한 성적 만족이 놓여 있으며, 이는 원초적 불안을 다시 원초적 리비도로 거의 완전하게 전환하도록 허용한다. 따라서 복잡한 성 메커니즘 내에서 발생할 수 있는 다양한 장애들도 불안을 유발한다. 성기능의 직접적인 장애(프로이트의 "현실 신경증")의 경우 불안은 즉각적으로 해소되지만, 무의식적으로 고정된 정신 신경증의 경우에는 불안이 증상의 보호 구조에 의해 묶인 상태로 남아있다. 그리고 그 어떠한 유형의 신경증적 발작에서도 불안은 재현을 통해 배출된다.

그러므로, 출생 외상과 그것에 선행하는 태내 상태를 통해, 우리는 마침내 오랫동안 논란이 되어 온 정신-신체적인 것의 경계를 구체적으로 파악하게 되었다. 이로부터 우리는 인류의 근원적 증상인 불안뿐 아

---

4 여기서 알프레드 아들러가 *원동자*(Primum movens: 아리스토텔레스의 철학에서 모든 운동의 시작이자 원인을 지칭하는 용어—역자주)로 제시한 여성의 열등감(inferiority) 개념이 가장 깊이 자리하고 있다. 그것은 또한, 성별과 관계없이 출생 외상의 억압에서 직접 파생된 결과이기도 하다.

니라, 전환, 그리고 심신적 기반에 뿌리를 둔 정동과 충동 전체의 삶을 이해할 수 있게 된다. 충동이란 사실상 정신적으로 고착된 원초적 불안에 대한 직접적 반응 외에 다른 아무것도 아니다. 말하자면, 그것은 원초적 불안에 의해 변형된 본능이라 할 수 있다. 왜냐하면, 자아는 불안의 경계로부터 후퇴하는 과정에서, 과거가 아니라 어머니의 형상으로 만들어진 세계 속에서 낙원을 찾도록 끊임없이 앞으로 *내몰리기 때문이다*, 그리고 이것이 실패할 경우 종교, 예술, 철학이라는 숭고한 소망-보상 속에서 그것을 찾으려 한다. 실제로 이 거대한 적응 과업은, 특히 진정한 가치의 창조와 관련되는 한, 역사상 단 한 유형의 인간만이 성공적으로 수행해 왔으며, 인류 정신사에 전해지는 영웅이 바로 그 인물이다. 하지만 우리는 이를 보다 포괄적으로 "예술가"라고 명명하고자 한다.[5] 예술가들은 현실 세계에서 충분히 충족되지 못한 원초적 리비도의 잔재로부터 이상적 가치와 환상적 상부구조를 만들어 낸다. 따라서 정상인은 이미 원초적 상징을 재현하는 세계 속에 태어난다. 그/그녀는 억압의 일반적 평균 수준에 부합하는, 기성의 만족 형태들을 발견하게 되며, 자신의 원초적 경험으로부터 이러한 것들을 *다시* 지각하고 활용하기만 하면 된다(상징주의).

이제 우리는 우리의 개념으로부터 도출할 수 있는 가장 중요한 이론적 결론 중 하나를 제시할 시점에 도달하였다. 그것은 전적으로 프로이트의 연구를 직접적으로 계승하는 연장선상에 자리 잡고 있다. 처음부터 분석적 관점은 유전적 및 계통발생적 영향들을 잠정적으로 배제하였다. 왜냐하면, 이러한 영향들은 상당 부분 파악하기 어렵고, 정신분석학은 초기 유년기의 중요성을 밝힘으로써, 과도하게 고평가되어 온 이들 요소에 대한 수정을 가능하게 했기 때문이다. 그리하여 초기 유년기는

5 Rank, *Der Kunstler, Ansätze zu einer Sexualpsychologie*, 1907, second edition, 1918.

개인 발달의 결정적인 요인으로 드러났다. 그러나 분석 기법의 발전으로 인해 우리는 임상 경험 속에서 이 유아기적 발달 단계를 점점 더 이른 시기로 거슬러 올라갈 수 있게 되었으며, 결국 태내 단계에까지 도달하게 되었다. 특히 꿈 상징의 보다 철저한 연구에 비추어 보면, 우리는 이제 유전된 심리적 소질이라는 계통발생적 관점을 완전히 폐기하거나, 최소한 헤켈Haeckel의 의미에서 생물-유전적 기본법칙 범위 내로 제한할 수 있다. 이에 따라 상징주의의 모든 문제는, 융이 성급하게 분석에 도입한 계통발생론적 관점을 도입하여 설명했던 것보다, 훨씬 더 간단하고 만족스러운 방식으로 설명된다. 융은 순전히 정신과 의사였고, 신화 자료를 단순 비교 대상으로 사용했기 때문에, 신경증 분석의 실제 경험이 부족하여 단순한 기술description과 그에 따른 사변적 해석을 넘어설 수 없었다. 프로이트 역시 해석되지 않은 민족학적 자료를 통해 개인 심리의 현상을 설명하려는 융의 시도가 비생산적임을 인식했고, 우리가 지금까지도 이어가는 유일한 올바른 길을 추구하였다. 이로써 계통발생적 관점은 분석의 배경에서 훨씬 더 멀리 밀려나게 된다.

거세와 오이디푸스 상황이라는 *원초적 환상*들을, 그 근원인 출생 외상(분리) 혹은 그에 선행하는 쾌락적 단계(어머니와의 재결합)로까지 소급하여 추적할 수 있게 된 이상, 프로이트의 관찰을 직접 참조하여, 이러한 환상의 진정한 근저, 태내 상태까지도 추적하는 일이 어렵지 않았다. 여기서 태내 상황란 어머니와의 분리와 재결합이라는 양측면을 모두 포함하고 있는, 전형적인 예로서 부모의 성관계 염탐spying을 의미한다. 이미 프로이트는『꿈의 해석』제2판에서, “그 기저에는 자궁 내 삶의 환상이 놓여 있는 전형적 꿈들, 즉 어머니의 자궁 안에 머무르고 출산하는 꿈”을 언급한 바 있다(p.198). 그는 예시 중 하나로, “환상 속에서 이미 자궁 내 상황을 이용하여 부모의 성교를 엿보는 한 젊은이의 꿈”을 제시하였다. 이 꿈과 마찬가지로, 분석가와 *분리되어야만* 했던 환자가 보고한 또 다른 출생 꿈은, 프로이트가 최초로 인식한 바와 같이, 분석적 치료의 꿈이었다. 우리의 탐구는 바로 그 규칙적인 발생을 출발점으로 삼았다. 실로 치유 상황과 관련하여 그것들은 환상에 해당하지만, 이 환상은 오직 실제적으로 "기억된" 재료를 가지고 행하는 출산 행위의 재현에 관한 반영일 뿐이다. 수년 후, "자궁 환상"이 모든 비평가에게 오랫동안 조롱당했음에도 불구하고 정신분석학 내에서 자리를 지켰고, 프로이트는 다시금 유아 신경증의 역사에 대한 고전적 진술 속에서 이 문제를 재논의하였다.[6] 그는 "원초 장면"의 실재를 이해할 수 없어도 받아들여야 할 사실로 끝까지 옹호했다. 이는 과거 제자들이 이를 재해석하려 시도한 것뿐 아니라, 심지어 자신의 과학적 의심과도 맞선 태도였다. 예를 들어, 한 환자가 분석 치료 중에 경험한 분석적 재탄생 환상, "세상이 베일에 의해 가려진 것처럼 보였다"는 불평 속에서, 양막caul을 쓰고 태어난 자기 자신의 출생으로 환원된다는 사실에서 프로이트는 다음과 같은 결론에 도달했다(*l.c.*, p.580): 환자는 어머니와 동일시되어 자궁으로 돌아가기를 원하며, 그곳에서 아버지에 의해 수정되어 그에게 아이를 낳고자 한다는 것이다. 소망의 첫 부분은, 우리가 반박할 수 없는 증거를 통해 입증하듯, 실로 생물학적으로 해석되어야 한다. 두 번째 부분은 이 원초적 소망 경향이 아동기 남아의 특정한 경험을 통해 얼마나 위장되고 복잡하게 가공되었는지를 보여준다. 프로이트 자신도 주석(*l.c.*, p.695)에서 과거를 거슬러 기억하는 능력의 문제를 "분석의 전체 이론에서 가장 까다로운 것"으로 지칭하며, "원초 장면의 재활성화 과정에서 아이에게 작용하는 것은, 정의하기 어려운 어떤 종류의 지식, 혹은 아마도 이해를 위한 예비적 준비 단계일 수 있는 무언가가 있다"라고 말한다. 이

---

6 *Coll. Papers*, vol. iii., Case Histories, v.

어서 그는 "우리가 그것이 구체적으로 무엇인지는 알 수 없으나, 동물의 광범위한 본능적 지식이라는 탁월한 유비analogy만 있을 뿐이다"라는 결론에 이른다(*l.c.*, p.604). 이처럼 분석 초기에 외부 영향이 전혀 없이 나타나는 꿈들은, 해당 개인의 전형적 꿈 유형과 일치하며, 풍문이나 사실로부터 재구성된 염탐 상황 외에도, 어머니조차 알 수 없었던 순수하게 생물학적인 요소(팔다리의 위치, 특정한 출산 고통 등)가 포함되어 있다. 이러한 요소들은 신경증의 신체적 증상과 연관 지어 증명되며, 우리로 하여금 "염탐" 환상의 진정한 토대를 이해하게 한다.[7] 이를 위해 우리는 단지, 그 장면이 주로 전치되는 장소인 부모의 침실에서부터 그것의 진정한 원형인 자궁 상황으로 전이되는, 이미 기술한 "상징적" 현실 적응 방식을 다시 따라가면 된다. 이러한 방식으로 "원초 환상"의 본질, 말하자면 그 장면이 실제로 경험되었는지 아닌지는 중요하지 않다는 사실이 자연스럽게 이해된다. 왜냐하면, 설령 목격된 성교 조차도, 만약 환자가 원초적 외상, 곧 아버지에 의해 깨진 최초의 평화로운 상태를 상기시키지 못하면, 외상적 효과를 일으키기 어렵기 때문이다. 따라서 후대의 아동기적 오이디푸스 콤플렉스는 자궁 내 오이디푸스 상황의 직접적인 파생물, 심리성적 정교화임이 입증된다. 이것이 바로 "신경증의 핵심 콤플렉스"로 밝혀지는데, 비록 이 아버지에 의한 방해가 최초의 "외상"은 아니지만, 그럼에도 그것은 직접적인 선행 사건으로 당당히 불릴 만하다.[8]

이러한 관점들에서 보면, "원초적 환상"의 실재적 기초가 구체적으로 파악 가능해지고, 그 근저에 놓여 있는 원초적 실재가 드러난다. 따

7 그 속에 담긴 환상적 요소, 이성애적 단계의 '되돌림'(퇴행)은 외설적 농담뿐만 아니라, 영웅이 자궁 안에 있으면서도 성교하는 수많은 신화적 전승(오시리스)에도 그 흔적을 남겼다.

8 따라서 임신 기간 언제까지 성관계가 이루어지는가 하는 문제는 전적으로 무관하다고 볼 수 없다. 이와 관련해, 이미 고(故) 헉-헬무트(Hug-Hellmuth) 박사의 논박에서도(*A Study of the Mental Life of the Child*) 유아들이 리듬을 즐기는 현상이 태아기 자궁 내에서 경험하는 움직임과 실제로 연관돼 있음을 시사하고 있다.

라서 우리 역시 프로이트와 마찬가지로 무의식에 귀속해야 하는 "정신적 실재"는 생물학적 실재로서 파악되고 이해되어야 한다는 점이 밝혀진다. 이로써 우리는, 유전된 정신적 내용이라는 가정을 잠정적으로 포기할 수 있게 된다. 왜냐하면 진실로 정신적인 것, 진정한 *무의식*은 성인 자아 속에 *변하지 않고 존재하는* 실재가 바로 *태아적* 상태임이 드러나기 때문이다.[9] 여기서 태아적이란 의미는 정신분석학이 최근 메타-심리학적 용어로 성적으로 중립적인 "그것(the It, 이드)" 관념과도 부합한다. 이 태아적 상태를 넘어서는 모든 것, 특히 좁은 의미에서의 성적인 내용은 모두 전의식에 속하며, 농담, 민속, 신화에서 사용되는 성적인 상징 역시 이 범위와 일치한다. 진정한 무의식은 오직 태아와 자궁 간의 리비도적 관계로만 구성된다.

이러한 무의식의 정의로부터, 프로이트가 이 주제에 대해 최근 기여한 바에 따르면,[10] 자아의 진정한 무의식적 핵을 형성하는 모든 특징이 쉽게 설명될 수 있다. 첫째, 강도intensity에서는 결코 변하지 않으면서 결코 완전히 충족될 수 없는 소망 경향으로, 프로이트는 잃어버린 원초적 상태를 재확립하려는 리비도의 노력으로 파악하였다. 둘째, "자기애적narcissistic" 원초 상태의 특성, 성적 분화가 전혀 없는 상태가 있다. 이로 인해 자아에 대립되는 모든 대상은 본래적으로 모성적 특성을 함유한다는 점이다. 셋째, 무시간성timelessness과 모든 부정negation의 결여가 강조된다. 이 부정은, "억압 과정을 통해 비로소 처음 도입되며,"[11] 따라서 출생 외상의 정신적 경험에서 기인한다. 마지막으로, 무의식의

---

9 정신분석적으로는 이미 알려졌지만, 아직 충분히 설명되지 않은 하나의 근거로, 꿈에서 무의식과 자궁을 동일한 상징들(방, 건물, 장롱, 계곡, 구멍 등)로 표현한다는 사실을 들 수 있다. 이러한 상징들을, 질베러(Silberer)는 무의식의 정신적 자기표현으로만 파악할 수 있었다(*Int. Zschr. f. Ps.A.* viii., 1922, p.536).

10 Freud, *The Ego and the Id*.

11 "History of an Infantile Neurosis," *Coll. Papers*, vol. iii., p.559, note 2를 보라.

근본적인 정신 메커니즘으로 a) 상실된 원초 상태를 외부 세계 속에서 대체해야 하는 문화적 적응의 발달에 결정적인 역할을 하는, *투사*를 위한 노력 b) 과거 어머니와의 동일성을 다시 확립하려는 목표를 갖는 수수께끼 같은 *동일시*가 있다.

부정negation 그 자체의 완전한 결여, 예를 들어 죽음의 관념도 본질적으로 무의식의 특성에 속하며, 생애 전체의 과정을 이해하는 데 있어 매우 중요한 의미를 지닌다. 프로이트는 유아기의 연구를 통해 이러한 사실을 일찍이 인식한 바 있다. 아동과 그것의 정신적 대리자인 무의식은, 경험적으로 주어진 출생 이전의 상태만을 인식할 뿐이며, 그 상태에 대한 쾌락적인 기억은 불멸성에 대한 파괴되지 않는 믿음, 말하자면 죽음 이후의 영생이라는 관념 속에 지속된다. 그러나 생물학적으로 우리에게 죽음 충동으로 보이는 것도 사실 이전에 이미 경험한 출생 이전의 상태를 재구축하려는 노력에 지나지 않으며, 이로부터 "반복 강박"[12]이 유래한다. 이러한 반복은 충족될 수 없는 갈망에서 비롯되며, 이 갈망은 가능한 모든 형태 속에서 반복적으로 자신을 소진하는 것이다. 이 과정이 생물학적 언어로 우리가 말하는 "삶"이다. 만일 삶의 과정에서 출생 외상에 의해 분리된 "정상적인" 개인이 아동기의 발달 과정에서의 어려움을 거치고 또 신경증적 퇴행을 피함으로써, 외부 세계에 스스로를 적응시켜 이 세계를 "가장 최고의 세계," 즉 어머니 대용물로 인식하는 데 성공한다고 치자. 그런데 무의식은 그동안에도 고집스럽게 자신에게 예정된 퇴행적 경로를 따라갔으며, 여전히 자아의 의지에 반하여 최초의 목표로 되돌아가려 한다. 그러나 우리가 "노화"aging라고 부르는 이 과정은, 무의식이 본래적 목표로의 귀환을 성취하기 위해 필연적으로 신

12 프로이트의 *Beyond the Pleasure*를 보라. 여기서 제시된 개념은 로하임(Róheim)이 자신의 논문 연작의 마지막 논문 "Das Selbst"(자아)에 내린 요약적 고찰과 거의 전적으로 일치한다(*Imago*, vii., 1921, p.503 ff.).

체 전체를 조직적으로 파괴하는 방향으로 작동하며, 이는 다양한 질병을 경유하여 마침내 죽음에 이르게 한다.[13]

죽음의 순간, 육체는 다시 한번 어머니의 대체물인 "세계 여인"Dame World과 결별하게 되는데, 이 세계의 앞모습은 아름답고 조화롭게 형상화되어 있으나, 그 뒷모습은 추하고 무시무시한 것으로 여겨진다.[14] 이러한 분리는 무의식에게는 여전히 쉬운 일이다.[15] 그것은 단지 하나의 대체물을 포기함으로써 진정한 행복에 도달하는 일이기 때문이다. 여기서 우리는 죽음을 해방자로 여기는 대중적 관념의 뿌리뿐만 아니라, 모든 종교적 구원의 사상의 핵심적 요소를 발견하게 된다. 반면, 죽음을 낫을 든 자scythe-bearer, 생을 날카롭게 단절시키는 두려운 이미지 역시 출생 외상에서 비롯된 원초적 불안으로 환원될 수 있다. 이 불안은 인간의 마지막 외상, 말하자면 죽음의 마지막 호흡에서 출생 시의 원초적 불안을 반복 재현하는 것이다. 그리하여 인간은 죽음이라는 가장 큰 불안 속에서도, 다시 한번 출생 불안을 겪는 과정을 통해 죽음을 부정하는 일종의 쾌락을 얻게 된다. 무의식이 죽음을 자궁으로의 귀환으로 얼마나 진지하게 이해하는지는, 모든 시대와 민족을 막론하고 행해지는 장례 이

---

13 불교적 악(evils)으로 간주하는 노(老), 병(病), 사(死)를 참조하라. 소크라테스는 독배를 들며 말했다: "삶이란 오래 병들어 있는 것이다; 나는 구원자 아스클레피오스(Asklepios)에게 수탉 한 마리를 제물로 빚졌다." (자연스럽게도, 신화적 구원자 아스클레피오스는 재탄생의 신이며, 그가 죽은 자를 살렸다는 이유로 제우스에게 번개로 맞아 죽는 벌을 받았다.)

14 H. Niggemann, "Frau Welt" (*Mitra*, i., 1914, No.10, p.279).

15 위대한 의사이자 인간 관찰자였던 후펠란트(Hufeland)는 죽음이 외견상 고통스럽게 보인다고 언급한 바 있다. 본서를 집필하는 과정에서 우연히 접하게 된 하인츠 벨텐Heinz Welten의 한 수필(*Über Land und Meer*, April, 1923)은, 위인들이 남긴 전통적인 임종의 말을 통해 "인간이 얼마나 쉽게 죽음을 맞이하는지를" 보여주고 있다. 괴테Goethe의 이제는 유명해진 마지막 말, "더 많은 빛을More light"은 세상의 빛을 바라보려는 무의식적인 출생 환상, 말하자면 탄생을 상징하는 광명을 향한 소망을 분명히 드러낸다. 괴테 자신이 언급한 바 있는, 그의 비정상적으로 고통스러웠던 출생 외상은, 그의 생애와 작품에 드러나는 여러 난해한 요소들을 설명해 주는 열쇠이기도 하다.

식rites에서 잘 드러난다. 이러한 의식에서는 (아버지를 통해) 영원한 수면을 방해하는 행위를 최대의 불의이자 가장 사악한 범죄로 엄하게 벌해 왔다.

교부들Church Fathers의 심오한 교리에 따르면, 영혼soul은 태아가 감각을 통해 최초의 인상을 지각할 수 있는 임신 후기 단계에 이르러서야 비로소 태아 안으로 들어온다. 마찬가지로, 죽음에 이르러서는 육체로부터 영혼이 빠져나가 불멸의 삶에 참여하게 된다. 이와 같은 영혼의 육체로부터의 분리는, 소멸되지 않는 욕망이 불멸성의 회복을 시도하는 행위라 할 수 있다. 여기에서 우리는 다시 한번 원초적이며, 얼핏 환상적으로 보이나 실제로 온전히 진실된 영혼 개념의 본질적인 내용과 마주하게 된다. 로데Rohde의 *프시케*Psyche에서 정교하게 전개된 논증을 통해 알 수 있듯이, 영혼은 죽음의 개념에서 유래한 것이다. 초기의 인간은 영혼이 육체를 지닌 존재, 말하자면 죽은 자의 제2의 자아로 상상하였으며, 그것은 죽음 이후의 생존을 실질적으로 대신해야 할 존재였다(이집트의 카[Ka]와 유사한 형태들).[16] 나는 이전의 다른 논의 속에서, 종교적 영혼 개념과 철학적 영혼 개념이 어떻게 원시적 영혼 신앙으로부터 발전해 왔는지를 부수적으로나마 조명한 바 있다.[17] 이러한 모든 창조물을 무의식적 소망 환상으로 폭로해낸 정신분석적 탐구는, 이제 다시 돌아와 영혼의 실제적 내용을 파악하려 한다. 그리고 그 실제 내용은 끊임없이 반복되는 배아적 상태 속에서 실현되고 있다.

이처럼 다양한 대리 만족 형태를 통해 상실한 원초적 상태를 끊임없이 재확립하려 하고, 동시에 원초적 외상을 부정하려는 숭고하고도 지

---

16 F. S. Krauss, Sreéa, *Gläck und Schicksal im Volksglauben der Südslaven*, Wien, 1886. "Der Doppelgängerglaube im alten Ägypten und bei den Südslaven", (*Imago*, vi., 1920, p.387fL). Rank, "Der Doppelgänger"(*Imago*, vii., 1914).

17 "Die Don Juan-Gestalt" (*Imago*, vii., 1922, p.166ff).

속적인 시도를 직면하게 될 때, 겉으로는 제멋대로 흔들리고 변화하는 듯 보이는 역사의 기나긴 과정조차 사실상 생물학적 법칙의 지배를 받는 것으로 이해할 수 있다. 여기서 작동하는 메커니즘은 바로 그토록 정교하게 전개되었던 원초적 억압의 메커니즘과 동일하다.

삶에서의 첫 고통, 소위 말해서 출생 외상을 무의식에 지나치게 강하게 상기시키는 외적 고통의 시기에는, 무의식은 자동적으로 퇴행적 시도를 강화한다. 그러나 이러한 시도들은 결국 포기될 수밖에 없다. 왜냐하면, 그것들이 결코 실제 목표에 도달할 수 없을 뿐 아니라, 오히려 그 목표에 지나치게 근접함으로써, 에덴동산의 문 앞에서 번쩍이는 칼을 든 케루빔Cherubim처럼. 그 앞을 지키고 있는 원초적 불안과 맞닥뜨리게 되기 때문이다. 따라서, 최초이자 가장 강렬했던 쾌락적 경험을 회복하려는 원초적 충동은, 그것과 불가분적으로 결합된 가장 고통스러운 경험인 출생 외상의 반복을 막아주는 원초적 억압에 의해서만 제지당하는 것이 아니다. 동시에 그 쾌락의 원천 그 자체를 회피하려는 또 다른 힘에 의해 가로막힌다. 이것은 그 쾌락은 본질적으로 다시는 도달할 수 없는 것이므로, 그 사실을 상기시키는 것조차 피하려 하기 때문이다. 이처럼 하나는 원초적 쾌락 기억을 출생 불안으로 덮어 가려버리고, 다른 하나는 고통스러운 출생 외상의 기억을 그 이전의 쾌락 경험으로 잊어버리게 하는, 이러한 *이중 억압 장벽*이 세워진다. 다시 말해서, 정신의 이러한 *원초적 양가감정* 속에서 인간 발달의 수수께끼에 대한 해명이 가능해진다. 그리고 이 수수께끼는 오직 정신분석학에 의한 억압 과정의 발견을 통해서만 풀릴 수 있었다.

치료적 측면

THE THERAPEUTIC ASPECT

11

우리가 원초적 억압의 힘을 (이 힘은 앞 장의 끝에서도 다시금 드러났던 바이다) 떠올리고, 또 인간이 그것을 극복하기 위해 수천 년 동안 지칠 줄 모르고 반복해 왔으나 번번이 헛되이 끝난 시도들을 함께 생각한다면, 가장 먼저 떠오르는 것은 이 개념이 어디에서나 불러일으키는 비관적 귀결에 더하여, 모든 정신-치료가 결국은 희망 없는 것이라는 생각일 것이다. 왜냐하면 이 세상 그 어떤 힘이 무의식으로 하여금 자신의 타고난 본성을 포기하고 다른 방향을 취하게 만들 수 있겠는가? 지금까지 말한 것에서 도출될 수 있는 결론은 단 하나, 그런 힘은 존재할 수 없다는 것이다. 그럼에도 불구하고, 분석적 경험은 또 다른 사실을 보여준다. 즉, 심각한 신경증적인 인간들을, 무의식의 과도한 지배로부터 상당한 정도까지 해방시켜, 신경증적이지 않은 사람들이 살아가는 방식과 유사한 삶을 살 수 있게 해주는 무언가가 반드시 존재한다는 점이다. 그것은 결과를 바라보는 관점에 따라 매우 많을 수도 있고, 동시에 매우 적을 수도 있다. 보통 분석가 자신만이 이 결과를 전자의 관점(매우 많은 것)에서 고려하는 경향이 있는 반면, 환자는 자주 후자의 관점(매우 적은 것)에서만 그 결과를 판단할 수 있다. 이 모순은 처음에는 더 이상의 설명이 필요 없어 보이지만, 그것의 심리적 동기라는 점에서 검토할 가치가 있다.

여기서 문제가 되는 것은, 분석가가 주관적으로는 '나는 최선을 다했을 뿐 아니라 할 수 있는 모든 것을 다 했다'라고 정당하게 믿을 수 있음에도 불구하고, 실제의 성공이 전혀 나타나지 않는 경우를 말하는 것이 아니다. 내가 염두에 두고 있는 것은 오히려 환자가 실제로 자신의 고통에서 해방되고, 다시 일할 수 있고 즐길 수 있는 능력을 회복했음에도 불구하고, 여전히 불만족스러운 사람처럼 행동하는 경우이다. 그러나 이러한 상황에도 불구하고 우리는 결코 우리의 임무에 낙담해서도, 결정을 주저해서도 안 된다. 왜냐하면 분석을 받지 않은 다른 사람들이, 아마도 분석이 전혀 필요 없는 사람들조차, 더 만족스럽거나 더 행복하다고 누가 감히 말할 수 있겠는가? 우리는 프로이트의 말을 떠올린다. 그는 치유된 신경증 환자는 이전에 "신경증적" 불행을 겪었던 데서, 이제는 그저 평범한 불행을 보는 것뿐이라고 말한 적이 있다. 심각한 신체질병의 경우에도 의사가 환자의 완전한 건강이라는 요구를 충족시키기는 거의 불가능하다. 신경증 환자의 경우에는 훨씬 더욱 그렇다. 왜냐하면 신경증 환자는 자신의 요구가 지나치게 과도하기 때문에, 더 정확히는 그 요구가 본질상, 그리고 정신분석학적 지식에 따르면 결코 충족될 수 없는 리비도적 요구이기 때문에 병이 든 것이다. 따라서 신경증의 원인에 대한 오늘날의 지식은, 그것을 제거할 수 있는 수단을 함께 제공해 주기는커녕, 오히려 그것을 치료하려는 모든 시도를 포기하게 만든다. 그렇다면 이것이야말로 정신-치료에 있어서 가장 완전한 허무주의가 아니고 무엇이겠는가? 아니 그 이상으로, "아는 것이 힘이다"라는 소크라테스적 격언을 현대적으로 실천하는 학문적 탐구 정신 자체를 부정하는 것이 아닌가?

애초에 정신분석은 지혜의 총합으로서 고대의 선구자로부터 전해 내려오는 이 편견을 실제로 뒤흔들어 놓았다. 정신분석은 우리로 하여금 지적 자만을 내려놓게 만들었고, 무의식의 생물학적이고 원초적인 힘에 비해 의식의 힘을 과대평가하지 않도록 학습시켰다. 나는 우리가 정신분석적 치료의 영역에서도 같은 방향으로 더 나아가야 한다고 믿는다. 충분한 지식을 습득한 후에는, 소크라테스의 명제를 일부 수정하여 인식할 수 있다. 말하자면, 우리가 아는 것은, 우리의 지식을 효과적으로 적용할 수 없다면 [그것은] 치료적 가치가 별로 없다는 사실뿐이라는 것이다. 프로이트 자신도 우리에게 다음과 같이 경고했다.[1] 즉, 분석가 자신의 지식과 이해를 환자의 지식과 혼동하지 말라는 것이었다. 그는 정신분석을 연구 방법과 치료 방법으로 엄격히 구분했다. 우리가 무의식에 대해 너무 적게 알아냈던 시기에는, 기존 지식이 치료 효과를 내기에 충분하지 않은 상황에서도, 연구가 불가피하게 전면에 부각되는 경우가 많았다. 그러나 지난 몇 년 간의 유익한 경험들은 우리에게 다음과 같은 사실을 확인시켜 주었다. 치료 가능성은 지식의 증가에 따라 예상만큼 자동적으로 확대되지 않으며, 심지어 단순한 치료적 행위조차 지식과 통찰이 과도할 경우 오히려 방해를 받을 수 있다는 점이다.[2] 반면, 환자에게 우리의 지식을 전달하고, 그들이 지적으로 이를 받아들인다고 하더라도, 증상이 변화하지 않는다는 사실은 오래전부터 경험적으로 확인되어 왔다. 정신분석은 결국 치료적 가치를 정동적 수용에서 찾아야 했으며, 그것은 궁극적으로 정동들을 해제abreaction하는 것과 동일한 효과를 가지며, 오직 무의식적 저항이 제거된 후에만 가능했다. 예전 최면요법에서는 환자가 과거를 기억해내는 것이 핵심이었지만, 곧 이런 의식적 기억 대신 전이 속에서 과거가 '반복되어 나타나는 것'이 중심이 되었고, 그 반복에는 실제적인 정동적 재생이 결부되었다.[3] 더욱이 분명한

---

1 "Further Recommendations in the Technique of Psycho analysis," *Coll. Papers*, vol. ii., p.362.

2 이러한 경험들은 프로이트 교수가 마지막 정신분석학회(1922년 9월)에서 "정신분석 이론과 기법의 관계"를 주요 논의로 제시한 이유였던 것으로 보인다.

3 "Further Recommendations in the Technique of PsychoanalysisRecollection, Repetition, and Working Through," *Coll. Papers*, vol. ii. Cf. Ferenczi and Rank, *The Development of Psychoanalysis*.

것은, 이러한 전이적 반복을 결코 피해서는 안 되며, 오히려 환자가 자신의 기억을 반복에 대한 방어 수단으로 사용할 때, 말하자면 기억이 생물학적 기능을 수행할 때 이를 유도해야 할 경우가 많다는 것이다. 잘 알려진 바와 같이, 페렌치는 "능동적" 치료의 필요성을 처음으로 강력하게 주장했다[4]; 이후 그는 이 견해를 철저한 논증 속에서 정당화하려고 시도했으며, 오해에 대항할 수 있는 근거를 제시하고자 노력했다.[5] 그는 혁신이라고 비판받은 그 능동성이 사실은 언제나 정신분석에서 은연중에 실행되어 왔다는 사실을 정확하게 강조했다. 그리고 나는 본질적으로 모든 치료는 "능동적"이라는 것, 즉 그것이 의지적volitional 영향과 그 결과로써의 변화를 목적으로 한다는 점 이외에는 덧붙일 주장은 없다. 정신분석에서 정당하게 칭송되는 수동성은 탐구자에게 있어 하나의 덕목이며, 더 나아가 아직 알지 못하는 새로운 것을 발견할 수 있는 위치에 그를 놓는다. 환자의 침상에서 전문의가 정확한 진단을 내리기 위해 의학사나 심지어 교과서까지 참조할 필요가 없는 것과 마찬가지로, 실천적 분석가 또한 그의 환자를 단계별로 정신분석 탐구의 전 과정을 따라가게 하거나, 환자의 정신생활을 역사적으로 펼쳐 보여줄 필요도 없다. 분석가는 그저 지금까지 성취된 모든 지식을 적절히 흡수한 뒤, 그것을 실제 환자 사례에 맞게 실천적으로 적용하면 된다. 이 과정에서 분석가는 "능동적으로" 진행해야 한다는 것은 자명하다. 그래야만 이름값을 하는 치료적 효과를 달성할 수 있기 때문이다. 그의 개입은 외과 의사의 수술만큼 능동적이며, 그 목적은 원초적 억압을 제거하거나 약화시킴으로써, 원초적 리비도를 그 고착으로부터 해방시키는 데 있다; 그리고 이것은 궁극적으로 경험 많은 산파의 도움을 받아 출생 외상의 반

---

4 "Technische Schwierigkeiten einer Hysterieanalyse," *Int. Zschr. f. Ps.A.*, v., 1919.

5 "Weiterer Ausbau der 'aktiven Technik' in der Ps.a," *ibid.*, vii., 1921.

복으로 돌아가는 것을 의미한다. 나는 의도적으로 "의사"doctor라는 말을 쓰지 않았는데, 이는 그 과정에 있어 순수하게 인간적이고 실천적인 요소를 강조하고 싶었기 때문이다.

우리가 잠시 멈추어 이 새롭게 정립된 치료적 목표를 생각해 보면, 우리가 지금까지 빠져든 듯 보이는 치료적 비관주의의 어둠 속에서 비로소 첫 희망의 빛줄기를 만족스럽게 발견하게 될 것이다. 그때 우리는 환자가 평생 시도해 왔으나 충분한 성공을 거두지 못했던 바로 그 일, 말하자면 출생 외상을 극복하여 조정을 이루려 애써왔던 사실을 우리가 반복하고 있을 뿐임을 깨닫게 될 것이다. 우리의 관점에 따르면, 갓 태어난 아기는 곧바로 버려진 상태로 되돌아가려 할 것이다. 실질적으로 말하면, 그것은 죽음을 의미한다. 그러나 자연은 최초의 "치료적" 개입을 통해 이러한 회귀 충동을 막아내고, 불안을 고정점으로 삼음으로써 그 되돌아가려는 경향을 제지한다. 바로 이 순간부터 개인의 모든 후속 활동은 하나의 "치료적" 성격을 띠게 된다. 즉, 되돌아가려는 충동에 맞서 싸우면서, 이미 "버려진" 상태에 있는 존재를 한동안 삶 속에 머물도록 유지시키는 것이다. 그러나 이 또한 영원히 성공할 수는 없다. 여기서 겉보기에 뚜렷한 효용이 없어 보이는, 무의식적 충동을 표현하는 활동들이 지니는 높은 "정화적" 가치를 강조하고자 한다. 이는 어린아이의 유치한 놀이[6]에서부터 시작하여 비극 속에서 가장 높은 정화적 발전에 도달하는 성인들의 연극에 이르기까지 그러하다. 실제로 프로이트가 정신증 환자에서 희화적으로 드러나는 모습을 통해 보여주었듯, 우리는 그들의 과정을 분석과 마찬가지로 퇴행적 경향을 드러내는 치유의 시도로서 간주해야 한다. 더욱이 분석은 이러한 경향들에 영향을 미칠 가능성을 얻고자 한다면 반드시 그것들을 추적해야 한다. 그러나 그것은 환

---

6 Karl Groos, "Das Spiel als Katharsis," *Zschr. f. paädag. Psychologie*, xii., 1912.

자에게 리비도-오용으로부터의 단념weaning을 위태롭게 하지 않을 정도의 쾌락만을 허용할 수 있다. 따라서 정신분석은 이미 서술한 바와 같이, 환자에게 잃어버린 원초적 대상, 어머니를 대체물로 대신해 준다. 그리고 환자는 그 대체물이 단지 대체물일 뿐이라는 점이 지속적으로 의식화되기 때문에 그것을 더욱 쉽게 포기할 수 있게 된다. 그럼에도 불구하고, 이 대체물이 환자에게 지니는 커다란 가치는 전이 현상 속에서 표현되며, 그것은 바로 그 대체물이 지닌 현실성에 있다. 말하자면, 분석가는 환자가 일정 기간 동안 자신의 리비도를 그[분석가]에게 고착시키도록 허용할 뿐만 아니라, 치료의 조건과 장치들을 통해 그것을 직접 유도한다는 사실에 있다. 이리하여 신경증적 내향성은 분석 상황 속에서 무력화되며, 정신분석이 사용하는 치료 수단은 바로 인간 그 자체이다. 이는 마치 주술사의 마술적 행위들과 유사한 방식으로, 환자의 무의식에 직접 호소함으로써 작용한다.[7] 만일 누군가 이것을 암시라고 부르고 싶다면, 굳이 반대할 이유는 없다. 하지만 그렇게 부르는 순간, 현재 심리학적으로 충분히 이해 가능한 과정을 단지 내용 없는 기술 용어로 치환해 버린다는 점만은 지적해야 한다.[8]

분석적 치료뿐만 아니라 모든 치료, 나아가 모든 약물도 결국 동일한 의미에서 "암시적으로" 작용하는데, 즉 그것이 환자의 무의식에 인상을 남기는 한에서 그러하다. 이는 이미 의사의 선택이나 또는 의사와 맺는 개인적 관계 속에서 표현되는데, 그것은 언제나 전이[9]에 기반하며, 따라서 의사의 치료적 조치가 무의식의 필수적인 힘을 간접적으로 얻게

7 내용이 풍부한 민속학 자료들도 추가로 참조하라. 그러나 나에게는 로하임(Roheim)이 "Nach dem Tode des Urvaters," (*Imago*, ix., I, 1923)에서 지나치게 복잡한 방식으로 설명한 것처럼 보인다.

8 Freud, "The Dynamics of Transference," *Coll. Papers*, vol. ii., p.319을 보라.

9 Ferenczi, "Introjection and Transference," *Contributions to Psychoanalysis*, p.30.

되는 것이다. 그러나 우리는 수많은 분석 경험으로부터, 이러한 전이의 무의식적 효과를 그 메커니즘 속에서 설명할 수 있는 위치에 있다. 우리는 아이의 삶 속에서 “의사”가 매우 분명한 역할을 한다는 사실을 알고 있다. 그것은 잘 알려진 의사 놀이에서 명확하게 드러나는데, 여기서 의사는 아이의 무의식적 이상ideal을 표상한다. 왜냐하면, 그는 분명히 아이가 어디에서 오는지, 또 몸속에서 어떤 일이 일어나는지를 아는 것처럼 보이기 때문이다. 의사가 청진을 하든, 두드려보든, 배설물을 검사하든, 혹은 메스로 수술을 하든 간에 그는 항상 막연하게 원초적 외상을 환기시킨다. 정신분석의 장면에서, 전이가 반드시 의식화되어야 하는데, 이를 통해 우리는 성인이라고 해도 무의식 속에서는 평생토록 “의사 놀이”에 고착되어 있으며, 그것이 곧 출생과 직접적으로 연결되어 있음을 완전히 명확하게 알 수 있다. 실제로 모든 환자는 마치 어두운 방 안에 있는 겁먹은 아이처럼 행동하는데, 의사가 나타나 위로하는 말을 건네면 즉시 진정되는 것으로 잘 알려져 있다. 물론 오늘날 대다수의 의사들은 이 사실을 인정하고 싶어 하지 않는다. 아마도 그들 스스로 무의식 속에서 여전히 “의사 놀이”를 지나치게 몰두하고 있기 때문일지도 모른다. 또한 그들이 자신의 과학적 명성에 손상이 갈까 두려워하기 때문이기도 하다. 그럼에도 불구하고, 이 사실을 진지하게 인식하고 실제로 임상 현장에서 활용해 온 일부 정신분석적 영향을 받은 전문의와 의사들에게서 예상치 못한 많은 치료적 성공이 따라왔음을 알 수 있다. 그러나 분석은 단지 이러한 사실을 인식하는 데 그치지 않고, 환자 스스로가 그것을 깨닫게 만든다는 점에서 의미가 있다. 그리고 이것은 해롭기는커녕 오히려 치료적 성과를 오래 지속시킬 수 있는 유일한 가능성임을 보여주는 듯하다. 왜냐하면 분석 작업의 *본질적인 부분*인 *분석가와의 단절*은 출생 외상의 재현을 통해 이루어지기 때문이다. 출생 외상을 재현하는 과정 속에서 환자는 결국 의사와 심리적으로 이별하게 되는데, 바로 그때 고통도 함께 사라진다. 말하자면, 고통에서 벗어나기 위해서는 의사라는 대상에 대한 의존을 내려놓아야 하는 것이다.

이러한 평행 과정에 대한 이해는 치유 과정 자체, 그 메커니즘, 그리고 그 과정에서 사용되어야 하는 기법에 관한 실제적 질문으로 이어진다. 이제 이러한 문제들은 오직 실제 자료와 그에 대한 상세한 분석을 통해서만 연구될 수 있으며, 나는 이를 곧 출판할 예정이다.[10] 다만 여기서는 간략히, 한편으로는 무의식이 차지하는 역할을, 그리고 다른 한편으로는 자주 오해되는 의식적 지식의 역할을 한정하여 규정하고자 한다.

우리는 여기서 특히 니체가 올바르게 비판한 "소크라테스주의"에 빠지지 않도록 특히 주의해야 한다. 그것은 지식만이 우리를 덕스럽게 만든다고 생각하는 경향인데, 이는 소크라테스 자신조차도 끝내는 큰 노력을 기울여서야 벗어날 수 있었던 위험이었다. 우리는 언제나 지나치게 "이론적"이어서, 마치 앎 자체가 곧 치유인 것처럼 착각하기 쉽다. 그러나 그것은 사실이 아니며, 정신분석은 이를 분명히 증명해 왔다. 지식은 치유 요인과는 완전히 다른 것이다. 무의식의 심층은, 그 본성상 생명 유지에 필수적인 다른 기관들과 마찬가지로 결코 변할 수 없다. 정신분석에서 우리가 얻을 수 있는 유일한 결과는 다만 *자아가 무의식에 대해 취하는 태도의 변화*뿐이다. 하지만 그것은 아주 중요한 의미를 가지며 —실제로 인류 발전의 역사가 보여주듯이— 사실상 거의 모든 것을 의미한다고 할 수 있다. 왜냐하면 인간의 정신적 건강과 성취 능력은 자아가 무의식과 맺는 관계에 달려 있기 때문이다.[11] 정상적으로 기능하는 사람에게서는, 소크라테스의 "다이몬"에 해당하는 여러 억제적 자아

10 현재로는, "Zum Verständnis der Libidoentwicklung im Heilungsvorgang," *Zschr.*, ix., 4, 1923을 참조하라.

11 Freud, *The Ego and the Id*, 1923을 참조하라.

요소들이 비판적 판단과 온건한 정서적 거부(양심과 죄책감)를 통해 무의식을 제어할 수 있는 상태에 있다. 그러나 히스테리성 유형의 신경증에서는 보다 강력한 수단이 필요한데, 그것은 바로 원초적 외상에서 비롯된 불안이다. 이 불안은 계속해서 다시 불러내어야만 한다. 왜냐하면, 그렇지 않으면 무의식이 자기로부터 생겨난 자아를 다시 회귀 속으로 끌어당기려 하기 때문이다. 강박적 유형의 신경증에서는 동일한 효과가 자아 요소들의 비대hypertrophy를 통해 얻어진다. 반면, 정신증에서는 무의식이 지나치게 강력하고 자아가 지나치게 약할 때 발생하는 끔찍한 결과를 우리는 목격한다. 정신분석이 치료적으로 효과를 발휘할 수 있는 영역은, 자아와 무의식의 관계를 그러한 방식으로 조절할 수 있는 모든 경우를 포함한다. 즉, 리비도와 불안의 적절한 분배를 통해 우리가 이를 정상적 적응이라고 부르는 조화로운 관계를 형성하는 것이다. 이 치료 가능 영역에는 모든 신경증적 장애와 정신증의 초기 상태뿐[12] 아니라, 정신적 "2차 정동"이라 부를 수 있는 모든 것 —성적 갈등— 그리고 일정한 범위 내에서의 성격 이상abnormalities까지 포괄한다. 따라서 자아와 무의식 사이의 관계에서 나타나는 거칠게 왜곡된 장애들뿐만 아니라, 이 관계 내부에서 발생하는 보다 미세한 기능적 장애들 또한 포함된다. 출생 외상의 중요성을 고려할 때, 새로운 성격 및 성격 유형 이론이 형성될 수 있다. 이는 개인 결정 요인들에 대해 더 폭넓은 이해를 제공하는 장점과 따라서 그것들에 영향을 미칠 가능성을 열어준다는 점에

12 나는 이 지점에서 치료적 가능성이 정신증까지 열릴 수 있다는 인상을 받는다. 왜냐하면 여기서 설명하는 관점들이 본질적으로 단순화된 치료적 개입을, 즉 더 직접적 효과를 낼 수 있는 최초의 단서를 제공하는 것처럼 보이기 때문이다. 이들을 치료할 때 복잡한 방식이 아니라 오히려 단순한 방법이 더 적합할 수 있음을 시사한다. 나는 여기서 잘 알려진 임상적 사실을 떠올린다. 말하자면, 정신질환을 가진 여성들이 아이를 출산한 후에 종종 호전되는 경우가 있다는 점이다; 그러나 그 반대의 사실들도 존재하며, 산후 정신병 사례들은 앞에서 설명한 연관성을 인식하게 해준다.

서 기존의 시도들보다 우위를 가진다.[13] 융이 명명한 내향적, 외향적 유형들에 상응하는 유사한 성격 유형들이 있으며, 이들 역시 원초적 외상 또는 그것에 대한 반응에서 유래할 수 있다. 내향적인 성격 유형은 대체로 연약하고 섬세하며 쉽게 상처받는 아이들과 연결되는 듯하다. 이들은 종종 조산아로 태어나며, 대체로 분만이 비교적 쉽다. 반면에 9개월을 채운 만삭아들, 그리고 대체로 더 강한 아이들은 대조적인 성격의 유형을 보이는 경우가 많다. 이는 전자[조산아]에서는 비교적 가벼운 출생 외상의 결과로 원초적 불안이 그다지 강력하지 않고, 회귀하려는 경향에 맞서는 저항도 적다는 사실로 설명된다; 만약 이 사람들이 신경증에 걸리면 일반적으로 내향적인 우울 성격을 보인다. 두 번째 유형[만삭아]은 강렬하게 경험된 원초적 불안을 외부로 거세게 몰아내고, 이들은 신경증에서 원초적 상황 자체보다는 출생 외상 그 자체를 더 자주 재현하는 경향을 보인다. 그들은 과거로 되돌아가려는 노력 속에서 바로 출생 외상과 격렬하게 충돌하게 된다.

우리가 최초의 외상을 유발하는 신경증에 도달했다고 믿을 때, 우리는 반드시 오류에 빠지지 않도록 주의해야 한다. 그 오류란 정신분석이 프로이트의 명확한 관찰과 사유를 통해 반복적으로 피하려 했던 바로 그것이다. 신경증 증상의 원인이라고 생각되었던 가장 초기의 "외상들"이 사실 보편적인 인간의 정상적 경험으로 드러났으며, 마침내 분석적으로 발견된 신경증의 핵심인 오이디푸스 콤플렉스 역시 아동과 문명화된 인간의 전형적인 정상 태도로 인정되었다. 마찬가지로, 마지막으로 분석적으로 이해 가능한 외상 역시 바로 출생의 외상이며, 이는 가장 보편적인 인간 경험이다. 여기에서 개인과 인류의 발달 과정이 앞서 설명한 방식으로 도출되고 설명될 수 있다. 우리가 신경증에 대한 이해의 열

13 예를 들어, Kretschmer, *Körperbau und Charakter*, 1921 또는 Jung, *Psychological Types*, 1921을 보라.

쇠를 찾았다고 생각하는 순간, 그것은 우리 손에서 변형되어 오히려 지금까지 알려지지 않았던 정상 심리학의 문을 열기에 더 적합한 도구로 드러나는 것은 단순한 우연이 아니다. 따라서 프로이트의 주요 작업은 사실상 정상적인 심리 현상(꿈, 농담, 일상생활, 성 이론)에 대한 최초의 이해, 즉 최초의 일반 심리학의 창조로 설명될 수 있다. 물론 이 일반 심리학은 병리학적 자료에서 출발했고, 일반적으로 정신분석적 방법과 기법을 통해 얻어진 것이었다. 따라서 우리는 출생 외상의 중요성에 관한 우리의 논의를, 정신분석학을 위한 기여로써, 말하자면 프로이트가 세운 정상 심리학의 구조에 대한 하나의 보탬으로 이해하고자 한다. 기껏해야 그것은 그 구조를 떠받치는 기둥 가운데 하나일 것이다. 동시에 우리는 [출생 외상 이론이] 신경증의 이론, 그리고 그 치료를 상당히 진전시켰다고 확신한다.

그러나 우리는 이 시도가 실제로 어느 정도 성공했는지를 명확히 인식할 필요가 있다. 왜냐하면 그 위에 앞으로의 연구 방향이 달려 있기 때문이다. 우리는 신경증의 모든 형태와 증상을 성적 적응의 단계로부터 태아기의 원초적 상태, 혹은 출생 상황으로의 퇴행의 표현임을 인식하는 데 성공했다고 믿는다. 그리고 이 출생 상황은 반드시 극복되어야 한다. 이러한 통찰은 의학적 이해와 치료적 개입을 위해 결코 과소평가되어서는 안 된다. 다만, 신경증의 이론에 관해서는 여전히 미흡한 면이 있을 수 있다. 왜냐하면, 개별적 특수성과 증상 형성을 너무나 보편적인 현상인 출생 외상으로 소급하기 때문이다. 다른 한편으로, 출생 외상 내부에는 생식 세포의 유전적 영향뿐만 아니라, 분만 과정에서의 우연한 개별적 특수성이 충분히 개입할 여지가 있다. 그럼에도 불구하고, 우리의 개념은 신경증의 유형 선택을 결정한다고 가정되는 여러 고착 지점들의 이론을 대신하여, 단일한 고착 지점인 어머니(분만)에서의 *하나*

의 외상적 손상을 (다양한 형태의 반응을 생성하는) 제시하는 것이다. 우리의 관점에 따르면, 단 하나의 고착 지점만이 존재하는데, 그것은 곧 모체maternal body이며, 모든 증상은 궁극적으로 이 원초적 고착에 연관된다. 이것은 우리의 무의식이라는 정신 생물학적 사실 속에 주어진 것이다. 이런 의미에서 우리는 출생 외상 속에서 원초적 외상을 발견했다고 믿는다. 따라서, 개별 사례마다 "병인적 외상"을 분석적 탐구라는 긴 과정을 통해 밝혀낼 필요는 없다. 다만 재현 속에서 특수한 출생 외상을 인식하고, 그것을 환자의 성인 자아에게 유아기 고착으로 제시하면 되는 것이다. 재현 속에서, 출생 외상에 작용했던 위안 메커니즘(시험 꿈에서 가장 잘 알려진: 그때에도 결국 잘 끝났어!)이 치유 요인으로 작용한다. 이 치유적 요인은 결코 과소 평가되어서는 안 되며, 치료의 영역에서 낙관을 정당화하는 근거가 된다.

비록 우리가 무의식the It의 본질과 성격에 대해 새롭게 얻는 통찰이 매우 *실천적인* 이점을 가지고 있다 하더라도, 신경증의 *학설*에 관해서는 아직 충분히 발전해야 함을 인정하지 않을 수 없다. 그러나 무엇보다도 우리는 모든 다양한 형태의 신경증을 출생 외상의 재현이자 그에 대한 반응으로 인식하게 되었으며, 바로 이것이 정상적 문화 적응은 물론 인간의 모든 고차원적인 성취를 위한 토대를 마련해준다. 이 지점에서 우리는 다시금 초기 주장으로 돌아가게 된다. 말하자면, 심인성 신경증은 엄밀한 의학적인 의미에서의 질병이 아니라,[14] 성적 적응 과정의 정지arrests라는 것이다. 그것들은 출생 외상을 극복하려는 시도이지만, 그 시도가 실패한 결과를 드러낸다. 반면 문화적 적응에서, 그리고 그 속에 포함된 어렵고도 정상적이며, *초-정상적*super-normal 성취들 속에서, 우리는 출생 외상을 극복하려는 다양한, 그리고 대체로 성공적인 시도들

14 이것은 융이 정신병에 관해 확인할 수 있었던 진술인데, 그의 견해에 따르면 정신병은 정상인이 극복해 낸 것과 동일한 "콤플렉스"와 여전히 싸우고 있다는 것이다.

을 목격한다. 그중에서도 가장 성공적인 시도 중 하나로 우리는 정신분석을 꼽아야 하며, 이는 결코 단순히 치료적 적용에만 국한되지 않는다.

궁극적으로 신경증 문제는 *형태*의 문제로 환원된다. 왜냐하면 우리는 아이가 자궁 밖의 상황에 생물학적으로 적응하는 과정에서나, 문명화된 인간이 정상적으로 적응하는 과정에서나, 그리고 예술(가장 넓은 의미에서 이해되는)이라는 보상적 과잉 산물을 만들어내는 과정에서나, 모두 유사한 형태들 속에서 출생 외상을 극복하려는 동일한 노력을 발견한다. 이때 유일한 본질적인 차이는 *문명화된 인간*, 그리고 더 나아가 "*예술가*"는 이 노력을 원초적 외상에 의해 다양하고 엄격하게 규정된 형식으로, 이를 *객관적으로 재현*할 수 있다는 점이다. 그러나 *신경증 환자는 자신의 몸에서만 비슷한 방식으로 그것을 반복해서 산출하도*록 강요받는다.[15] 대부분의 병리적 과정의 본질은 자신의 몸에 대한 이러한 강박적인 "동일한 것의 반복"에 놓여 있는 것으로 보인다. 신경증 환자는 실제 출생 외상으로 끊임없이 되돌아 가는 반면, 정상인과 초-정상인은 이것을 앞으로, 다시 말해 외부로 투사함으로써 [출생 외상을] 객관화할 수 있게 된다.

결론적으로 우리는 치료적으로 어떻게 작업하는지, 그리고 치유 요인이 무엇으로 구성되는지를 간략히 설명하고자 한다. 따라서 우리는 다시 한번 분석적 지식과 그것에 이르는 방법을 이미 주어진 어떤 것으로서 받아들여야 한다. 분석은 이제 광범위한 수준의 조사 작업으로부터 자유로워질 수 있게 되었다. 왜냐하면 우리는 처음부터 무의식의 전체 내용과 정신적 메커니즘뿐만 아니라, 당분간은 최종적 요소라 할 수 있는 원초적 외상까지 알고 있기 때문이다. 환자는 일반적으로 전이로부터 분석을 시작한다. 따라서 기법적으로는 환자가 분석 말미에 자동

---

15 프로이트의 자가형성적 단계 개념에 대한 페렌치의 인용을 보라.

적으로 원초적 외상을 반복할 시간을 주는 대신, 처음부터 원초적 외상을 드러내는 방식으로 시작할 수 있다. 이러한 방법을 통해, 우리는 고르디우스의 매듭Gordian knot을 힘차게 한 번에 끊어버리듯, 원초적 억압의 매듭을 단번에 자를 수 있다. 반대로, 하나하나 매듭을 풀어내려는 방식은 매우 어렵고, 어느 한쪽을 조금 풀면 다른 쪽은 더 단단히 조여버리는 식이다. 그 기초[출생 외상]가 드러난 이후에는 아동기의 역사를 재구성하는 일이 뚜렷하게 정해진 청사진을 따라 기초에서부터 위로 차근차근 진행되며, 이때 출생 외상과 함께 억압되었던 기억도 등장한다. 따라서 신경증에서 어머니 고착으로 도피한 환자에게, *분석 속에서 출생 외상과 그것의 해결을 전이 속에서 반복하고 이해할 수 있도록* 하는 것이 핵심이다. 단, 분석가와의 단절이라는 무의식적 재현은 허용하지 않는다. 적절한 시점에 원초적 고착을 드러냄으로써 얻는 막대한 치료적 이점은, 분석의 끝에서 출생 외상의 재현 대신, 환자가 회피했던 성적 갈등(오이디푸스 콤플렉스 등)과 그것에 속한 죄책감(불안 대신)을 순수한 형태로 얻을 수 있다는 것이다. 그리고 이렇게 함으로써 퇴행 메커니즘에 방해받지 않고 그것들을 해결할 수 있다. 이 목표를 달성하기 위한 수단은 전이에서 비롯되는 분석가와의 동일시이다. 동일시 속에 있는 리비도적 요소를 통해, 환자는 전이의 성적인 맥락 안에서 불안을 극복하는 법을 배운다. 따라서 치료 과정에서 마침내 원초적 외상이나 원초적 상황을 반복(재현)하려는 강박이 제거된다. 그것은 리비도의 방향이 적응을 향한 방향으로 전환되기 때문이다.

이 모든 것은 프로이트가 발전시킨 자유연상 및 해석 기법을 통해 이루어지며, 이를 통해 우리는 자신의 무의식을 주된 통로로 삼아 환자의 무의식에 접근한다.[16] 이것이 바로 환자의 리비도에 작용할 수 있는

16 프로이트의 수신자에 대한 비교(*Coll. Papers*, vol. ii., p.328).

유일한 수단이다. 이러한 방식으로, 우리는 환자에게 일종의 원초적 상황의 임시적 회복을 허용한다. 말하자면, "결핍"(프로이트)을 통해 환자의 무의식을 원초적 상황으로 이끈 다음, 그의 의식적 자아에게 이 목표가 불가능하고 부적절하다는 것을 깨닫게 하는 것이다; 우리는 환자의 이러한 경향이 유아적 성격임을 보여주고, 반복적 불안 생산으로 인해 좌절되도록 내버려두는 것이 아니라, 이를 의식적으로 이해하게 만든다. 가장 중요한 기술적 수단인 리비도의 대체 대상인 분석가로부터의 단절은 단순히 전이의 절정에서 종결을 확정하는 데에만 사용되는 것이 아니라, 분석의 초반부터 자동적으로 작동한다. 환자는 치료가 언젠가는 끝나야 한다는 것을 항상 인식하고 있을 뿐만 아니라, 치료 과정의 매 순간마다 자신의 원초적 고착과 그로부터의 단절을 축소하여 반복하게 되며, 이를 통해 결국 스스로 이 치료 과정을 끝까지 수행할 준비를 갖추게 된다. 또한 분석가는, 제자에게 스승이 되는 것처럼, 환자 앞에서 스승과 같은 위치를 차지하게 되며 환자는, 제자처럼, 오직 자신을 스승과 동일시함으로써 배우게 된다. 즉, 환자는 분석가가 무의식에 대해 취하는 태도를 받아들이고, 그를 자신의 자아 이상으로 삼는 것이다. 이 과정에서 아버지 전이의 문제가 나타나는데, 이는 분석 기법에서 중요한 의미를 갖는다. 환자는 지금까지의 분석 과정에서 어머니에 대한 집착인 원초적 억압을 "전이"를 통해 실제의 대체 대상으로 안전하게 전이하는 법을 배우게 되며, 이때 원초적 억압 자체는 함께 옮기지 않는다. 이 시도는 정상적인 발달에서는 어느 정도 자동으로 이루어지지만, 신경증자 의식적 힘의 도움을 받아 분석에서 이를 수행해야만 한다. 이를 위해 분석가는 환자의 무의식적 퇴행 경향을 의식화시키며, 이를 위해서는 모든 방법을 동원해 환자의 의식적 자아를 강화하여 강력한 무의식에 맞서게 한다.

우리는 이 과정에서 환자가 결국 자신의 발달 과정에서 소홀히 다루어졌거나 결핍되었던 부분을 보충하는 것(프로이트가 재교육이라고 부른 것) 외에는 할 수 있는 일이 없다는 것을 알게 된다. 여기서 문제 되는 발달 단계는, 한편으로는 필수적이지만 다른 한편으로는 출생 외상으로 인해 어려워진 사회적, 인간적 발달 단계, 이를테면 어머니 고착에서 벗어나 리비도를 아버지에게 전이시키는 단계이다(바호펜의 "남성 원리"). 정신분석적으로 표현하면, 이는 오이디푸스 콤플렉스가 형성되기 *이전*의 단계이다. 이러한 재교육에 맞서 환자의 무의식은 리비도 저항을 통해 자신을 방어한다. 그것은 분석가로부터 완전한 모성 리비도의 만족을 욕망함으로써 방어하는데, 이때 그것은 오이디푸스 상황을 이성애적 혹은 동성애적 방식으로 반복하는 형태로 나타날 수 있다. 그러나 환자의 자아는 분석가와의 동일시를 통해, 전이 과정에서 실제 리비도 경향뿐만 아니라, 퇴행적 모성 경향까지 극복할 수 있다. 이는 그의 자아가 처음부터 바로 이 특별한 과업을 위해 무의식으로부터 형성되고 발달했음을 통해 설명될 수 있다. 분석 과정에서 발달을 돕는 이러한 정상적 수단은 의식적 교정을 통해 한층 강화되고, 환자는 분석가와의 동일시 사실을 의식하게 되어, 궁극적으로 분석가로부터 독립하게 된다.

결국 우리가 지지대로 삼아야 할 것이 그토록 미약한 의식뿐이라 하더라도, 우리는 다음과 같은 성찰로 위안을 삼을 수 있다. 비록 의식이 다소 미약한 무기이기는 하지만, 신경증에 맞서 싸우는 데 있어 우리가 접근할 수 있는 유일한 수단이 바로 그것이다. 출산 시 불안 지각이 의식 속에 심어지는 정신적 고정은, 퇴행적 경향에 대항하는 생물학적 치료 수단으로 작용하며, 우리가 이미 보여주고자 했던 바와 같이 인간이 되어가는 실제 과정을 결정한다. 그리고 의식은 인간의 *가장 뛰어난*par excellence 특성이다. 그렇다면 분석을 통해 원초적 억압과 그것의 의식

속 고정을 제거하는 것만으로도, 신경증 환자가 평범한 문명인이 도달한 제한적 수준, 즉 아직도 [어린아이의] "반바지short clothes" 단계에 머물러 있는 정도까지 성장하는 데 충분하지 않겠는가? 왜냐하면, 신경증 환자는 대부분의 사람보다 조금 더 이른 시기에 출생 외상에 고착되어 있을 뿐이며, 정신-치료에 대해 우리가 요구할 수 있는 것은 단지 신경증 환자를 오늘날 인류 대다수가 여전히 머물러 있는 "반바지" 단계까지 성장시키는 것뿐이기 때문이다.

색 인

ㄷ

ㄹ

ㅅ

ㅈ

ㅊ

ㅋ

ㅎ

현대정신분석연구소 총서

◇정기 간행물

- 정신분석 프리즘

◇대상관계이론과 기법 시리즈

멜라니 클라인
- 멜라니 클라인
- 임상적 클라인
- 무의식적 환상

도널드 위니캇
- 놀이와 현실
- 그림놀이를 통한 어린이 심리치료
- 성숙과정과 촉진적 환경
- 박탈과 비행
- 소아의학을 거쳐 정신분석학으로
- 가정, 우리 정신의 근원
- 아이, 가족, 그리고 외부세계
- 울타리와 공간
- 참자기
- 100% 위니캇
- 안아주기와 해석
- 살아있다는 것의 의미

로널드 페어베언
- 성격에 관한 정신분석학적 연구

크리스토퍼 볼라스
- 대상의 그림자
- 환기적 대상세계
- 끝없는 질문
- 그들을 잡아줘 떨어지기 전에

오토 컨버그
- 내면세계와 외부현실
- 대상관계이론과 임상적 정신분석
- 인격장애와 성도착에서의 공격성

◇대상관계이론과 기법 시리즈

그 외 이론 및 기법서
- 심각한 외상과 대상관계
- 정신분석학적 대상관계이론
- 대상관계 개인치료1: 이론
- 대상관계 개인치료2: 기법
- 대상관계 부부치료
- 대상관계 단기치료
- 대상관계 가족치료1
- 대상관계 집단치료
- 초보자를 위한 대상관계 심리치료
- 단기 대상관계 부부치료
- 대상관계이론과 정신병리

◇하인즈 코헛과 자기심리학 시리즈

- 자기의 분석
- 자기의 회복
- 정신분석은 어떻게 치료하는가?
- 하인즈 코헛과 자기심리학
- 자기심리학 개론
- 코헛의 프로이트 강이
- 주관성의 구조
- 존재의 맥락

◇아스퍼거와 자폐증

- 자폐아동을 위한 심리치료
- 살아있는 동반자
- 아동 자폐증과 정신분석
- 아스퍼거 아동으로 산다는 것은?
- 자폐아동의 부모를 위한 101개의 도움말
- 자폐적 변형

◇비온학파와 현대정신분석

- 신데렐라와 그 자매들
- 애도
- 정신분열증 치료와 모던정신분석
- 정신분석과 이야기 하기
- 비온 정신분석사전
- 전이담기
- 상호주관적 과정과 무의식
- 숙고
- 윌프레드 비온의 임상 세미나
- 미래의 비망록
- 분석적 장: 임상적 개념
- 상상을 위한 틀
- 자폐적 변형

제임스 그롯슈타인

- 흑암의 빛줄기
- 그러나 동시에 또 다른 수준에서 I
- 그러나 동시에 또 다른 수준에서 II

마이클 아이건

- 독이든 양분
- 무의식으로부터의 불꽃
- 감정이 중요해
- 깊이와의 접촉
- 심연의 화염
- 정신증의 핵
- 신앙과 변형

도널드 멜처

- 멜처읽기
- 아름다움의 인식
- 폐소
- 꿈 생활
- 비온 이론의 임상적 적용
- 정신분석의 과정

◇정신분석 주요개념 및 사전

- 꿈 상징 사전
- 편집증과 심리치료
- 프로이트 이후
- 정신분석 용어사전
- 환자에게서 배우기
- 비교정신분석학
- 정신분석학 주요개념
- 정신분석학 주요개념2: 임상적 현상
- 오늘날 정신분석의 꿈 담론
- 비온 정신분석 사전

◇사회/문화/교육/종교 시리즈

- 인간의 욕망과 기독교 복음
- 살아있는 신의 탄생
- 현대 정신분석학과 종교
- 종교와 무의식
- 인간의 관계경험과 하나님 경험
- 살아있는 인간문서
- 신학과 목회상담
- 성서와 정신
- 목회와 성
- 교육, 허무주의, 생존
- 희망의 목회상담
- 전환기의 종교와 심리학
- 신경증의 치료와 기독교 신앙
- 치유의 상상력
- 영성과 심리치료
- 의례의 과정
- 외상, 심리치료 그리고 목회신학
- 모성의 재생산
- 상한 마음의 치유
- 공간의 발견

현대정신분석연구소 총서

◇사회/문화/교육/종교 시리즈

- 그리스도인의 원형
- 융의 심리학과 기독교 영성
- 살아계신 하나님과 우리의 살아있는 정신
- 정신분석과 기독교 신앙
- 성서와 개성화
- 나의 이성 나의 감성

◇아동과 발달

- 유아의 심리적 탄생
- 내면의 삶
- 아기에게 말하기
- 난 멀쩡해. 도움 따윈 필요 없어!
- 놀이와 현실
- 그림놀이를 통한 어린이 심리치료
- 성숙과정과 촉진적 환경
- 박탈과 비행
- 소아의학을 거쳐 정신분석학으로
- 가정, 우리 정신의 근원
- 아이, 가족, 그리고 외부세계
- 울타리와 공간
- 참자기
- 100% 위니캇
- 자폐아동을 위한 심리치료
- 아스퍼거 아동으로 산다는 것은?
- 자폐 아동의 부모를 위한 101개의 도움말
- 출생 외상

◇자아심리학/분석심리학/기타 학파

- C.G. 융과 후기 융학파
- C. G, 융
- 하인즈 하트만의 자아심리학
- 자기와 대상세계
- 프로이트의 정신분석학

◇스토리텔링을 통한 어린이 심리치료 전집

- 스토리텔링을 통한 … 심리치료(가이드 북)
- 감정을 억누르는 아동을 도우려면
- 강박증에 시달리는 아동을 도우려면
- 마음이 굳어진 아동을 도우려면
- 꿈과 희망을 잃은 아동을 도우려면
- 두려움이 많은 아동을 도우려면
- 상실을 경험한 아동을 도우려면
- 자존감이 낮은 아동을 도우려면
- 그리움 속에 사는 아동을 도우려면
- 분노와 증오에 사로잡힌 아동을 도우려면

◇정신분석 아카데미 시리즈

- 성애적 사랑에서 나타나는 자기애와 대상애
- 싸이코패스는 누구인가?
- 영조, 사도세자, 정조 그들은 왜?
- 정신분석에서의 종결
- 자폐적 대상에 대한 정신분석학적 연구
- 정신분석과 은유
- 정신분열증, 그 환상의 세계로 가다
- 사라짐의 의미
- 제4차 산업혁명에 대한 정신분석적 고찰

◇초심자를 위한 추천도서

- 멜라니 클라인
- 놀이와 현실
- 100% 위니캇
- 초보자를 위한 대상관계 심리치료
- 하인즈 코헛과 자기심리학
- 프로이트 이후
- 왜 정신분석인가?